Rey / Wender
Neuronale Netze

Aus dem Programm Verlag Hans Huber
Psychologie Lehrbuch

Weitere Lehrbücher beim Verlag Hans Huber – eine Auswahl:

Ingwer Borg / Thomas Staufenbiel
Lehrbuch Theorien und Methoden der Skalierung
486 Seiten (ISBN 978-3-456-84447-3)

Urs Fuhrer
Lehrbuch Erziehungspsychologie
415 Seiten (ISBN 978-3-456-84122-9)

Werner Herkner
Lehrbuch Sozialpsychologie
2. Auflage
560 Seiten (ISBN 978-3-456-83571-6)

Rainer Leonhart
Lehrbuch Statistik
496 Seiten (ISBN 978-3-456-84034-5)

Meinrad Perrez/Urs Baumann
Lehrbuch Klinische Psychologie - Psychotherapie
3., vollständig überarbeitete Auflage
1220 Seiten (ISBN 978-3-456-84241-7)

Alexander Renkl (Hrsg.)
Lehrbuch Pädagogische Psychologie
479 Seiten (ISBN 978-3-456-84462-6)

Jürgen Rost
Lehrbuch Testtheorie - Testkonstruktion
426 Seiten (ISBN 978-3-456-83964-6)

Heinz Schuler (Hrsg.)
Lehrbuch Organisationspsychologie
4., aktualisierte Auflage
etwa 692 Seiten (ISBN 978-3-456-84458-9)

Hans Spada (Hrsg.)
Lehrbuch Allgemeine Psychologie
3., vollständig überarbeitet und erweiterte Auflage
645 Seiten (ISBN 978-3-456-84084-0)

Weitere Informationen über unsere Neuerscheinungen finden Sie im Internet unter: www.verlag-hanshuber.com.

Günter Daniel Rey
Karl F. Wender

Neuronale Netze

**Eine Einführung in die Grundlagen,
Anwendungen und Datenauswertung**

Verlag Hans Huber

Lektorat: Monika Eginger
Herstellung: Peter E. Wüthrich
Gestaltung und Druckvorstufe: Günter Daniel Rey
Umschlag: Atelier Mühlberg, Basel
Titelillustration: ©Fabian Beck, Trier
Druck und buchbinderische Verarbeitung: AZ Druck und Datentechnik GmbH, Kempten
Printed in Germany

Bibliographische Information der Deutschen Bibliothek
Die Deutsche Bibliothek verzeichnet diese Publikation in der Deutschen Nationalbibliographie; detaillierte bibliographische Daten sind im Internet über http://dnb.d-nb.de abrufbar.

Anregungen und Zuschriften bitte an:
Verlag Hans Huber
Hogrefe AG
Länggass-Strasse 76
CH-3000 Bern 9
Tel: 0041 (0)31 300 45 00
Fax: 0041 (0)31 300 45 93

1. Auflage 2008
© 2008 by Verlag Hans Huber, Hogrefe AG, Bern
ISBN 978-3-456-84513-5

Inhaltsverzeichnis

Vorwort

Viele Menschen erliegen der Faszinationskraft neuronaler Netze. Dies mag zahlreiche Ursachen haben. Ein wichtiger Grund, warum mich neuronale Netze begeistern, sind die umfassenden Anwendungsmöglichkeiten inner- und außerhalb der Psychologie. Innerhalb der Psychologie lassen sich neuronale Netze in nahezu allen Teilbereichen Gewinn bringend einsetzen, um menschliches Verhalten und Erleben erklären und besser verstehen zu können. Das vorliegende Lehrbuch kann aus Platzgründen nur einen kleinen Ausschnitt aus diesem vielfältigen Anwendungsspektrum bereitstellen. Neben dem menschlichen Verhalten und Erleben besitzen statistische Datenauswertungen eine sehr große Bedeutung innerhalb der Psychologie. Auch hierfür können neuronale Netze neue Impulse liefern, wobei dieses Lehrbuch eine anwendungsorientierte Einführung in die Datenauswertung mittels neuronaler Netze zur Verfügung stellt.

Die Inhalte des Lehrbuches basieren auf einem Computerprogramm, welches im Rahmen meines Forschungspraktikums an der Universität Trier bei Karl F. Wender entstanden ist. Das dort entwickelte multimediale Lernprogramm diente als Ergänzung zu unseren zahlreichen Lehrveranstaltungen über neuronale Netze, wurde per CD an die Seminarteilnehmer verteilt und von diesen gründlich evaluiert. Die darauf aufbauende, deutlich umfangreichere Online-Version wurde gemeinsam mit Fabian Beck erstellt, der sich primär für die technische Umsetzung und Gestaltung der Homepage verantwortlich gezeigt hat. Die Internetseite kann nach wie vor unter www.neuronalesnetz.de abgerufen werden. Das Ihnen nun vorliegende Lehrbuch wurde auf Basis des – mit zahlreichen Illustrationen versehenen – Lerntextes der Internetversion verfasst. Hierbei erfolgte nicht nur eine sorgfältige Modifikation und Aktualisierung, sondern auch eine sehr starke inhaltliche Erweiterung, so dass der Umfang des Lehrbuches im Vergleich zu den vorangegangenen Manuskripten deutlich zugenommen hat.

Das Lehrbuch soll primär Studierende der Psychologie im Hauptstudium ansprechen, die sich entweder für kognitionswissenschaftliche Fragestellungen interessieren und/oder quantitative Datenauswertungen mittels neuronaler Netze vornehmen möchten. Darüber hinaus ist das Buch auch für zahlreiche Studierende anderer Fachbereiche geeignet. Hier sind vornehmlich Kognitions- und Neurowissenschaften, Soziologie, Biologie und Psychobiologie, Geowissenschaften sowie Informatik, Mathematik und Statistik zu nennen. Auch Dozenten, die bisher noch nicht oder nur wenig vertraut mit dem Themengebiet sind, soll der Einstieg in die Grundlagen und Anwendungen neuronaler Netze sowie der damit verbundenen Datenauswertung erleichtert werden. Insbesondere in den Sozialwissenschaften werden Datenanalysen zumeist auf Basis des Allgemeinen Linearen Modells (ALM) durchgeführt, während zahlreiche Forscher die innovative Auswertung mittels neuronaler Netze bislang eher selten einsetzen.

Aus Gründen der leichteren Lesbarkeit wird in diesem Lehrbuch durchgängig die männliche Form verwendet. Es sind jedoch selbstverständlich stets Frauen und Männer gemeint!

Für die umfangreichen Fehlerkorrekturen an diesem Lehrbuch möchte ich mich in alphabetischer Reihenfolge insbesondere bei Katrin Arens, Hans Bauer, Fabian Beck, Ricarda Bergmann, Florian Buchwald, Sabrina Ehses sowie Patricia Feith ganz herzlich bedanken. Auch allen Studierenden, die in meinen Seminaren zu neuronalen Netzen mit ihren Fragen und Diskussionsbemerkungen dazu beigetragen haben, die Vermittlung des komplexen Themengebietes zu optimieren, sei vielmals gedankt. Ebenfalls bedanken darf ich mich bei Fabian Beck für die Erstellung des schönen Umschlagbildes. Nicht zuletzt sei meiner Freundin Denise Reimnitz, meinem Bruder und meinen Eltern sowie allen Freunden und Bekannten gedankt, die mich immer unterstützt und dazu beigetragen haben, dass dieses Projekt realisiert werden konnte. Ich freue mich sehr darüber, dass ich dieses Lehrbuch schreiben konnte und durfte.

Trotz intensiver Korrekturarbeiten ist es wahrscheinlich, dass das Lehrbuch nicht frei von Fehlern ist. Hinweise zu diesen sowie sonstige Verbesserungsschläge nehme ich sehr dankend per E-Mail (GuenterDanielRey@web.de) entgegen.

Ich wünsche Ihnen nun viel Spaß und Erfolg beim Lesen dieses Lehrbuches.

Trier, im Frühjahr 2008   Günter Daniel Rey

Dieses Buch gibt eine Einführung in die Theorie und die Anwendung künstlicher neuronaler Netze. Dabei wird mehr Wert auf ein intuitives, anschauliches Verständnis als auf die Herleitung mathematischer Zusammenhänge gelegt. Künstliche neuronale Netze – im Folgenden neuronale Netze – haben in den vergangenen Jahren eine enorme, interfakultative Verbreitung gefunden. Ursprünglich waren sie entwickelt worden, um die neuronale Aktivität des menschlichen Nervensystems nachzubauen (McCulloch & Pitts, 1943). Dies gehört zwar heute auch noch zu den Zielsetzungen, aber längst nicht mehr in allen Fällen. In vielen Anwendungen werden durchaus psychische Prozesse simuliert, die Funktion der einzelnen Elemente ist dabei aber oftmals nicht den natürlichen Neuronen nachempfunden. Bei zahlreichen Anwendungen kommt es jedoch nicht auf die Ähnlichkeit zum natürlichen Nervensystem an, sondern um den Einsatz besonders effizienter Methoden zur Datenauswertung. Hierzu gehören Anwendungen in den Wirtschafts- und Ingenieurswissenschaften ebenso wie in der Geologie und Geographie sowie in der Biologie, Medizin und der Physik.

Der große Vorteil der neuronalen Netze liegt in ihrer Flexibilität und Anpassungsfähigkeit. Dies kann natürlich einer speziellen statistischen Anwendung zum Nachteil werden. Die große Anpassungsfähigkeit legt allerdings die Vermutung nahe, dass sie aus der strukturellen Ähnlichkeit mit dem menschlichen Nervensystem resultiert. Denn tatsächlich sind Menschen per se ja auch keine guten Statistiker. Neuronale Netze sind ursprünglich häufig in psychologischen Zusammenhängen entwickelt worden. Das vorliegende Buch richtet sich hauptsächlich an Psychologen. Es werden dementsprechend Modelle dargestellt, durch die psychische Prozesse simuliert werden sollen. Darüber hinaus wird aber auch auf die Datenauswertung eingegangen, bei dem neuronale Netze als Alternative zu statistischen Verfahren (z.B. Regressions- bzw. Varianzanalysen) eingesetzt werden. Dies scheinen Anwendungsbereiche zu sein, die in naher Zukunft noch mehr Verbreitung finden könnten.

Trier, im Frühjahr 2008   Karl F. Wender

1 Grundlagen

1.1 Übersicht und Lernziele

Das erste Kapitel liefert einen kurzen Überblick über die Anwendungsbereiche neuronaler Netze und stellt dar, aus welchen Elementen diese Netze bestehen und wie sie miteinander verknüpft sind. Die Funktionsweise von Neuronen wird beschrieben sowie verschiedene Phasen und Darstellungsarten neuronaler Netze aufgeführt.

Folgende Lernziele sind Bestandteil dieses Kapitels:

- Worin besteht die Schwierigkeit der Definition neuronaler Netze?
- Welche Gemeinsamkeiten besitzen verschiedene neuronale Netze?
- Welche zwei generellen Anwendungsbereiche kann man bei neuronalen Netzen voneinander unterscheiden?
- Aus welchen Elementen bestehen neuronale Netze?
- Wie sind diese miteinander verknüpft?
- Wie werden eintreffende Informationen in Neuronen weiterverarbeitet?
- Welche Phasen sind bei neuronalen Netzen zu unterscheiden?
- Wie kann man neuronale Netze mathematisch darstellen?

1.2 Einleitung

Eine allgemein anerkannte Definition zu neuronalen Netzen existiert in der Literatur unseres Wissens *nicht*. Dies liegt wohl u.a. daran, dass es nicht *das* neuronale Netz gibt, sondern neuronale Netze vielmehr als Oberbegriff zu verstehen sind (siehe z.B. Poddig & Sidorovitch, 2001). Die spezifischen, z.T. sehr heterogenen Netztypen, die im Kapitel 3 detailliert erörtert werden, lassen sich nur schwer in einer bündigen Definition zusammenfassen.

Allen neuronalen Netzen gemeinsam ist aber, dass sie Informationen erhalten, verarbeiten und ausgeben, wobei sich das Netz während der Verarbeitung umstrukturieren kann:

- **Informationsaufnahme:** Zunächst werden dem Netz (wiederholt) Informationen in Form von Zahlen als Eingabe zur Verfügung gestellt. Diese Zahlen sollen zumeist einen "Realitätsausschnitt" abbilden, beispielsweise Gesichter von Personen.

- **Informationsverarbeitung und Netzmodifikation:** Mit Hilfe dieser "Zahlenbündel" – man spricht in diesem Zusammenhang von Vektoren und Matrizen – wird das Netz verändert. Auch das neuronale Netz selbst kann als "Zahlenbündel" bzw. in Form von Matrizen repräsentiert werden. Die Modifikation dieses Zahlengebildes erfolgt in Kombination mit der aufgenommenen Informationen und einer Umformungsregel, der sogenannten Lernregel (siehe Kapitel 2). Die Veränderung des Netzes findet typischerweise nicht in einem einzigen, sondern in einer Vielzahl von Schritten statt, wobei die dazu notwendigen – oftmals sehr umfangreichen – (Matrizen-)Berechnungen an Computern vorgenommen werden. Während und nach den Berechnungen zur Umformung des Netzes durchlaufen Informationen das neuronale Netz. Diese Zahlen werden durch das Netz modifiziert und verlassen dieses abschließend wieder – ebenfalls in Form einer Zahlenausgabe.

- **Informationsausgabe:** Die Informationsausgabe stellt die "Antwort" des Netzes auf die vorangegangene Eingabe dar. Beispielsweise kann ein Gesicht einer Person einem bestimmten Namen zugeordnet werden oder aber das Netz "erkennt", ob es sich um ein fröhliches oder trauriges Gesicht handelt.

Im Gegensatz zu anderen mathematischen Verfahren (z.B. der kanonischen Korrelation), die ebenfalls auf Matrizenberechnungen zurückgreifen, unterscheiden sich neuronale Netze u.a. darin, dass das menschliche Gehirn ursprünglich als "Vorbild" bei der Erstellung diente. Dieser Aspekt steht bei heutigen Arbeiten zu neuronalen Netzen jedoch häufig nicht mehr im Vordergrund (Poddig & Sidorovitch, 2001). Zu beachten ist, dass im vorliegenden Buch mit neuronalen Netzen *kein* biologisches Netz gemeint ist, wie beispielsweise im menschlichen Gehirn, sondern ein *künstliches* neuronales Netz am Computer simuliert wird.

Die Ersten, die sich mit dem Themenbereich neuronale Netze beschäftigten waren Warren McCulloch und Walter Pitts (1943) mit ihrem Formalmodell des Neurons. Die Arbeiten mit und zu neuronalen Netzen haben seit ca. 1986 sehr stark zugenommen. Es liegen inzwischen zahlreiche wissenschaftliche Zeitschriften vor, die sich primär mit diesem Thema auseinandersetzen, wie die "IEEE Transactions on Neural Networks" oder das Journal "Neural Networks".

Mittlerweile existieren unzählige Anwendungsfelder zu neuronalen Netzen. Dabei kann eine Klassifikation in zwei große Themenbereiche vorgenommen werden:

- Neuronale Netze, die modelliert werden, um menschliches Verhalten und Erleben bzw. die diesen zugrunde liegenden Gehirnprozesse zu simulieren und dadurch besser zu verstehen.

- Neuronale Netze, die dazu dienen konkrete Anwendungsprobleme aus Bereichen wie z.B. Statistik, Wirtschafts- und Ingenieurwissenschaften, Informatik und vielen anderen Gebieten zu lösen.

1.3 Units

Neuronale Netze bestehen aus mehreren Neuronen. Diese Neuronen werden auch als Units, Einheiten oder Knoten bezeichnet. Sie dienen in aller Regel dazu, Informationen aus der Umwelt oder von anderen Neuronen als Zahlenwerte aufzunehmen und an andere Units oder die Umwelt in modifizierter Form weiterzuleiten.

1.3.1 Unterschiedliche Arten von Units

Man unterscheidet zwischen drei verschiedenen Arten von Neuronen:

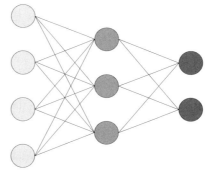

- **Input-Units:** Units, die von der Außenwelt Signale (Reize, Muster) in Form von Zahlen erhalten.

- **Hidden-Units:** Units, die sich zwischen Input- und Output-Units befinden.

- **Output-Units:** Units, die Signale als Zahlenwerte an die Außenwelt ausgeben.

In Abbildung 1 sowie allen weiteren im Buch dargestellten Visualisierungen zu neuronalen Netzen ist zu beachten, dass die Informationsausbreitung – wenn nicht anders angegeben –

Abbildung 1: Schematische Darstellung eines neuronalen Netzes.

immer in Leserichtung, d.h. von links (Input-Units) nach rechts (Output-Units) verläuft.

"Übereinander" angeordnete Knoten (z.B. die beiden rechts befindlichen Output-Units in Abbildung 1) fasst man als Schicht bzw. Layer zusammen. Während in neuronalen Netzen in aller Regel nur jeweils *eine* Input- und Output-Schicht vorhanden ist, kann ein Netz gar keine, eine oder mehrere Hidden-Schicht(en) enthalten. Hornik, Stinchcombe und White (1989) konnten zeigen, dass sämtliche Probleme, die mit mehreren Hidden-Schichten (auch als versteckte Schichten bezeichnet) lösbar sind auch durch Netze mit nur einem einzigen Hidden-Layer bewältigt werden können. Dies gilt jedoch nur, wenn diese Schicht eine hinreichend große Anzahl an Neuronen aufweist. Dass die Lösung bestimmter Probleme zumeist den Einsatz mindestens einer Hidden-Schicht verlangt, wird im zweiten Kapitel (siehe Kapitel 2.6.1) eingehend erörtert.

1.4 Verbindungen zwischen Units

Units sind miteinander durch Kanten (auch Links genannt) verbunden. Die Stärke einer solchen Verbindung wird durch ein Gewicht ausgedrückt. Je größer der Absolutbetrag des Gewichts ist, desto größer ist der Einfluss einer Einheit auf eine andere.

- Ein **positives Gewicht** bringt zum Ausdruck, dass ein Neuron auf ein anderes einen exzitatorischen, d.h. erregenden Einfluss ausübt.

- Ein **negatives Gewicht** bedeutet, dass die Beeinflussung inhibitorisch, also hemmender Natur ist.

- Ein **Gewicht von Null** besagt, dass eine Unit auf eine andere aktuell keine Wirkung ausübt.

1.4.1 Wissen und Lernen

Das "Wissen" eines neuronalen Netzes ist typischerweise in seinen Gewichten gespeichert, wobei Lernen hier zumeist als Gewichtsveränderung zwischen den Einheiten definiert wird (vgl. Kapitel 2). Damit sind die Verbindungen und deren Gewichte zwischen den einzelnen Units von zentraler Bedeutung bei neuronalen Netzen. Wie das Lernen genau erfolgt ist abhängig von der verwendeten Lernregel. Diese werden im zweiten Kapitel dieses Lehrbuches detailliert erörtert.

Ob der Lernprozess in neuronalen Netzen erfolgreich ist, hängt entscheidend davon ab, welche und wie die Informationen dem Netz dargeboten werden. Die Ermittlung der "richtigen" Präsentation erfolgt oftmals durch simples Ausprobieren und/oder mit Hilfe der Erfahrung, die der "Architekt" des neuronalen Netzes besitzt. Die früher teilweise vertretene Auffassung, dass man den Eingabeinformationen keinerlei Bedeutung zumessen müsse, da das Netz die korrekte "Lösung" selbstständig finden werde, trifft *nicht* zu. Man spricht in diesem Zusammenhang auch von der Regel "garbage in, garbage out" (Poddig & Sidorovitch, 2001).

1.5 Funktionsweise von Units

Innerhalb einer einzelnen Unit werden Informationen von anderen Neuronen wie folgt verarbeitet, um anschließend einen Output an andere Units oder die Umwelt weiterzuleiten (siehe Abbildung 2):

1. Berechnung der einzelnen Inputwerte

2. Bildung des Netzinputs mit Hilfe der einzelnen Inputwerte

3. Zuordnung des Netzinputs zu einem Aktivitätslevel

4. Erzeugung des Outputs bzw. der Ausgabe aus dem Aktivitätslevel

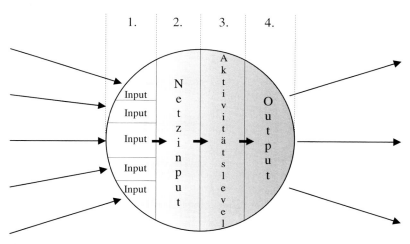

Abbildung 2: Schematische Darstellung der Funktionsweise einer Unit.

Zu beachten ist, dass der Input und Output einer einzelnen Unit nicht mit den Input- und Output-Units in Kapitel 1.3.1 zu verwechseln ist.

Die in Abbildung 2 dargestellten Schritte gelten nur für Hidden- und Output-Units. Bei den Input-Units (sowie den noch vorzustellenden Bias-Units, siehe Kapitel 1.5.4) werden die Informationen aus der Umwelt ohne weitere Verarbeitung direkt an die nachfolgende Schicht gesendet. Dies ist auch der Grund dafür, dass manche Bücher und Computerprogramme wie beispielsweise MATLAB die Input-Schicht nicht als eigenständigen Layer betrachten.

1.5.1 Berechnung der einzelnen Inputwerte

Der Input (bzw. die Eingabe), den ein Neuron von einer anderen Unit empfängt, hängt von zwei Werten ab, die zumeist multiplikativ miteinander verknüpft sind:

- dem **Output** (bzw. der Ausgabe) der sendenden Einheit und

- dem **Gewicht** zwischen den beiden Neuronen

Hieraus folgt: Je stärker der Outputbetrag der sendenden Einheit und je höher der Betrag des Gewichts zwischen den beiden Units, desto größer ist der Einfluss (Input) auf die empfangende Einheit. Ist einer der beiden Terme gleich Null, so ist kein Einfluss vorhanden.

Der Input, den ein Neuron i von einem anderen Neuron j erhält, lässt sich dabei auch als Formel darstellen:

$$input_{ij} = a_j \cdot w_{ij}$$

Dabei gilt:

- i = empfangende Unit

- j = sendende Unit

- a_j = Output bzw. Ausgabe der sendenden Unit j

- w_{ij} = Gewicht zwischen der sendenden Unit j und der empfangenden Unit i

Zu beachten ist, dass sich bei Input und Gewichten die kontraintuitive Konvention eingebürgert hat, dass die erste Indexstelle die empfangende Einheit repräsentiert, während der zweite Index sich auf die Sendende bezieht.

Ein einfaches Beispiel darf die oben aufgeführte Formel illustrieren: Angenommen, die Ausgabe einer sendenden Einheit betrage –3, während das Gewicht zwischen sendender und empfangender Unit bei –4 läge, so würde die Multiplikation der beiden Werte ((–3) · (–4)), zu einem Input von 12 führen.

1.5.2 Bildung des Netzinputs

Der gesamte Input einer Unit wird Netzinput, Netzeingabe, Netinput oder häufig auch Netto-Input genannt. Die sogenannte Propagierungsfunktion bestimmt dabei, wie sich der Netzinput aus den einzelnen Inputwerten (siehe Kapitel 1.5.1) ermittelt.

Sehr häufig wird als Propagierungsfunktion die Linearkombination, d.h. die gewichtete Summe herangezogen. Hierbei werden zunächst die einzelnen Inputs durch Multiplikation der Ausgaben der sendenden Einheiten mit den entsprechenden Gewichten zwischen den sendenden Neuronen und der empfangenden Unit berechnet (siehe Kapitel 1.5.1). Anschließend erfolgt die Addition sämtlicher Inputs, die die Einheit von anderen Neuronen erhalten hat.

Eine solche Propagierungsfunktion kann auch als Formel dargestellt werden:

$$netinput_i = \sum_j input_{ij} = \sum_j a_j \cdot w_{ij}$$

Dabei gilt:

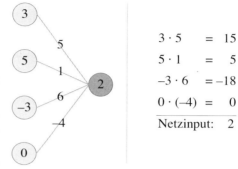

- i   = empfangende Unit

- j   = sendende Unit

- a_j = Output bzw. Ausgabe der sendenden Unit j

- w_{ij} = Gewicht zwischen der sendenden Unit j und der empfangenden Unit i

$$
\begin{array}{lll}
3 \cdot 5 & = & 15 \\
5 \cdot 1 & = & 5 \\
-3 \cdot 6 & = & -18 \\
0 \cdot (-4) & = & 0 \\
\hline
\text{Netzinput:} & & 2
\end{array}
$$

Abbildung 3 dient als Beispiel zur Berechnung des Netzinputs. Vier sen-

Abbildung 3: Beispiel zur Berechnung des Netzinputs.

dende Units mit den Ausgaben +3, +5, −3 und 0 sind durch vier unterschiedliche Gewichte (+5, +1, +6 und −4) mit der empfangenden Unit verbunden. Zur Berechnung des Netzinputs erfolgt in einem ersten Schritt die Multiplikation zwischen den Ausgaben der sendenden Einheiten und den entsprechenden Gewichten zwischen den sendenden und der empfangenden Unit, die in einem zweiten Schritt aufsummiert werden (siehe Abbildung 3).

1.5.3 Zuordnung des Netzinputs zu einem Aktivitätslevel

Nach Bildung des Netzinputs wird dieser mit Hilfe der Aktivitätsfunktion einem Aktivitätslevel zugeordnet. Die Aktivitätsfunktion – auch Transfer- oder Aktivierungsfunktion genannt – kann in einem zweidimensionalen Diagramm visualisiert werden, wobei auf der Abszisse (x-Achse) der Netzinput der Einheit und auf der Ordinate (y-Achse) der[1] entsprechende Aktivitätslevel abgetragen wird (siehe Abbildung 4).

In der Literatur zu neuronalen Netzen finden sich zahlreiche Aktivitätsfunktionen. Typischerweise wird in den meisten neuronalen Netzen einheitlich *eine* bestimmte Aktivitätsfunktion für sämtliche Neuronen einer Schicht, manchmal sogar des ge-

---

[1] *Der* Aktivitätslevel ist die korrekte Bezeichnung, wenngleich die Mehrheit der Studierenden sich in zahlreichen Seminarumfragen für *das* Aktivitätslevel ausgesprochen hat.

samten Netzes verwendet. Nachfolgend sollen beispielhaft einige ausgewählte Funktionen näher beschrieben werden:

- **Lineare Aktivitätsfunktion:** Bei der linearen Aktivitätsfunktion ist der Zusammenhang zwischen Netzinput und Aktivitätslevel linear (siehe Abbildung 4 links oben). Der Wertebereich für den Aktivitätslevel ist folglich sowohl nach oben als auch nach unten hin unbeschränkt. Einen Spezialfall der linearen Aktivitätsfunktion stellt die Identitätsfunktion dar, bei welcher der Netzinput dem Aktivitätslevel entspricht.

- **Lineare Aktivitätsfunktion mit Schwelle:** Bevor der Zusammenhang zwischen den beiden Größen linear wird, muss eine zuvor festgelegte Schwelle überschritten werden. Schwellen können nicht nur bei der linearen Aktivitätsfunktion, sondern auch bei allen anderen Aktivitätsfunktionen verwendet werden. Der Wertebereich des Aktivitätslevels ist im vorliegenden Fall nur nach unten begrenzt (siehe Abbildung 4 rechts oben).

- **Binäre Aktivitätsfunktion:** Bei der binären Schwellenwertfunktion – auch Heaviside-Funktion oder Schrittfunktion genannt – existieren lediglich zwei Zustände des Aktivitätslevels, 0 (bzw. manchmal auch –1) oder +1 (siehe Abbildung 4 links im mittleren Bereich).

- **Sigmoide Aktivitätsfunktion:** Diese Aktivitätsfunktion wird in den meisten Anwendungsfällen verwendet. Es kann hier zwischen der logistischen und der Tangens Hyperbolicus Aktivitätsfunktion unterschieden werden (z.B. Macho, 2002):

  - **Logistische Aktivitätsfunktion:** Bei der logistischen Aktivitätsfunktion, die man auch Fermifunktion nennt, ist der Wertebereich auf 0 bis +1 begrenzt. Ist der Netzinput vom Betrag groß und negativ (z.B. –100), dann ist der Aktivitätslevel nahe 0, steigt anschließend mit zunehmendem Netzinput zunächst langsam an (eine Art Schwelle), wobei der Anstieg immer steiler wird und zwischenzeitlich einer linearen Funktion gleicht. Bei einem hohen Netzinput nähert sich der Wert dann asymptotisch der 1 an (siehe Abbildung 4 rechts im mittleren Bereich).

  - **Tangens Hyperbolicus Aktivitätsfunktion:** Diese Funktion nimmt einen ähnlichen Verlauf wie die logistische Aktivitätsfunktion an, wobei der Wertebereich hier zwischen –1 und +1 liegt (siehe Abbildung 4 links unten).

- **Normalverteilte Aktivitätsfunktion:** Eine normalverteilte Aktivitätsfunktion (siehe Abbildung 4 rechts unten) wird nur in den seltensten Fällen verwendet (Poddig & Sidorovitch, 2001). Beim Statistikprogramm Visual-XSel beispielsweise, auf das im Kapitel 6.3 detailliert eingegangen wird, kann diese Aktivitätsfunktion neben drei anderen vom Benutzer ausgewählt werden.

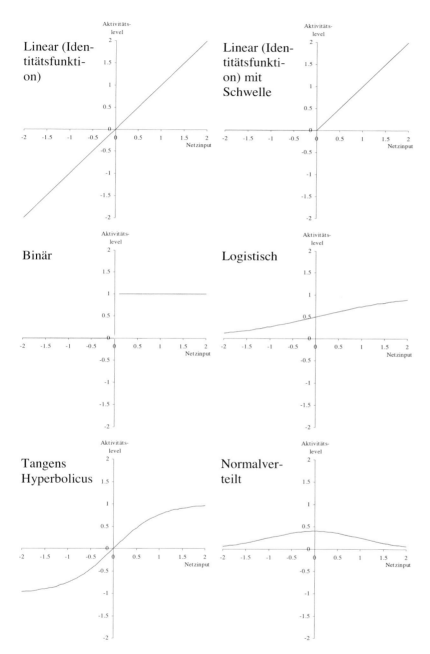

Abbildung 4: Schematische Darstellung sechs verschiedener Aktivitätsfunktionen.

Der nachfolgende Exkurs über die Formeln zu den einzelnen Aktivitätsfunktionen soll als Hilfestellung bei der Erstellung eines eigenen neuronalen Netzes dienen.

Exkurs: Formeln zu den einzelnen Aktivitätsfunktionen

Lineare Aktivitätsfunktion:

$$a_i = m \cdot netinput_i + b$$

Identitätsfunktion (Spezialfall):

$$a_i = netinput_i$$

Lineare Aktivitätsfunktion mit Schwelle 0:

$$a_i = \begin{cases} m \cdot netinput_i + b, \text{ falls } netinput_i \geq 0 \\ 0, \text{ falls } netinput_i < 0 \end{cases}$$

Binäre Aktivitätsfunktion mit Schwelle 0:

$$a_i = \begin{cases} 1, \text{ falls } netinput_i \geq 0 \\ 0, \text{ falls } netinput_i < 0 \end{cases}$$

Logistische Aktivitätsfunktion:

$$a_i = \frac{1}{1 + e^{-netinput_i}}$$

Verallgemeinerung der logistischen Aktivitätsfunktion:

$$a_i = \frac{(o - u)}{1 + e^{\frac{-netinput_i}{T}}} + u$$

Tangens Hyperbolicus Aktivitätsfunktion:

$$a_i = \tanh(netinput_i)$$

Normalverteilte Aktivitätsfunktion:

$$a_i = \frac{1}{\sqrt{2 \cdot \pi}} \cdot e^{\frac{-netinput_i^2}{2}}$$

Verallgemeinerung der normalverteilten Aktivitätsfunktion:

$$a_i = \frac{1}{\sigma \cdot \sqrt{2 \cdot \pi}} \cdot e^{\left[-\frac{1}{2}\left(\frac{netinput_i - \mu}{\sigma}\right)^2\right]}$$

Dabei gilt:	
a_i	= Aktivitätslevel der Unit i
$netinput_i$	= Netzinput der Unit i
m	= "Steigung" der Geraden
b	= "Achsenabschnitt" der Geraden
e	≈ 2.718 (Euler'sche Zahl)
o	= obere Grenze des Aktivitätslevels
u	= untere Grenze des Aktivitätslevels
T	= "Temperaturparameter", der die Funktion auf der Abszisse (x-Achse) "streckt" (bei größeren Werten von T) oder "staucht", wobei gilt: $T > 0$
$\tanh(x)$	$= \dfrac{e^x - e^{-x}}{e^x + e^{-x}}$
π	≈ 3.142 (Pi)
μ	= erwarteter Mittelwert der normalverteilten Funktion
σ	= Standardabweichung der normalverteilten Funktion

Die unterschiedlichen Aktivitätsfunktionen besitzen verschiedene Eigenschaften:

- **Begrenzung des Aktivitätslevels:** Im Gegensatz zu den linearen Aktivitäts-funktionen ist der Aktivitätslevel bei der binären, sigmoiden und normalverteil-ten Aktivitätsfunktion sowohl nach oben als auch nach unten begrenzt. Dies deutet nicht nur auf eine höhere biologische Plausibilität hin, sondern hat auch den Vorteil, dass die Aktivität im Netz nicht ungewollt – bedingt durch rekur-rente Verbindungen (siehe Kapitel 3.4) - "überlaufen" kann und dadurch nur noch Fehlerwerte produziert werden. Die binäre Aktivitätsfunktion im Speziel-len leitet dabei sehr geringe Netzinput-Werte, die man als "Rauschen" betrach-ten könnte, nicht als "Signal" weiter (vgl. die Signalentdeckungstheorie). Statt-dessen wird dieses Rauschen unterdrückt – ein potentieller Vorteil, wobei dies durch geeignete Parameterwahl auch mit anderen begrenzten Aktivitätsfunktio-nen erreicht werden kann (siehe Exkurs: Formeln zu den einzelnen Aktivitäts-funktionen). Die Begrenzung des Aktivitätslevels besitzt andererseits den Nachteil, dass nur ein sehr eng umfasster Wertebereich (z.B. 0 bis 1) als Aus-gabe produziert werden kann, sofern die Formel – wie beispielhaft im vorange-gangenen Exkurs für die logistische Aktivitätsfunktion dargestellt – nicht ent-sprechend angepasst wird. Aufgrund dieses Nachteils wird in neuronalen Net-zen häufig in den Hidden-Schichten auf eine sigmoide Aktivitätsfunktion zu-rückgegriffen, während die Output-Units mit einer linearen Aktivitätsfunktion ausgestattet sind. Ein derartig zusammengestelltes Netz kann jede denkbare Funktion beliebig gut approximieren, d.h. sich ihr annähern. Alternativ können die Aktivitätslevel auch mit Hilfe der Ausgabefunktion, die im nächsten Unterkapitel (siehe 1.5.4) erörtert wird, abschließend transformiert werden. Ebenfalls denkbar ist die nachträgliche Umwandlung der Ausgabewerte mittels einer vorher festgelegten Transformation.

- **Biologische Plausibilität:** Die Aktivitätslevel der binären, sigmoiden und normalverteilten Aktivitätsfunktion sind sowohl nach unten als auch nach oben hin begrenzt. Dies weist auf eine höhere biologische Plausibilität hin, da auch im menschlichen Gehirn bei der Signalübertragung nur ein begrenztes Aktionspotential von ca. –40 bis –80 mV auf maximal etwas unter +55 mV (z.B. Kandel, Schwartz & Jessell, 1995) erreicht werden kann. Die normalverteilte Funktion ist dabei biologisch weniger nahe liegend, da ein größer werdendes Membranpotential ab einem bestimmten Punkt nicht mit einem geringer werdenden Aktionspotential einhergeht. Aufgrund des *Alles-oder-Nichts-Prinzips* bei der Signalweiterleitung in menschli-

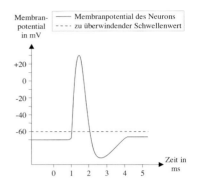

Abbildung 5: Schematische Darstellung des zeitlichen Verlaufs des Membranpotentials einer Nervenzelle bei *einem* ausgelösten Aktionspotential durch (einen) eintreffende(n) Reiz(e).

chen Nervenzellen kann die binäre im Vergleich zu den sigmoiden Aktivitätsfunktionen als biologisch plausibler betrachtet werden. Abbildung 5 visualisiert das Membranpotential bei einem ausgelösten Aktionspotential über die Zeit hinweg. Das Aktionspotential erfolgt immer in gleicher Stärke von maximal etwas unter +55 mV – unabhängig davon, wie stark der Schwellenwert, der ca. 10 mV über dem Ruhepotential liegt (z.B. Kandel et al., 1995), zuvor überschritten wurde. Dies kommt der binären Aktivitätsfunktion am nächsten, da auch hier der Aktivitätslevel nach Überschreiten einer Schwelle (d.h. eines spezifischen Netzinputs) immer gleich stark in Erscheinung tritt (z.B. ein Aktivitätslevel von +1 ausgegeben wird). Kritisch anzumerken ist jedoch, dass eine ansteigende Reizstärke in künstlichen neuronalen Netzen zumeist *nicht* durch höherfrequente Aktionspotentialfolgen codiert wird, wie dies bei biologischen Neuronen der Fall ist.

- **Differenzierbarkeit:** Im Gegensatz zu der binären Schwellenfunktion sind die lineare, sigmoide und normalverteilte Aktivitätsfunktion an allen Stellen differenzierbar, d.h. die Ableitung kann an allen Stellen gebildet werden (siehe auch Exkurs: Differenzierbarkeit vs. Stetigkeit von Funktionen). Dies ist beispielsweise eine notwendige Voraussetzung für das Gradientenabstiegsverfahren, welches im zweiten Kapitel detailliert erörtert wird.

Exkurs: Differenzierbarkeit vs. Stetigkeit von Funktionen

Differenzierbarkeit und Stetigkeit sind *nicht* miteinander zu verwechseln. Unter Stetigkeit versteht man, dass in der Funktion marginale Änderungen des bzw. der Argumente nur zu marginalen Änderungen des Funktionswertes führen. Dies bedeutet, dass die Funktion keine "Sprünge" aufweist. Differenzierbarkeit besagt zudem, dass eine Funktion sich lokal um einen Punkt in eindeutiger Weise annähern lässt, d.h. die Ableitung kann gebildet werden. Eine differenzierbare Funktion enthält keine "Ecken" und "Sprünge".

Differenzierbarkeit impliziert Stetigkeit, aber Stetigkeit schließt Differenzierbarkeit *nicht* zwangsläufig mit ein. Als Beispiel für eine stetige, aber nicht an allen Stellen differenzierbare Funktion wird häufig die Betragsfunktion $f(x) = |x|$ aufgeführt. An der Stelle $x = 0$ liegt zwar kein "Sprung" der Funktion vor, wohl aber eine "Ecke", so dass dort die Steigung der Funktion nicht ermittelt werden kann. Unmittelbar vor $x = 0$ beträgt die Steigung noch -1, während sie für $x > 0$ einen Wert von $+1$ annimmt. Abbildung 6 verdeutlicht noch einmal den Unterschied zwischen Differenzierbarkeit und Stetigkeit.

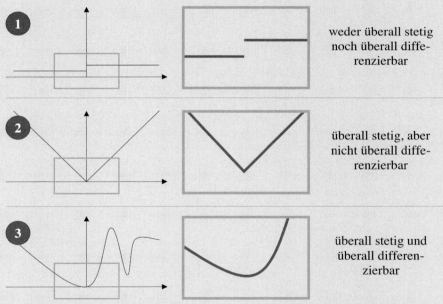

weder überall stetig noch überall differenzierbar

überall stetig, aber nicht überall differenzierbar

überall stetig und überall differenzierbar

Abbildung 6: Schematischer Vergleich zwischen einer nicht an allen Stellen stetigen und ebenfalls nicht überall differenzierbaren Funktion (1), einer stetigen, aber nicht differenzierbaren Funktion sowie einer an allen Stellen stetigen und differenzierbaren Funktion (3). Erkennbar ist, dass die Funktion 1 einen "Sprung" aufweist, während Funktion 2 eine "Ecke" enthält. Lediglich Funktion 3 weist weder "Sprünge" noch "Ecken" auf.

Am Rande sei erwähnt, dass bestimmte mathematische Funktionen sogar an sämtlichen Stellen stetig, aber an *keiner* differenzierbar sind (eine Art "Sägezahnfunktion"). Die ersten Beispiele hierzu stammen vom Mathematiker Karl Weierstraß (1815-1897).

1.5.4 Erzeugung des Outputs aus dem Aktivitätslevel

Aus dem Aktivitätslevel einer Einheit kann der Output bzw. die Ausgabe der Unit mit Hilfe einer Ausgabefunktion (mitunter auch Ausgangsfunktion genannt) bestimmt werden. Gelegentlich kommt hierbei eine Schwellenwertfunktion zum Einsatz (Pospeschill, 2004). Die einfachste Zuordnung stellt jedoch die Identitätsfunktion dar, bei der der Aktivitätslevel dem Output der Unit entspricht. Als Formel ausgedrückt:

$$o_i = a_i$$

Dabei gilt:

- o_i = Output der Unit i

- a_i = Aktivitätslevel der Unit i

Zahlreiche Bücher und Computerprogramme zu neuronalen Netzen verwenden diese Identitätsfunktion bzw. nehmen überhaupt keine Unterscheidung zwischen dem Output einer Unit und seinem Aktivitätslevel vor. Stehen hingegen in einem neuronale Netze Simulator verschiedene Ausgabefunktionen zur Verfügung (wie beispielsweise im Computerprogramm "Neuro Visual"), so wird häufig auf eine Auswahlmöglichkeit unterschiedlicher Aktivitätsfunktionen verzichtet. Stattdessen wird dort die Identitätsfunktion angenommen, was zu denselben Resultaten führt. In dem vorliegenden Lehrbuch wird nachfolgend Aktivitätslevel und Ausgabe einer Unit gleichgesetzt und beide mit a bezeichnet (siehe Kapitel 1.5.1).

Zu beachten ist, dass die Ausgabe einer Unit *nicht* an – mit ihr verbundene – Einheiten der nachfolgenden Schicht aufgeteilt wird, sondern jeweils in voller Stärke an sämtliche verknüpfte, nachfolgende Neuronen weitergegeben wird. Beträgt die Ausgabe einer Einheit beispielsweise +2, so erhalten alle nachfolgenden Units, die mit dieser Einheit verbunden sind, einen Input von ihr. Dieser setzt sich aus der Ausgabe +2 und dem dazugehörigen Gewicht zusammen (siehe Kapitel 1.5.1).

1.5.5 Bias-Units

Die Bias-Unit – auch On-Neuron genannt – erhält selbst keinen Input, ihre Ausgabe bzw. ihr Aktivitätslevel beträgt immer +1 (siehe Abbildung 7). Das Gewicht von der Bias-Unit zu einer anderen Unit kann hingegen positiv oder negativ sein.

Bei positivem Gewicht stellt die Bias-Unit sicher, dass die empfangende Einheit auch dann oft aktiv bleibt, wenn *kein* starker, positiver Input von anderen Einheiten vorliegt. Dies liegt daran, dass der Netzinput (siehe Kapitel 1.5.2) der empfangenden Einheit durch eine derartige Bias-Unit erhöht wird. Der positive Bias der Unit kann folglich als Voraktivierung betrachtet werden.

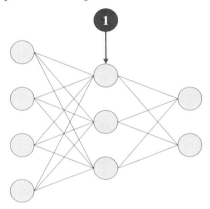

Bei negativem Gewicht sorgt die Bias-Einheit hingegen dafür, dass Units in ihrem negativen bzw. inaktiven Zustand verharren. Dies kann in Kombination mit einer Aktivitätsfunktion, die eine Schwelle (siehe Kapitel 1.5.3) oder einen "schwellenwertähnlichen" Kurvenverlauf (z.B. die sigmoiden Aktivitätsfunktionen)

Abbildung 7: Darstellung einer Bias-Unit.

beinhaltet, nützlich sein, um eine variable Schwelle zu simulieren, die andere sendende Units erst überschreiten müssen. Die so konzipierte Schwelle ist aufgrund des variablen Gewichts zwischen Bias-Unit und der mit ihr verbundenen Einheit während des Lernvorganges veränderlich. Im Gegensatz dazu besitzen Aktivitätsfunktionen mit Schwellen, aber ohne Bias-Units eine vorab fixierte Schwelle.

Bias-Units können – wie in Abbildung 7 dargestellt – ihr Aktivitätslevel auf bestimmte Units der Hidden-Schicht senden. Ebenso sind Bias-Neurone in der Output-Schicht möglich. Auf der Ebene der Input-Schicht sind Bias-Units nur dann sinnvoll, sofern die Informationen aus der Umwelt noch in irgendeiner Form innerhalb der Input-Units weiterverarbeitet werden und *nicht* – wie in Kapitel 1.5 aufgeführt – direkt an die nachfolgende Schicht gesendet werden.

1.6 Trainings- und Testphase

Bei neuronalen Netzen unterscheidet man typischerweise zwischen Trainingsphase und Testphase:

- **Trainingsphase:** In dieser Phase soll das Netz das vorgegebene Lernmaterial einüben. Das Lernmaterial wird dem neuronalen Netz als "Zahlenbündel", d.h. als Vektoren bzw. Matrizen zur Verfügung gestellt (siehe Kapitel 1.2). Diese repräsentieren zumeist einen bestimmten Ausschnitt der "Realität", beispiels-

weise verschiedene Bilder, Texte, Sprachen, Musik oder bei der Datenauswertung erhobene Messwerte wie Intelligenz oder Motivation verschiedener Personen. In der Trainingsphase werden mit Hilfe dieser Zahlenwerte, die dem Netz
in aller Regel wieder und wieder dargeboten werden, die Gewichte zwischen
den einzelnen Neuronen modifiziert. Lernregeln (siehe Kapitel 2) geben dabei
die genaue Art und Weise an, wie das neuronale Netz diese Veränderungen
vornimmt. Grundsätzlich kann man folgende Klassifikation vornehmen, *wie* die
Gewichte verändert werden:

- **Supervised learning** (überwachtes bzw. beaufsichtigtes Lernen): Der korrekte Output – auch als Zielmuster oder teaching vector bezeichnet – wird
  vorgegeben und an diesem werden die Gewichte optimiert.

- **Reinforcement learning** (bestärkendes bzw. verstärkendes Lernen): Im
  Gegensatz zum supervised learning wird dem neuronalen Netzen lediglich
  mitgeteilt, ob die produzierte Ausgabe richtig oder falsch war, *nicht* jedoch, was der exakte Output gewesen wäre.

- **Unsupervised learning** (nicht überwachtes bzw. unbeaufsichtigtes Lernen, auch als self-organized learning bezeichnet): Es wird *kein* Output
  vorgegeben. Die Gewichtsveränderungen erfolgen in Abhängigkeit der
  Ähnlichkeit der Inputreize.

- **Direct design methods** (direkte Designmethoden, auch hardwired systems
  genannt): Hier werden die Gewichte *nicht* verändert, sondern die Verschaltung wird vorab festgelegt. Lernen im Sinne der in Kapitel 1.4.1 aufgeführten Definition der Gewichtsmodifikation liegt hier folglich *nicht*
  vor.

Des Weiteren kann danach differenziert werden, *wann* die Gewichte verändert
werden:

- **Incremental training** (inkrementelles Training bzw. auch als musterbasierte Modifikation, online learning oder adaptives Training bezeichnet):
  Gewichtsveränderungen erfolgen nach Darbietung jedes einzelnen Inputreizes.

- **Batch training** (stapelweises Training, auch blockbasierte bzw. kumulier-
  te Modifikation, epochales Lernen oder offline learning genannt): Die
  Gewichte werden nach Präsentation sämtlicher Inputreize modifiziert. Die
  Darbietung aller Inputreize wird auch als Epoche bezeichnet.

- **Testphase:** In der Test- oder Ausbreitungsphase werden hingegen keine Gewichte verändert. Stattdessen wird hier auf Grundlage der bereits modifizierten
  Gewichte aus der Trainingsphase untersucht, ob und was das Netz gelernt hat.
  Dazu präsentiert man den Inputneuronen Reize und prüft, welchen Output das
  neuronale Netz berechnet. Zwei verschiedene Arten von Reizen können unterschieden werden:

- **Ausgangsreize:** Durch erneute Präsentation der in der Trainingsphase zu lernenden Reize wird geprüft, ob das neuronale Netz das Material selbst erfasst hat.

- **Neue Reize:** Durch Präsentation neuer Reize kann man feststellen, ob das Netz über die zu lernenden Reize hinaus in der Lage ist Aufgaben zu lösen. Anders formuliert: Generalisiert das neuronale Netz auf diese neuen Reize? Zur Beantwortung dieser Frage überprüft man beispielsweise, wie gut die Vorhersage des Netzes bei Darbietung der neuen Reize noch ausfällt. In diesem Fall muss die korrekte Ausgabe – ähnlich wie beim supervised learning (siehe oben) – bekannt sein. Diese Werte beeinflussen aber *nicht* mehr die bereits abgeschlossene Gewichtsmodifikation.

Neben der Trainings- und Testphase könnte man auch noch eine Anwendungsphase anführen, in der ein bereits trainiertes Netz zur Lösung eines konkreten Anwendungsproblems zum Einsatz gelangt. Beispielsweise können neuronale Netze als Gesichtserkennungssoftware auf einem Flughafen eingesetzt werden. In einer solchen Phase werden die Gewichte entweder wie in der Trainingsphase weiter modifiziert oder aber der Lernvorgang wird wie in der Testphase als abgeschlossen betrachtet. Insofern liegt hier *keine* eindeutige Zuordnung zur Trainings- oder Testphase vor.

1.7 Matrizendarstellung

Neuronale Netze lassen sich auch als Matrizen darstellen (siehe Abbildung 8). Dies hat den Vorteil, dass die im Kapitel 1.5 erläuterten Berechnungen mathematisch relativ einfach und zusammenfassend vorgenommen werden können.

Eine Matrix ist eine mathematische Einheit, genau wie eine einzelne Zahl. Solch eine Matrix **W** besteht aus einer Menge von Elementen w_{ij}. Der erste Index i gibt dabei die Zeile der Matrix an, der zweite Index j hingegen die Spalte, in der das Element steht. Da das Lernen in neuronalen Netzen typischerweise in den Gewichten stattfindet und diese das gelernte Wissen des Netzes speichern, werden die Netzgewichte als Zahlenwerte in der Matrix repräsentiert. Die Input- und Output-Werte, die das Netz erhält bzw. berechnet können hingegen zumeist als Vektoren abgebildet werden. Dabei stellt ein Vektor eine spezielle Matrix dar, die jeweils nur aus einer Zeile oder einer Spalte besteht (nähere Angaben zum Rechnen mit Matrizen finden sich beispielsweise bei Moosbrugger, 2002).

Ein neuronales Netz kann man durch *eine* Gewichtsmatrix darstellen (siehe Abbildung 8), sofern *keine* Hidden-Schicht existiert. Bei einer Hidden-Schicht würde man zwei Gewichtsmatrizen benötigen, bei zwei Hidden-Schichten drei Matrizen usw.

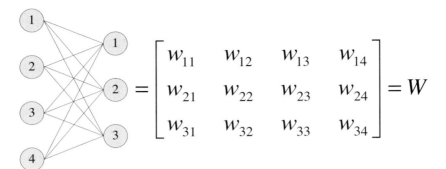

Abbildung 8: Darstellung der Äquivalenz zwischen schematischer Illustration und Matrizenschreibweise bei neuronalen Netzen. Der jeweils erste Index der Gewichte bezieht sich auf die Output-Unit (1, 2 oder 3), der zweite Index gibt die entsprechende Input-Unit (1 bis 4) des neuronalen Netzes an.

Neben der oben beschriebenen Möglichkeit, ein neuronales Netz mit Hilfe einer oder mehrerer Gewichtsmatrizen zu beschreiben, wie es beispielsweise im Computerprogramm MATLAB vorgenommen wird, können sämtliche im Netz befindlichen Gewichte auch durch nur *eine* einzige Matrix symbolisiert werden. Abbildung 9 stellt eine solche Gewichtmatrix dar. Zu beachten ist hier, dass in Abbildung 9 weiß unterlegte Felder eine nicht existierende Verbindung zwischen zwei Neuronen repräsentieren. Diese können bei Matrizenberechnungen mit Hilfe einer *nicht modifizierbaren* Null realisiert werden, während eine modifizierbare Null eine Verbindung mit einem Gewicht von Null darstellt.

Des Weiteren ist zu berücksichtigen, dass die Informationsübertragung wie gewohnt in Leserichtung von links nach rechts erfolgt. Bei rekurrenten Verbindungen, die sich durch Rückkopplungen von Neuronen einer Schicht zu anderen Neuronen derselben oder einer vorangegangenen Schicht auszeichnen (vgl. Kapitel 3.4), wären entsprechend zusätzliche Felder der Matrix in Abbildung 9 grau zu hinterlegen.

Vergleicht man Abbildung 8 mit Abbildung 9, so ist erkennbar, dass die Matrizendarstellungen deutliche Ähnlichkeiten aufweisen. Die in der Abbildung 8 visualisierte Matrix vom Typ 3 x 4 ist auch in der zweiten Darstellung präsent und zwar als grau markierte Fläche mit ebenfalls zwölf Zahlenwerten, die die Gewichte zwischen den Input- und Hidden-Units repräsentieren. Die zweite grau markierte Fläche (in der Abbildung 9 rechts unten befindlich) – bestehend aus sechs Feldern – stellt die Gewichte der insgesamt sechs Verbindungen dar, die sich zwischen Hidden- und Output-Schicht befinden. Diesen zweiten "Block" könnte man auch als weitere eigenständige Matrix und somit ähnlich wie in Abbildung 8 darstellen.

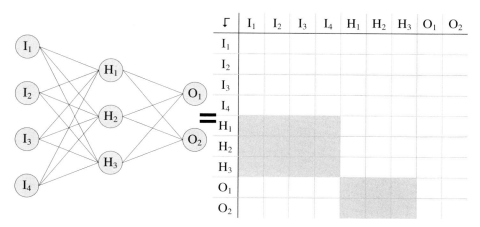

Abbildung 9: Darstellung der Äquivalenz zwischen schematischer Illustration und Matrizenschreibweise bei neuronalen Netzen.

Sofern wie oben zwei benachbarte Schichten vollständig miteinander verbunden sind, d.h. zwischen *jeder* Unit der sendenden Schicht existiert eine Verbindung zu *jeder* Einheit der empfangenden Schicht, zeigt sich eine charakteristische "Blockbildung" (vgl. Kriesel, 2007). Fehlen einzelne Verbindungen – ist die Vollverknüpfung folglich nicht gewährleistet –, so sind die "Blöcke" in der Matrizendarstellung entsprechend mit Leerstellen durchsetzt.

1.8 Zusammenfassung

Der nachfolgende visuelle Strukturüberblick (siehe Abbildung 10) fasst die zentralen Konzepte des Kapitels "Grundlagen" als concept map zusammen. Eine concept map ist eine Begriffstrukturdarstellung, die aus Knoten, welche Personen, Objekte oder Konstrukte repräsentieren und gerichteten Kanten, die die Beziehungen zwischen den Knoten darstellen, besteht.

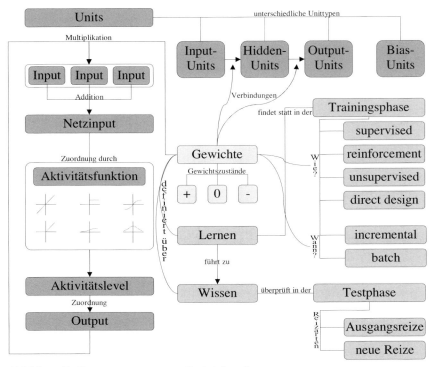

Abbildung 10: Concept map zum ersten Kapitel Grundlagen.

Die Abbildung 10 ist in mehrere Teilbereiche unterteilt, die an dieser Stelle näher beschrieben werden sollen:

- **Funktionsweise von Units:** Am linken Rand der Visualisierung ist von oben nach unten die Informationsverarbeitung dargestellt, die innerhalb einer Unit durchlaufen wird.

  - Im ersten Schritt werden die einzelnen Inputwerte durch Multiplikation der Outputwerte sendender Units mit den dazugehörigen Gewichten ermittelt.

  - Die Bildung des Netzinputs erfolgt zumeist durch Summation der berechneten Inputwerte.

  - In einem dritten Schritt wird der Netzinput in Abhängigkeit der verwendeten Aktivitätsfunktion einem Aktivitätslevel zugeordnet.

  - In aller Regel ist der Output bzw. die Ausgabe einer Unit mit ihrem Aktivitätslevel identisch.

- Der so bestimmte Output dient entweder nachfolgenden Schichten als Eingabe oder – sofern es sich um Output-Units handelt – als Ausgabe des neuronalen Netzes.

- **Unterschiedliche Arten von Units:** Im oberen, rechten Bereich der concept map sind die im Kapitel behandelten Arten von Units dargestellt, wobei Input- und Hidden-Units sowie Hidden- und Output-Units durch Verbindungen miteinander verknüpft sind. Bias-Units erhalten selbst keine Informationen von anderen Neuronen und können sich im Netz in jeder Schicht befinden. Zu beachten ist, dass Input- und Output-Units *nicht* mit dem Input bzw. dem Output *einer* Unit zu verwechseln sind (siehe oben).

- **Gewichte:** Von zentraler Bedeutung in der Abbildung sind die Gewichte, die die Stärke der Verbindungen zwischen den einzelnen Units repräsentieren. Man kann hier zwischen positiven, neutralen und negativen Gewichten unterscheiden. Gewichte, die sich auch in Form einer Gewichtsmatrix darstellen lassen, sind nicht nur an der Bildung der Inputs einzelner Units maßgeblich beteiligt, sondern auch für Lernen und Wissen verantwortlich.

- **Lernen und Wissen:** Lernen kann zu Wissen führen. Während das Lernen in Form von Gewichtsveränderungen ausschließlich in der Trainingsphase stattfindet, ist das bereits erworbene Wissen sowohl für die Trainings- als auch für die Testphase relevant. Trotzdem wird die Überprüfung des Wissens, welches in den fixierten Gewichten enthalten ist, primär in der Testphase vorgenommen.

- **Trainings- und Testphase:** Man unterscheidet zwischen Trainings- und Testphase. Die Trainingsphase kann zudem danach unterteilt werden, *wie* die Veränderung der Gewichte erfolgt. Neben den Lernregeln, die im zweiten Kapitel erörtert werden, kann eine Grobeinteilung in supervised, reinforcement und unsupervised learning vorgenommen werden. Auch direkte Designmethoden kann man hierzu zählen, wenngleich durch die dort vorab bestimmte feste Verschaltung *kein* Lernen im Sinne einer Veränderung der Gewichte stattfindet. Weiterhin kann unterschieden werden, *wann* es zur Modifikation der Gewichte kommt (incremental vs. batch training). Bei der Testphase stellt sich die Frage, welche Reize vorgegeben werden (Ausgangsreize vs. neue Reize).

1.9 Übungsaufgaben

1. Wo findet in neuronalen Netzen typischerweise das Lernen statt?

2. Wozu dienen Units in neuronalen Netzen?

3. Was versteht man unter einer Propagierungsfunktion?

4. Wie ist der Netzinput definiert?

5. Welche Aktivitätsfunktionen kennen Sie und worin unterscheiden sich diese?

6. Wie sieht die logistische Aktivierungsfunktion aus?

7. Welche Vorteile besitzen sigmoide Aktivitätsfunktionen gegenüber der binären Aktivitätsfunktion?

8. Wovon hängt der Aktivitätslevel eines Neurons ab?

9. Was ist eine Bias-Unit und wozu dient sie?

10. Worin unterscheidet sich eine Schwelle, die mit bzw. ohne Hilfe einer Bias-Unit vorgenommen wird?

11. Welche weiteren Unterscheidungen kann man bei neuronalen Netzen innerhalb der Trainingsphase und welche innerhalb der Testphase vornehmen?

12. Grenzen Sie supervised von unsupervised learning ab!

13. Was ist der Unterschied zwischen batch und incremental training?

14. Wie können neuronale Netze mathematisch dargestellt werden?

2 Lernregeln

2.1 Übersicht und Lernziele

Im zweiten Kapitel werden verschiedene Lernregeln erörtert, die angeben, wie die Gewichte neuronaler Netze während der Trainingsphase modifiziert werden. Dabei sollen Unterschiede und Gemeinsamkeiten der einzelnen Lernregeln sowie deren Vor- und Nachteile vorgestellt werden.

Folgende Lernziele werden in diesem Kapitel verfolgt:

- Wie lernen neuronale Netze?
- Was für Lernregeln gibt es?
- Worin unterscheiden sich die einzelnen Lernregeln?
- Welche Vor- und Nachteile besitzen die einzelnen Lernregeln?

2.2 Einleitung

Lernen wird in neuronalen Netzen gewöhnlich als Gewichtsveränderung zwischen den Einheiten definiert (vgl. Kapitel 1.4.1). Neben der Modifikation der Gewichte existieren zahlreiche andere Möglichkeiten der Realisierung des Lernprozesses in neuronalen Netzen (vgl. z.B. Kriesel, 2007; Pospeschill, 2004):

- Entwicklung von neuen Verbindungen
- Beseitigung von bestehenden Verbindungen
- Modifikation des Schwellenwertes einer Unit
- Veränderung der Propagierungsfunktion
- Änderung der Aktivitätsfunktion
- Umgestaltung der Ausgabefunktion
- Aufnahme neuer Units
- Eliminierung von bereits vorhandenen Units

Die Entwicklung neuer und Beseitigung bereits bestehender Verbindungen können als spezielle Varianten der Gewichtsmodifikation betrachtet werden. Neue Kanten werden in der Gewichtsmatrix (siehe Kapitel 1.7) durch Umwandlung fixierter Gewichte mit dem Wert Null in variable Gewichte realisiert, während die Eliminierung bestehender Verbindungen durch die dauerhafte Festlegung des Gewichts einer Kante auf den Wert Null vorgenommen werden kann. Auch die Modifikation des Schwellenwertes einer Unit kann durch Veränderung der Gewichte erfolgen, sofern Bias-Units (siehe Kapitel 1.5.5) zum Einsatz gelangen.

Änderungen der Propagierungs-, Aktivitäts- oder Ausgabefunktion sind in der Literatur zu neuronalen Netzen bisher kaum vorzufinden (Pospeschill, 2004), wenngleich sich hierdurch zahlreiche interessante Möglichkeiten ergeben dürften.

Im Gegensatz dazu spielt die Aufnahme neuer und Eliminierung vorhandener Einheiten in neuronalen Netzen eine zunehmende Rolle (Pospeschill, 2004), wobei deren Realisierung mit Hilfe Genetischer bzw. Evolutionärer Algorithmen erfolgen kann (siehe Kapitel 3.2).

In diesem Kapitel soll Lernen weiterhin als Modifikation der Gewichte in der Trainingsphase betrachtet werden. Hierzu benötigt man eine Lernregel, die angibt, wie die Veränderungen vorgenommen werden sollen. Eine Lernregel stellt einen Algorithmus dar, der darüber Auskunft gibt, welche Gewichte des neuronalen Netzes wie stark erhöht oder reduziert werden sollen. Als Algorithmus bezeichnet man allgemein ein Rechenverfahren, welches vorab festgelegte (Berechnungs-)Schritte durchläuft. Bei Darstellung der Gewichte als Matrix bzw. als Matrizen (siehe Kapitel 1.7) kann eine Lernregel auch als Algorithmus zur Transformation der Strukturmatrix bzw. der Matrizen **W** definiert werden.

In den einzelnen Unterkapiteln werden folgende Lernregeln mit ihren Vor- und Nachteilen näher erörtert:

- Hebb-Regel
- Delta-Regel
- Backpropagation
- Competitive Learning

2.3 Hebb-Regel

Eine der einfachsten Lernregeln mit großer biologischer Plausibilität stammt vom Psychologen Donald Olding Hebb. In seinem Buch "The organization of behavior" aus dem Jahr 1949 formulierte der Kanadier die hebbsche Lernregel (S. 62, Übersetzung nach Kandel et al., 1995, S. 700):

> *"Wenn ein Axon der Zelle A ... Zelle B erregt und wiederholt und dauerhaft zur Erzeugung von Aktionspotentialen in Zelle B beiträgt, so resultiert dies in Wachstumsprozessen oder metabolischen Veränderungen in einer oder*

in beiden Zellen, die bewirken, dass die Effizienz von Zelle A in bezug auf die Erzeugung eines Aktionspotentials in B größer wird."

Verkürzt kann die Hebb-Regel auch durch den Ausspruch "What fires together, wires together" zusammengefasst werden. Bezogen auf künstliche neuronale Netze lässt sich die Hebb-Regel folgendermaßen umformulieren: Das Gewicht zwischen zwei Einheiten wird dann verändert, wenn beide Units gleichzeitig aktiv sind. Als Formel ausgedrückt lautet die Hebb-Regel:

$$\Delta w_{ij} = \varepsilon \cdot a_i \cdot a_j$$

Dabei gilt:

- Δw_{ij} = Veränderung des Gewichts zwischen den Einheiten i und j
- ε = vorher festgelegter, positiver Lernparameter (meist kleiner als 1)
- a_i = Aktivitätslevel bzw. Ausgabe der empfangenden Unit i
- a_j = Aktivitätslevel bzw. Ausgabe der sendenden Unit j

Angenommen das ursprüngliche Gewicht zwischen zwei Units i und j beträgt +3. Ist nun die Ausgabe der sendenden und empfangenden Einheit j und i jeweils +1 und wurde der Lernparameter zuvor auf +1 festgelegt, so wird das Gewicht um Eins (= 1 · 1 · 1) erhöht. Das neue Gewicht beträgt folglich +4 (= 3 + 1). Ein ausführlicheres Rechenbeispiel zur Hebb-Regel wird im Kapitel 3.3.1 bei der Erklärung des Pattern Associator aufgeführt.

Der vor dem Lernvorgang festgelegte Lernparameter ε stellt einen positiven Wert dar und ist im einfachsten Fall +1, so dass sich die Hebb-Regel zu $\Delta w_{ij} = a_j \cdot a_i$ vereinfacht. In der Regel ist der Lernparameter jedoch deutlich kleiner als +1. Er beeinflusst die Stärke der Gewichtsveränderungen für jeden Lerndurchgang. Je höher der Wert, desto größer fällt die Gewichtsmodifikation aus.

Die aufgeführte Formel stimmt jedoch nur dann mit der "klassischen" hebbschen Lernregel überein, wenn die Aktivitätslevel der sendenden und empfangenden Units lediglich die Werte Null oder einen positiven Wert (zumeist Eins) annehmen. Diese Einschränkung ist jedoch mit Problemen verbunden (vgl. Macho, 2002):

- **"Überlaufen" der Werte der Gewichte:** Die Veränderung der Gewichte erfolgt nur, wenn beide Aktivitätslevel ungleich Null sind. In diesem Fall wird das Verbindungsgewicht erhöht, da beide Werte positiv sind. Eine Senkung des Gewichts ist folglich zu keinem Zeitpunkt möglich. Die Gewichte können demnach lediglich gleich bleiben oder größer werden.

- **Geringe Mächtigkeit des Systems:** Neuronale Netze, deren Einheiten sowohl positive als auch negative Aktivitäten annehmen können, weisen einen größeren Zustandsraum auf, d.h. sie können eine größere Anzahl von Zuständen annehmen als Netze, die nur positive und einen neutralen Wert beinhalten. Durch die positiven *und* negativen Werte können Abweichungen von einem neutralen Wert Null sowohl in positiver als auch negativer Richtung codiert werden. Besteht nur die Möglichkeit der Annahme positiver Werte für die Aktivitätslevel der sendenden und empfangenden Units, so wären weitere Bias-Units erforderlich (siehe Kapitel 1.5.5), um die gleiche Mächtigkeit zu erzielen.

Um diesen Problemen zu begegnen bietet es sich an, statt 0 und +1 die Werte −1 und +1 zu verwenden und die oben genannte Hebb-Regel entsprechend abzuändern. Identische Aktivitätslevel (jeweils +1 und jeweils −1) führen zu einer Erhöhung des bereits bestehenden Gewichts, während unterschiedliche Aktivitätslevel (+1 und −1 bzw. umgekehrt) die Stärke der Verbindung reduzieren.

Die Hebb-Regel kann sowohl als supervised als auch als unsupervised oder reinforcement learning realisiert werden (vgl. z.B. Patterson, 1996). Zudem greift die Regel auf ein inkrementelles Training (incremental training) zurück (siehe Kapitel 1.6), d.h. die Gewichte werden nach Darbietung eines einzelnen Inputreizes sofort modifiziert. Eine stapelweise Verarbeitung (batch training) mehrerer Input-Muster ist jedoch problemlos durch eine geringfügige Modifikation der obigen Formel möglich.

2.4 Delta-Regel

Die Delta-Regel wird gelegentlich auch als Widrow-Hoff-Regel oder LMS-Regel (Least Mean Square Regel) bezeichnet. Sie beruht auf einem Vergleich zwischen dem gewünschten und dem tatsächlich beobachteten Aktivitätslevel einer (Output-)Unit i. Während der gewünschte Aktivitätslevel vorgegeben wird – es handelt sich folglich um supervised learning – wird der beobachtete Aktivitätslevel berechnet. Die Berechnung erfolgt dabei mit Hilfe der zuvor ausgewählten Propagierungs-, Aktivierungs- und Ausgabefunktionen (siehe Kapitel 1.5).

Als Formel kann der Vergleich zwischen gewünschter und beobachteter Aktivität, der als Delta-Wert bezeichnet wird, wie folgt dargestellt werden:

$\delta = a_i(\text{gewünscht}) - a_i(\text{beobachtet})$

Man kann drei Möglichkeiten unterscheiden:

- **Die beobachtete Aktivität ist zu niedrig ($\delta > 0$).** Um die Aktivität zu steigern müssen die Gewichte zwischen den sendenden Neuronen und der empfangenden Einheit erhöht werden, sofern von den sendenden (Input-)Units ein positiver Input ausgeht. Die Gewichte zu den sendenden Units mit negativem Input werden hingegen gesenkt.

- **Die beobachtete Aktivität ist zu groß ($\delta < 0$).** Da die Aktivität hier reduziert werden soll, schwächt man alle Verbindungen, bei denen der Input positiv ist und stärkt diejenigen Verbindungen mit negativem Input.

- **Die beobachtete und gewünschte Aktivität sind gleich groß ($\delta = 0$).** Da das gewünschte Resultat in diesem Fall vorliegt, erfolgt keine Änderung der Gewichte.

Diese drei Möglichkeiten sind in der Formel zur Delta-Regel enthalten:

$$\Delta w_{ij} = \varepsilon \cdot \delta_i \cdot a_j$$

Dabei gilt:

- Δw_{ij} = Veränderung des Gewichts zwischen den Einheiten i und j
- ε = vorher festgelegter Lernparameter
- δ_i = Delta-Wert der (Output-)Unit i
- a_j = Aktivitätslevel bzw. Ausgabe der sendenden (Input-)Unit j

Diese Formel stellt sicher, dass die Größe der Gewichtsveränderung proportional zur Größe des Fehlers δ ist. Zudem werden durch die Multiplikation mit a_j diejenigen Gewichte zu den sendenden (Input-)Units stärker verändert, die einen größeren Einfluss auf den Fehlerterm ausüben. Der Lernparameter ε wird vor der Trainingsphase festgelegt und gibt an, wie stark die Gewichtsveränderung pro Lerndurchgang ausfallen soll. Wie bei der Hebb-Regel (siehe Kapitel 2.3) ist dieser Parameter im einfachsten Fall Eins, so dass sich die oben aufgeführte Delta-Regel vereinfacht zu: $\Delta w_{ij} = \delta_i \cdot a_j$.

Ein Beispiel darf die aufgeführte Formel verdeutlichen: Angenommen, der gewünschte Aktivitätslevel einer Output-Unit i soll Fünf betragen, die tatsächlich berechnete Aktivität liegt jedoch nur bei Eins. Folglich ergibt sich ein Delta-Term von $5 - 1 = 4$. Bei einem Lernparameter ε von Eins und einem Aktivitätslevel einer sendenden Unit j von beispielsweise 0.5 liegt die Gewichtsveränderung zwischen der empfangenden und der sendenden Unit bei $1 \cdot 4 \cdot 0.5 = 2$. Dieser Wert wird zu dem bereits bestehenden Gewicht, z.B. +1 aufaddiert. Das neue Gewicht nach einem Lerndurchgang beträgt folglich $1 + 2 = 3$.

Die aufgeführte Delta-Regel ist als inkrementelles Training (incremental training) realisiert (siehe Kapitel 1.6), d.h. die Gewichte werden nach Darbietung eines einzelnen Inputreizes sofort modifiziert. Eine stapelweise Verarbeitung (batch training) mehrerer Input-Muster ist aber ebenfalls möglich. Hierzu wird $\delta_i \cdot a_j$, d.h. das Produkt zwischen dem Delta-Term (Differenz zwischen gewünschter und beobachteter Aktivität) und dem Aktivitätslevel bzw. der Ausgabe der sendenden (Input-)Unit j zunächst, wie gewohnt, für jeden einzelnen Inputreiz berechnet. Anschließend werden die berechneten Einzelwerte aufsummiert, mit dem Lernparameter ε multipliziert und erst dann die Gewichtsveränderung vorgenommen. Sowohl beim inkrementellen Training als auch bei der stapelweisen Verarbeitung wird das iterative Verfahren solange wiederholt, bis die Gewichtsänderungen nur noch marginal ausfallen oder eine zuvor festgelegte maximale Anzahl an Wiederholungen dieser Schritte erreicht worden ist.

Die Delta-Regel ist nur für neuronale Netze ohne Hidden-Schichten einsetzbar. Dies liegt daran, dass es sich bei dieser Lernregel um supervised learning (siehe Kapitel 1.6) handelt, bei dem die gewünschte bzw. korrekte Ausgabe, d.h. der teaching vector vorliegen muss. Dieser ist jedoch nur für die Output-Schicht bekannt, während für sämtliche Hidden-Schichten zunächst *keine* gewünschte Ausgabe vorliegt.

Sofern Hidden-Units existieren, kann jedoch auf das sogenannte Backpropagation Verfahren zurückgegriffen werden, welches an späterer Stelle (siehe Kapitel 2.6) erörtert wird. Beim Backpropagation Verfahren wird, wie bei der Delta-Regel, die Modifikation der Gewichte – der Lernvorgang – über das sogenannte Gradientenabstiegsverfahren (kurz Gradientenverfahren) vorgenommen. Genauer gesagt *ist* die Delta-Regel ein Spezialfall des Gradientenverfahrens und zwar für neuronale Netze ohne Hidden-Schichten und ohne rekurrente Verbindungen (siehe z.B. Macho, 2002). Dieses Verfahren soll im folgenden Unterkapitel erörtert werden.

2.5 Gradientenabstiegsverfahren

2.5.1 Ausgangssituation

Bei der Delta-Regel (bzw. allgemein beim Gradientenverfahren) vergleicht man gewünschte und berechnete (Ausgabe-)Werte miteinander und nimmt mit Hilfe dieses Delta-Terms sukzessive Gewichtsveränderungen vor. Dabei könnte man sich die Frage stellen, warum die Gewichte nicht in einem einzigen Schritt so angepasst werden, dass die gewünschten mit den berechneten Werten für alle zu lernenden Daten übereinstimmen oder diesen zumindest bestmöglich entsprechen?

Der Grund liegt darin, dass (oftmals) keine mathematische Vorschrift bzw. Formel existiert, mit der man die korrekten Gewichte in nur einem Berechnungsschritt ermitteln kann (vgl. Exkurs: Gradientenabstiegsverfahren vs. Methode der kleinsten Quadrate; siehe unten).

Zur Ermittlung der gesuchten Gewichte bestünde eine weitere Möglichkeit darin, zu allen möglichen Kombinationen von Gewichten einen Gesamtfehlerterm F zu bestimmen. Häufig wird dieser Gesamtfehlerterm – wie im Kontext des Allgemeinen

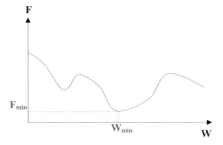

Abbildung 11: Schematische Darstellung der Fehlerkurve. Auf der Abszisse (x-Achse) ist das Gewicht W abgetragen, auf der Ordinate (y-Achse) der Fehlerterm F. Markiert ist das Gewicht W mit der optimalen Lösung, d.h. dem absoluten Minimum hinsichtlich des Fehlers.

Linearen Modells (z.B. Moosbrugger, 2002) – als Summe der quadrierten Differenzen zwischen den tatsächlichen und den beobachteten bzw. vorhergesagten Werten definiert (Poddig & Sidorovitch, 2001).

Die Gewichtskombination W mit dem kleinsten Gesamtfehlerterm F_{min} wäre die gesuchte optimale Lösung W_{min}, ein absolutes Minimum hinsichtlich des Fehlers.

Was im zweidimensionalen Raum (siehe Abbildung 11), sprich mit nur *einem einzigen Gewicht* noch vergleichsweise einfach wäre, gestaltet sich im n-dimensionalen Raum mit n–1 Gewichten ungleich schwerer. Hier würde der Fehlerterm keiner Kurve, sondern einer n-dimensionalen "Gebirgslandschaft" entsprechen. Der Rechenaufwand zur Bestimmung der *gesamten* Landschaft, um ein absolutes Minimum innerhalb dieses Raumes zu finden, so wie es die oben beschriebene Lösung verlangen würde, wäre viel zu groß.

2.5.2 Lösungsansatz

Stattdessen werden die Gewichte mit dem Gradientenabstiegsverfahren (bzw. im Speziellen der Delta-Regel) modifiziert. Bei diesem iterativen Verfahren muss man *nicht* die gesamte n-dimensionale "Gebirgslandschaft" kennen.

Das Gradientenabstiegsverfahren durchläuft dabei folgende Schritte:

1. Wahl eines (zufälligen) Startpunktes

2. Festsetzung eines Lernparameters

3. Festlegung des Abbruchkriteriums

   • Fixierung der kritischen Differenz der Gewichtsveränderungen, die nicht unterschritten werden darf

   • Spezifizierung der maximalen Anzahl an Iterationen (= Wiederholungen), die vorgenommen werden sollen

4. Berechnung des Gradienten

5. Veränderung der Gewichte

6. Der vierte und fünfte Punkt werden solange wiederholt, bis mindestens eines der beiden Abbruchkriterien erfüllt ist (siehe dritter Punkt)

Das Gradientenverfahren beginnt mit einer zufällig gewählten Gewichtskombination, die die Startposition auf der Kurve (siehe Abbildung 12) bzw. in der n-dimensionalen "Gebirgslandschaft" markiert. Von dieser Position aus in der "Hügellandschaft" (vgl. Abbildung 13) soll nun das "tiefste Tal" gesucht werden. Folglich wird an der Startstelle geprüft, in welcher Richtung es am steilsten "bergab" geht. Im zweidimensionalen Raum kann ein Abstieg notwendigerweise nur nach links oder rechts erfolgen, während man sich im dreidimensionalen Raum einmal um seine eigene Achse drehen muss, um den steilsten Abstieg bestimmen zu können. Mathematisch ist der steilste Abstieg durch den sogenannten Gradienten (daher der Name Gradientenverfahren) repräsentiert bzw. genauer gesagt durch den negativen Gradienten, da der Gradient selbst den stärksten Anstieg in der "Hügellandschaft" markiert. Der Gradient gibt nicht nur die Richtung, sondern zugleich auch die Steigung des Hügels an und stellt folglich einen n−1-dimensionalen Vektor dar (zum Vektorbegriff siehe Kapitel 1.7). Um einen solchen Vektor mathematisch zu bestimmen, sind die partiellen Ableitungen (siehe hierzu der Exkurs zur Berechnung der

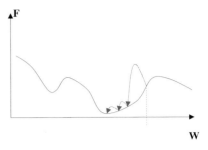

Abbildung 12: Schematische Darstellung des Gradientenabstiegsverfahrens.

partiellen Ableitungen mittels Sekantenmethode in diesem Kapitel) für die einzelnen Dimensionen zu berechnen, aus denen sich der Vektor zusammensetzt. Diese Ableitungen existieren in der "Hügellandschaft" nur dann überall, wenn diese "Landschaft" an jeder Stelle differenzierbar ist (vgl. Kapitel 1.5.3). Hierzu sollten Propagierungs-, Aktivitäts- und Ausgabefunktion (siehe Kapitel 1.5) differenzierbar sein. Ist dies nicht der Fall, so existiert mindestens eine Stelle in der "Hügellandschaft", für die die partiellen Ableitungen nicht gebildet werden können.

Nachdem der Gradient für den Startpunkt ermittelt und die "Berglandschaft" um eine vorgegebene Länge – den Lernparameter – hinabgestiegen wurde, indem die Gewichte entsprechend verändert wurden, wiederholt sich das iterative Verfahren. An der Stelle der neu erhaltenen Gewichtskombination wird wiederum der Gradient bestimmt und abermals eine Modifikation der Gewichte vorgenommen (siehe Abbildung 12). Dieses Verfahren wird solange durchlaufen, bis die neuen Gewichts-

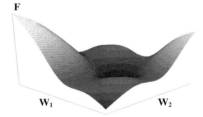

Abbildung 13: Schematische Darstellung einer dreidimensionalen "Hügellandschaft".

veränderungen nur noch unbedeutend ausfallen oder eine zuvor festgelegte maximale Anzahl von Wiederholungen dieser Schritte erreicht worden ist. Die im Verlauf des Verfahrens ermittelten Schrittgrößen können sehr unterschiedliche Ausmaße annehmen, da diese Größe nicht nur vom Lernparameter, sondern auch von der Steigung der "Hügellandschaft" abhängt (siehe oben), die sich an den einzelnen "Orten des Berges" ebenfalls deutlich unterscheidet (siehe z.B. Abbildung 12).

Das Gradientenabstiegsverfahren kann sowohl als incremental als auch als batch training (siehe Kapitel 1.6) realisiert werden. Diese Unterscheidung wird im Kapitel 2.6.2 im Rahmen des Backpropagation Verfahrens näher erörtert.

Als Analogie zum Gradientenabstiegsverfahren kann man sich – wie bereits angedeutet – die Wanderung in einer Hügellandschaft vorstellen. Ziel ist es dabei, das tiefste Tal in der Berglandschaft zu finden. Unglücklicherweise handelt es sich um

ein äußerst nebeliges Gebiet (= die n-dimensionale "Gebirgslandschaft" ist unbekannt), weswegen immer nur die unmittelbare Umgebung wahrgenommen werden
kann, während weiter entfernt liegende Berge und Täler hinter der Nebelwand ver-
schwinden. Auf der Suche nach dem tiefsten Tal schaut man sich um und folgt dann
dem steilsten Abstieg – in der Hoffnung, dass dieser zum tiefsten Tal führt. Wenige
Meter später überprüft man, ob die eingeschlagene Richtung immer noch bergab
führt und korrigiert ggf. den Weg und zwar wieder in Richtung des steilsten Ab-
stiegs. Die Wandergeschwindigkeit hängt nicht nur davon ab, wie schnell sich der
Wanderer grundsätzlich fortbewegt (also dem Lernparameter; bei einem großen
Lernparameter läuft der Wanderer mit "Siebenmeilenstiefeln" über die Berglandschaft), sondern auch davon, ob der Wanderer eine relativ flache Ebene oder einen
steilen Abstieg durchquert (als Gradient realisiert). Ein steiler Abstieg wird dabei
schneller durchlaufen. Des Weiteren kann der Wanderer in Abhängigkeit seines
eigenen Gewichts und Reisegepäcks bei einem steilen Abstieg trägheitsbedingt an
Geschwindigkeit zunehmen, was zu einem Anstieg der Wandergeschwindigkeit und
zu weniger abrupten Richtungsänderungen führt. Dieser sogenannte "Momentum-
Term", der als Trägheitsterm beim Gradientenabstiegsverfahren eingesetzt werden
kann, wird im Kapitel 2.5.4 näher erläutert. Die Wanderung wird beendet, wenn ein
Tal erreicht wird, mit einem Punkt, an dem es an keiner Stelle mehr bergab geht
oder wenn der Wanderer erschöpft ist (= die maximale Anzahl an Iterationen, d.h.
Wiederholungen erreicht ist). Der Exkurs zur Berechnung der partiellen Ableitungen
mittels Sekantenmethode soll Personen, die planen, ein neuronales Netz mit Gradientenabstiegsverfahren eigenständig zur programmieren, als Anregung dienen.

Exkurs: Berechnung der partiellen Ableitungen mittels Sekantenmethode

Eine Möglichkeit, um eine numerische Approximation der partiellen Ableitungen
einer Funktion an einer bestimmten Stelle zu ermitteln bietet die Sekantenmethode (vgl. Macho, 2002).

Bei diesem Näherungsverfahren wird *nicht* die exakte Tangente an der gesuchten
Stelle der Funktion bestimmt, um die Ableitung bzw. den Gradienten zu ermitteln. Stattdessen "wandert" man vom gewünschten Punkt, an dem die Ableitung
bestimmt werden soll, einen sehr kleinen Abschnitt mit der Länge h (in x-
Richtung) auf der Kurve zurück und bestimmt den dortigen Punkt der Funktion.
Analog dazu wird in entgegengesetzter Richtung verfahren, indem vom gewünschten Punkt der sehr kleine Wert h aufaddiert und danach der Funktionswert
berechnet wird (siehe Abbildung 14). Durch diese beiden Punkte wird sodann
eine Linie – die sogenannte Sekante – gezogen. Die Steigung dieser Sekante kann
leicht ermittelt werden, da sowohl deren Länge zwischen den beiden Punkten als
auch deren Höhe bekannt sind. Die Länge zwischen den beiden Punkten beträgt
$2 \cdot h$, da vom gesuchten Punkt aus einmal nach links mit der Länge h und einmal
nach rechts, ebenfalls mit der Länge h "gewandert" wurde (siehe Abbildung 14).
Die Höhe stellt die Differenz der Funktionswerte $f(x+h)$ und $f(x-h)$ dar.

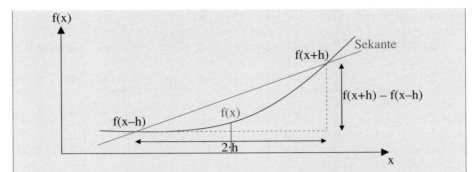

Abbildung 14: Schematische Darstellung der Sekantenmethode zur numerischen Bestimmung der Ableitung einer Funktion an der Stelle x.

Die Formel zur Sekantenmethode lautet folglich:

$$f'(x_i) = \frac{f(x_i + h) - f(x_i - h)}{2 \cdot h}$$

Die Sekantenmethode bietet im Vergleich zu anderen Verfahren den Vorteil der vergleichsweise einfachen Realisierung und der Möglichkeit z.T. auch dort die Ableitung zu bestimmen, wo die Ableitung entweder unbekannt ist oder nicht existiert (Macho, 2002).

2.5.3 Probleme des Verfahrens

Das Gradientenverfahren ist mit zwei zentralen Problemen verbunden:

- **Ineffizienz:** Das Verfahren ist oftmals im Vergleich zu anderen Lösungsansätzen sehr ineffizient, d.h. es werden zahlreiche Iterationen (= Wiederholungen) benötigt, bis das (lokale) Minimum erreicht wird. In Anbetracht immer größerer Rechenpower scheint dieses Problem jedoch eine immer kleiner werdende Rolle zu spielen. Zudem existiert mitunter kein anderer Lösungsansatz als das Gradientenabstiegsverfahren.

- **Lediglich lokale Umgebung bekannt:** Durch die fehlende Kenntnis der gesamten n-dimensionalen "Hügellandschaft", die sich hinter einem "Nebelschleier" (siehe Kapitel 2.5.2) verbirgt, ist de facto nie[2] sichergestellt, dass das

---

[2] Ausgenommen, der gesamte Fehlerterm liegt bei Null. In diesem Fall ist gewährleistet, dass es sich um ein globales Minimum handelt, wobei auch dann unbekannt ist, ob noch andere Gewichtskombinationen existieren, in denen der Gesamtfehler ebenfalls Null beträgt.

Verfahren das "tiefste Tal" – d.h. das globale Minimum – findet. Dieses Problem lässt sich nochmals in verschiedene Teilprobleme unterteilen (siehe z.B. Kriesel, 2007):

- **Lokale Minima:** Man weiß beim Gradientenabstiegsverfahren nie, ob man nach der Durchführung ein lokales oder absolutes Minimum gefunden hat (siehe Abbildung 15 links oben). Dieses Problem tritt verstärkt bei höherer Dimension des Netzes (= Anzahl an Gewichten) auf. Eine höhere Dimension führt dazu, dass die "Gebirgslandschaft" des Fehlerterms zumeist stärker zerklüftet und sich somit die Anzahl der lokalen Minima erhöht.

- **Flache Plateaus:** Im Grunde genommen besteht hier genau das umgekehrte Problem. Anstelle einer (zu) starken Zerklüftung existieren – zumindest in Teilen der "Landschaft" – kaum "Berge und Täler", sondern ein relativ flaches "Plateau" (siehe Abbildung 15 rechts oben). Dadurch wird der Gradient beim Gradientenabstiegsverfahren sehr klein, so dass das nächste "Tal" gar nicht mehr erreicht wird. Das Verfahren stagniert.

- **Überspringen guter Minima:** Auch dieses Problem lässt sich als Gegenstück zum Problem lokaler Minima auffassen. Statt ein globales Minimum gar nicht zu erreichen, wird hier das globale Minimum "übersprungen". Dies passiert vornehmlich dann, wenn solch ein "tiefes Tal" mit relativ geringer Ausdehnung in der "Gebirgslandschaft" liegt (siehe Abbildung 15 links im mittleren Bereich). In der Folge findet das Gradientenabstiegsverfahren nur ein lokales Minimum (s. o.).

- **Direkte Oszillation:** Im Falle der direkten Oszillation entdeckt das Gradientenabstiegsverfahren weder ein globales noch ein lokales Minimum. Dies passiert dann, wenn der Gradient von einem "Abhang" eines Tals zum gegenüberliegenden "Abhang" springt und von dort wieder zur selben Stelle zurück (siehe Abbildung 15 rechts im mittleren Bereich). In diesem Fall sind die Beträge der Gradienten gleich, lediglich die Vorzeichen wechseln hin und her. Dem Gradientenabstiegsverfahren gelingt es nicht in die "Tiefe der Gebirgslandschaft herabzustoßen". Das Verfahren oszilliert.

- **Indirekte Oszillation:** Im Gegensatz zur direkten Oszillation kann es auch passieren, dass das Verfahren nicht direkt zurückspringt, sondern mehrere Schritte benötigt, um wieder zum Ausgangspunkt zurückzukehren (siehe Abbildung 15 links unten).

- **Sattelpunkte:** Das Verfahren kommt nicht nur bei einem globalen oder lokalen (siehe oben) Minimum zum Stillstand, sondern auch an einem so genannten Sattelpunkt (Macho, 2002). Sattelpunkte sind dadurch gekennzeichnet, dass zum einen die Funktion abnimmt, wenn man in die Richtung A oder in die ihr entgegengesetzte Richtung "wandert". Zum anderen steigt die Funktion aber auch an, wenn man die Richtung B oder die ihr entgegengesetzte Richtung verfolgt. Abbildung 15 (rechts unten) soll das Problem des Sattelpunktes verdeutlichen, wobei sich in der Visualisierung im mittleren Bereich ein solcher Sattelpunkt befindet. Erkennbar ist, dass an diesem Punkt – ähnlich einem Minimum – die Funktion "flach" verläuft und folglich die partiellen Ableitungen den Wert Null annehmen.

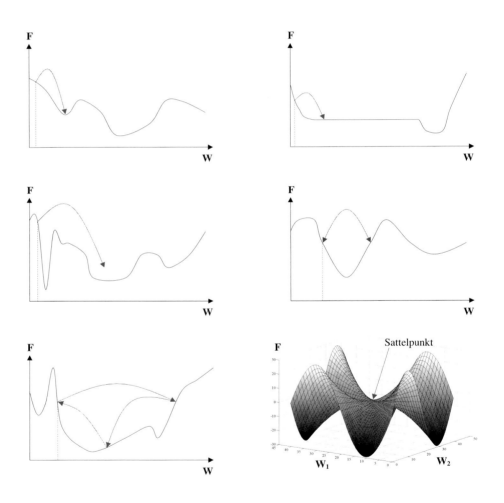

Abbildung 15: Schematische Darstellung verschiedener Probleme beim Gradientenabstiegsverfahren.

2.5.4 Lösungsansätze

Es stehen zahlreiche Möglichkeiten der Effizienzsteigerung des Gradientenabstiegs-verfahrens zur Verfügung sowie Maßnahmen, um dem Problem, dass nur die lokale Umgebung der n-dimensionalen "Gebirgslandschaft" bekannt ist, zu begegnen:

- **Initialisierung der Gewichte verändern:** Unter anderem kann man versuchen die Initialisierung der Gewichte zu verändern, um den Lernerfolg zu verbessern. Dabei sind zwei Aspekte voneinander zu unterscheiden:

  - **Startpunkt des Gradientenabstiegsverfahrens:** Der Startpunkt hat einen zentralen Einfluss darauf, welche Werte die Gewichte im Verlauf des Verfahrens annehmen und ob sich schlussendlich ein lokales oder globales Minimum findet. Eine Initialisierung aller Gewichte auf denselben Zahlenwert (z.B. die Festlegung aller Gewichte auf den Wert Null) führt dazu, dass die Gewichte in der Trainingsphase gleich verändert werden. Um diesem Problem zu begegnen wird die Initialisierung der Gewichte mit kleinen, um Null herum streuenden Zufallsgewichten vorgenommen (man spricht in diesem Zusammenhang auch von symmetry breaking). Häufig kommt das sogenannte Multi-Start-Verfahren zum Einsatz, bei dem die Berechnungen mit verschiedenen Startpunkten wiederholt werden.

  - **Art der Initialisierung:** Ebenso ist die Art der Initialisierung für das Auffinden eines lokalen bzw. globalen Minimums von Bedeutung. Damit ist u.a. die Frage gemeint, wie unterschiedlich die Startwerte der einzelnen Gewichte gewählt wurden. Beispielsweise können diese nur sehr gering um Null herum streuen oder aber sehr stark.

- **Lernparameter verändern:** Neben der Neu-Initialisierung kann man versuchen den Lernparameter zu verändern. Grundsätzlich gilt, dass es keine optimale Lernrate für alle Arten neuronaler Netze gibt. Es lassen sich hier verschiedene Möglichkeiten voneinander unterscheiden:

  - **Lernparameter erhöhen:** Eine höhere Lernrate bewirkt, dass die Sprünge in der "Gebirgslandschaft" größer werden. Dies kann folgende Vorteile nach sich ziehen:

    - Flache Plateaus werden schneller durchlaufen bzw. überwunden.
    - Vom Startpunkt weit entfernte Minima werden schneller erreicht.

    Mit einer höheren Lernrate können sich aber auch Nachteile ergeben:

    - Gute (globale) Minima werden häufiger übersprungen.
    - Die Gefahr der Oszillation steigt an.

  - **Lernparameter reduzieren:** Eine niedrigere Lernrate führt dazu, dass kleinere Schritte beim Gradientenabstiegsverfahren vorgenommen werden.

Dies führt zu folgenden Vorteilen:

- Gute (globale) Minima werden nicht mehr so leicht übersprungen.
- Die Gefahr der Oszillation sinkt.
- Komplexe Daten sowie eine große Datendichte werden besser bewältigt.

Den Vorteilen stehen jedoch auch Nachteile gegenüber:

- Die Trainingszeit bis zum Erreichen eines Minimums kann inakzeptabel groß werden.
- Flache Plateaus werden langsamer durchlaufen bzw. nicht mehr überwunden.
- "Schlechte" lokale Minima werden häufiger nicht mehr übersprungen.

- **Lernparameter variabel halten:** Eine weitere Möglichkeit besteht darin, die Lernrate im Verlauf der Trainingsphase stufenweise zu verändern. Genauer gesagt wird der Lernparameter im Laufe des Trainings immer weiter reduziert (vgl. Kapitel 3.6).

- **Lernparameter schichtabhängig wählen:** Die Lernrate muss des Weiteren nicht einheitlich für das gesamte Netz festgelegt werden, sondern kann sich für die Gewichtsmatrizen zwischen den einzelnen Schichten voneinander unterscheiden. Dabei bietet es sich an, für die Gewichtsmatrizen in der Nähe der Input-Schicht eine größere Lernrate zu verwenden, als in der Nähe der Output-Schicht (Kriesel, 2007).

Als Empfehlung zur Lernratenveränderung wird beispielsweise von der Neuro-Fuzzy-AG der Universität Münster vorgeschlagen, mit einer Lernrate von 0.7 zu beginnen und diese dann nur bei unbefriedigendem Lernerfolg (also *nicht* variabel!) schrittweise um 0.1 zu verringern. Allgemein sollte die Lernrate im Bereich zwischen 0.01 und 0.9 liegen (Kriesel, 2007).

- **Momentum-Term hinzufügen:** Der Momentum- oder Trägheitsterm (siehe auch Kapitel 2.5.2) addiert zum aktuellen Gradienten den vorangegangenen Gradienten. Letztgenannter Term wird mit dem sogenannten Momentum-Parameter α multipliziert (Macho, 2002), um zu gewährleisten, dass dieser nicht in gleicher Stärke wie der aktuelle Gradient die neue Gewichtsmodifikation beeinflusst. Üblicherweise wird der Momentum-Parameter auf Werte zwischen 0.6 und 0.9 gesetzt (Kriesel, 2007). Stellt man sich das Gradientenabstiegsverfahren als einen Ball vor, der eine Hügellandschaft herunterrollt bzw. herunterspringt, dann erfolgen die Richtungsänderungen dieses Balles nicht abrupt, sondern aufgrund der Trägheit nimmt der Ball "Schwung" und kann somit beispielsweise ein flaches Plateau besser überwinden. Statt der Analogie des Balles bedient man sich in der Literatur zu neuronalen Netzen gelegentlich auch der Analogie eines Skifahrers, der eine Piste hinab fährt. Folgende Vorteile sind zumeist mit dem Momentum-Term verknüpft:

- Lokale Minima werden eher übersprungen.

- Flache Plateaus werden aufgrund der Beschleunigung schneller durchlaufen bzw. überwunden.

- Oszillationen werden eher vermieden, da durch Addition des Momentum-Terms entgegengesetzte Richtungen sich zum Teil ausgleichen. Durch diese Dämpfung erhöht sich auch die Effizienz des Gradientenverfahrens (Braun, 1997).

Jedoch birgt sein Einsatz auch die erhöhte Gefahr des Überspringens des globalen Minimums.

- **Delta-Bar-Delta-Regel verwenden:** Bei der Delta-Bar-Delta-Regel wird ein Vergleich der partiellen Ableitungen aus allen aufeinanderfolgenden Durchgängen vorgenommen. Dabei finden weit zurückliegende partielle Ableitungen, aufgrund eines Gewichtungsfaktors, nur noch in geringem Maße bei dem Vergleich Berücksichtigung (Macho, 2002). In Abhängigkeit des Ergebnisses des Vergleichs wird die aktuelle Schrittweite entweder erhöht oder aber reduziert. Das Verfahren besitzt ähnliche Vor- und Nachteile wie bei Verwendung eines Momentum-Terms, wobei die Delta-Bar-Delta-Regel mitunter effizienter sein kann (Macho, 2002).

- **Simulierte Abkühlung anwenden:** Die simulierte Abkühlung (simulated annealing, auch simuliertes Ausglühen genannt) stellt ein Verfahren dar, welches beispielsweise im Kontext von Boltzmann-Maschinen, einer Variante von Constraint Satisfaction Netztypen (siehe Kapitel 3.7), eingesetzt wird. Bei diesem Verfahren wird die "Hügellandschaft" während des Gradientenverfahrens "geschüttelt" (Macho, 2002). Dieses "Schütteln", welches man sich auch als eine Art "Erdbeben" vorstellen könnte, ist anfänglich so stark, dass die hinabrollende Kugel (die Analogie des Bergwanderers erscheint hier weniger erfreuliche Assoziationen hervorzurufen) lokale Minima zu überspringen vermag. Da sich das "Erdbeben" im Verlaufe des Gradientenabstiegs abschwächt, kann die Kugel allmählich nur noch kleinere "Berge" überspringen. Die Rückkehr in bereits überquerte lokale Minima wird damit zu verhindern versucht. Mathematisch kann das "Erdbeben" mit Hilfe von Zufallstermen realisiert werden (Macho, 2002).

Trotz der zahlreichen Lösungsansätze zur Effizienzsteigerung des Gradientenabstiegsverfahrens und zur Begegnung der Probleme, die mit der Kenntnis lediglich der *lokalen* Umgebung der n-dimensionalen "Gebirgslandschaft" einhergehen, ist keiner der Lösungen bei sämtlichen Problemen von Vorteil. Stattdessen ist oftmals simples Ausprobieren, der Einsatz von Genetischen Algorithmen (siehe Kapitel 3.2) oder aber die Erfahrung des "Netzwerkarchitekten" notwendig, um die geeigneten Ansätze und Parameter auszuwählen.

Der abschließende Exkurs zum Gradientenabstieg vergleicht das Gradientenverfahren mit der Methode der kleinsten Quadrate und soll verdeutlichen, dass herkömmliche statistische Verfahren auch mit Hilfe neuronaler Netze bzw. dem Gradientenabstiegsverfahren realisiert werden können.

Exkurs: Gradientenabstiegsverfahren vs. Methode der kleinsten Quadrate

Bei statistischen Fragestellungen sollen oftmals mit Hilfe bestimmter Variablen (z.B. Schulnote, Intelligenzquotient, Motivation usw.) Ausprägungen anderer Variablen (z.B. Studienerfolg, Berufserfolg) vorhergesagt werden. Bei der Regressionsanalyse werden die zur Vorhersage herangezogenen Variablen Prädiktoren genannt, in der Varianzanalyse spricht man von unabhängigen Variablen (UV). Die zu erklärenden Variablen bezeichnet man in der Regressionsanalyse als Kriterien, während man sie in der Varianzanalyse als abhängige Variablen (AV) bezeichnet. Mathematisch betrachtet sind Regressions- und Varianzanalyse identisch und können als Spezialfall des Allgemeinen Linearen Modells (vgl. z.B. Moosbrugger, 2002), bzw. der kanonischen Korrelation (vgl. Bortz, 2005) betrachtet werden. Prinzipiell ließen sich diese statistischen Verfahren auch als Spezialfälle neuronaler Netze darstellen.

Zur Vorhersage der AVs – beispielsweise des Studienerfolgs – muss sowohl im Kontext des Allgemeinen Linearen Modells als auch bei neuronalen Netzen bestimmt werden, wie "wichtig" die UVs wie Schulnote, IQ usw. für diese Vorhersage sind. Dazu wird jede UV mit einem Gewichtsparameter multipliziert. Um nun den Studienerfolg einer bestimmten Person vorherzusagen, ermittelt man Schulnote, IQ usw., multipliziert diese Werte mit dem jeweiligen Gewichtsparameter und addiert anschließend sämtliche Terme auf (vgl. die gewichtete Summe bei der Bildung des Netzinputs, siehe Kapitel 1.5).

Bevor die Vorhersage des Studienerfolgs einzelner Personen erfolgen kann, müssen die Gewichtsparameter bestimmt werden. Dabei wird zunächst bei einer Reihe von Personen sowohl Schulnote, IQ, usw. als auch deren späterer Studienerfolg gemessen (die Messung erfolgt eventuell einige Jahre später). Um die Gewichtsparameter der einzelnen UVs aus diesen Messwerten zu bestimmen, bedient man sich im Allgemeinen Linearen Modell der Methode der kleinsten Quadrate. Bei diesem Verfahren werden die einzelnen Abweichungen zwischen dem tatsächlich gemessenen und dem für eine Kombination von Gewichtsparametern vorhergesagten Wert (z.B. dem Berufserfolg) quadriert und anschließend aufaddiert. Man spricht in diesem Zusammenhang auch von der Summe der Abweichungsquadrate (SAQ). Da die vorhergesagten Werte die tatsächlichen Werte bestmöglich prognostizieren sollen, werden diejenigen Einflussgewichte gesucht, deren SAQ ein globales Minimum ergibt. Dies ist aufgrund des quadratischen Verlaufs der Fehlerkurve (siehe Abbildung 16 (links); im n-dimensionalen Raum handelt es sich nicht um eine Parabel, sondern um ein $n-1$-dimensionales Paraboloid) durch Bildung der ersten Ableitung für die Vorhersagegleichung, die den

Wert Null annehmen soll, vergleichsweise leicht möglich. Im Kontext neuronaler Netze könnte man die Methode der kleinsten Quadrate als supervised learning betrachten (siehe Kapitel 1.6), wobei auch der Bezug zur Delta-Regel hergestellt werden kann (vgl. Kapitel 2.4).

Alternativ zur Bildung der ersten Ableitung für die Gleichung der Funktion bestünde im Kontext des Allgemeinen Linearen Modells, d.h. bei Regressions- bzw. Varianzanalysen, auch die Möglichkeit, mit Hilfe des Gradientenabstiegsverfahrens das globale Minimum zu suchen. Abbildung 16 (rechts) soll das Gradientenverfahren graphisch veranschaulichen. Nach Wahl eines zufälligen Startpunktes des Einflussparameters W wird die dortige erste Ableitung gebildet und entsprechend dem Gradientenverfahren eine Modifikation des Einflussparameters vorgenommen. Der Übersicht halber wurden in der Abbildung 16 (rechts) lediglich drei dieser Schritte eingezeichnet. Zu beachten ist, dass die Anzahl der Schritte, bis das Verfahren das globale Minimum annähernd erreicht hat in aller Regel deutlich umfangreicher sind.

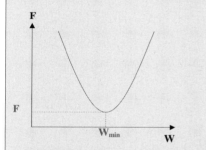 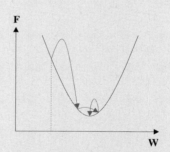

Abbildung 16: Schematische Darstellung des Fehlerverlaufs und der Ermittlung des globalen Minimums in Abhängigkeit eines einzelnen Einflussparameters **W** bei der Methode der kleinsten Quadrate (links) und mit Hilfe des Gradientenabstiegsverfahrens.

In der Praxis werden Regressions- bzw. Varianzanalysen mit der Methode der kleinsten Quadrate und *nicht* mit Hilfe des Gradientenabstiegsverfahrens berechnet, da die Ermittlung der korrekten Kennwerte nur einen Bruchteil des Rechenaufwands benötigt (vgl. Kapitel 2.5.3 Ineffizienz des Verfahrens). Zudem werden durch dieses Verfahren die exakten Werte ermittelt, während das iterative Gradientenverfahren nur Näherungswerte generiert, wobei hier zusätzlich noch Probleme wie Oszillationen (siehe oben) auftreten können. Der Vorteil des Gradientenverfahrens besteht im größeren Einsatzbereich. Probleme, die nicht analytisch lösbar sind, d.h. in denen das Ergebnis sich nicht in geschlossener Form berechnen lässt, können mit Hilfe des Verfahrens gelöst werden, wenngleich nicht sicher ist, dass es sich um die bestmögliche Lösung handelt.

2.6 Backpropagation

2.6.1 Einleitung

Die beiden bisher dargestellten Lernregeln funktionieren nur bei neuronalen Netzen ohne Hidden-Units. Auch wenn zahlreiche Probleme ohne die Verwendung von Hidden-Schichten gelöst werden können, muss man mitunter auf neuronale Netze mit Hidden-Units zurückgreifen. Beispielsweise wird in diesem Kontext häufig das sogenannte XOR-Problem (siehe Exkurs: Das XOR-Problem) in der Literatur angeführt, welches angeblich nicht ohne Hidden-Units gelöst werden kann. Dies ist zwar *nicht* korrekt, da das Problem auch ohne Hidden-Units – beispielsweise unter Zuhilfenahme weiterer Input-Units (Macho, 2002), einer normalverteilten Aktivitätsfunktion oder aber mittels Modifikation der Delta-Regel (Valle-Lisboa, Reali, Anastasía & Mizraji, 2005) – lösbar ist. Dennoch verweist es auf den Umstand, dass bestimmte Problemgruppen auf Hidden-Units angewiesen sind, sofern das Lernen *nicht* z.B. über eine Modifikation der Aktivitätsfunktion realisiert werden soll (siehe Kapitel 2.2).

Zu beachten ist ferner, dass das XOR-Problem an dieser Stelle aus historischen und didaktischen Gründen vorgestellt wird. In der Anwendungspraxis neuronaler Netze ist dieses Problem nicht weiter von Bedeutung.

Das XOR-Problem

Das Problem des XOR – auch ausschließendes Oder genannt – stellt eine bestimmte logische Verknüpfungsregel dar. Neben dem logischen XOR existieren noch andere Verknüpfungen wie das logische UND (bzw. AND) und das logische ODER (bzw. OR):

- **AND:** Beim logischen UND müssen von zwei ursächlichen Ereignissen bzw. Bedingungen *beide* wahr sein, damit ein bestimmtes Folgeereignis eintritt (wahr wird). Beispiel: Nur wenn ich Geld *und* Zeit habe, gehe ich ins Kino.

- **OR:** Beim logischen ODER reicht es aus, wenn *mindestens eine der beiden* Ereignisse vorliegt. Beispiel: Wenn ich Geld habe *oder* meine Freundin mich einlädt *oder* beides, gehe ich ins Kino.

- **XOR:** Beim ausschließenden ODER darf nur *genau eine der beiden* Bedingungen vorliegen, damit das Folgeereignis in Kraft tritt. Beispiel: *Entweder* ich lade meine Freundin ins Kino ein *oder* aber meine Freundin lädt mich ins Kino ein, nicht aber beides. Wenn keiner den anderen einlädt, gehen wir nicht ins Kino (siehe auch Kapitel 6.4.4).

Das ausschließende ODER unterscheidet sich vom logischen UND und ODER u.a. darin, dass es linear *nicht* separierbar ist. Linear separierbar sind zwei Mengen im zweidimensionalen Raum dann, wenn eine Gerade diese Mengen eindeutig zu trennen vermag. Die fehlende lineare Separierbarkeit ist auch in Abbildung 17 dargestellt, wobei auf der x- und y-Achse jeweils eine Bedingung abgetragen ist, die entweder falsch (0) oder wahr (1) sein kann. Während bei UND und ODER wahre und falsche Konsequenzen voneinander durch eine Trennlinie separiert werden können, ist dies beim XOR nicht möglich. Hier existiert *keine* Linie, die den oberen linken und den unteren rechten Punkt auf eine Seite bringt und zugleich von den Punkten links unten und rechts oben trennt.

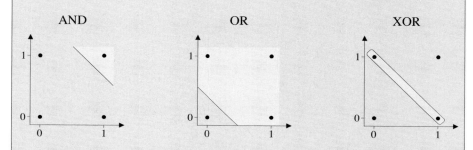

Abbildung 17: Schematische Darstellung des logischen Und (AND), Oder (OR) und des ausschließenden Oder (XOR). Die grau hinterlegte Fläche kennzeichnet eine wahre (1) Konsequenz.

Auch im drei- oder höherdimensionalen Raum existiert das Konzept der linearen Separierbarkeit, wobei die Punkte dort nicht mehr durch eine Linie, sondern durch eine Ebene (im dreidimensionalen Raum) bzw. durch eine n–1-dimensionale Hyperebene (im n-dimensionalen Raum) voneinander getrennt werden.

Das Backpropagation Verfahren – auch Backpropagation of Error, Fehlerrückführung oder auch Rückpropagierung genannt – stellt im Gegensatz zur Delta-Regel eine Rechenvorschrift dar, mit der auch die Gewichte zu den Hidden-Units modifiziert werden können. Entwickelt wurde das Verfahren bereits in den 70er Jahren. Paul Werbos scheint dabei einer der ersten Forscher gewesen zu sein (1974), wobei seine an der Universität Harvard verfasste Doktorarbeit zu dem Thema zunächst längere Zeit nicht aufgegriffen wurde. Besonders bekannt wurde der Ansatz von Rumelhart, Hinton und Williams (1986), deren Backpropagation Verfahren eine Verallgemeinerung der Delta-Regel darstellt.

Die meisten heutigen neuronale Netze, die konkrete Anwendungsprobleme lösen sollen, greifen auf das Backpropagation Verfahren zurück. Ein Problem im Zusammenhang mit diesem auf supervised learning basierenden Ansatz ist die fragwürdige biologische Plausibilität bezüglich der Erklärung der Funktionsweise des menschlichen Gehirns (siehe Kapitel 4.4).

2.6.2 Problemstellung und Algorithmus

Bei Netzen mit Hidden-Units steht man vor dem Problem, dass man keinen direkten Fehler für Neuronen der Hidden-Schichten bestimmen kann. Dieses Problem entsteht, weil für die Hidden-Schichten die gewünschten Aktivitätslevel zunächst unbekannt sind. Es ist somit *nicht* wie bei der Output-Schicht möglich, den Fehlerterm aus den gewünschten und jeweils berechneten Ausgaben zu ermitteln. Um dennoch eine Modifikation der Gewichte auf Grundlage der entstehenden Fehlerterme vornehmen zu können wird in der Trainingsphase jede Gewichtsveränderung in drei Schritte unterteilt:

1. **Forward-pass:** Zunächst werden – wie in der Trainings- und auch Testphase üblich – den Input-Neuronen Reize präsentiert und sodann der Output des neuronalen Netzes berechnet. Die Berechnung des Outputs wird mit Hilfe der Propagierungs-, Aktivitäts- oder Ausgabefunktion vorgenommen, wobei zunächst die Ausgaben der ersten Hidden-Schicht, dann der zweiten Hidden-Layer usw. bis zur Output-Schicht ermittelt werden. Näheres hierzu ist dem Kapitel 1.5 zu entnehmen.

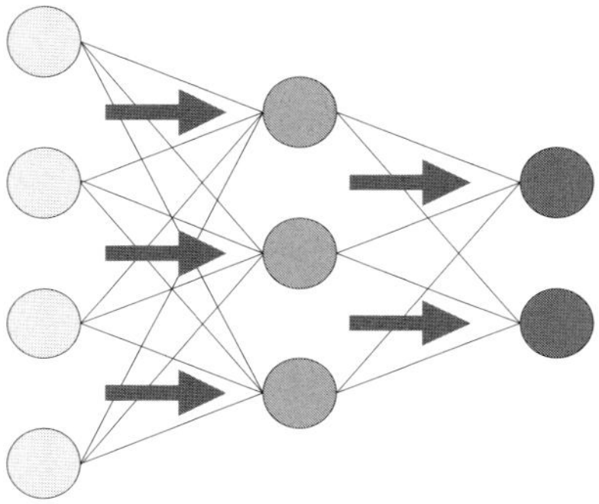

Abbildung 18: Schematische Darstellung des forward-pass.

2. **Fehlerbestimmung:** In einem zweiten Schritt erfolgt die Fehlerbestimmung für die einzelnen Output-Units, indem – wie bei der Delta-Regel (siehe Kapitel 2.4) – die gewünschten Output-Werte mit den im forward-pass tatsächlich ermittelten Werten verglichen werden. Zumeist werden hier die einzelnen Fehlerterme quadriert und aufsummiert. Wenn die Fehler für sämtliche dargebotenen Reize eine vorgegebene Güteschwelle überschreiten, folgt der dritte Schritt. Ist der Gesamtfehler so gering, dass die Güteschwelle nicht überschritten wird, kann die Trainingsphase abgebrochen werden.

3. **Backward-pass:** Der dritte Schritt ist der innovative Kern des Backpropagation Verfahrens. Die Fehlerterme breiten sich nun in entgegengesetzte Richtung bis zur Input-Schicht aus. Mit Hilfe dieser Fehlerterme werden nun nach und nach die Gewichte des Netzes modifiziert. Die neuen Gewichte werden mit Hilfe des Gradientenabstiegsverfahrens (siehe Kapitel 2.5) bestimmt und zwar zunächst für die Verbindungen zwischen der letzten Hidden-Schicht und der Output-Schicht. Sodann sind die Fehlerwerte auf die einzelnen Units dieser letzten

Hidden-Schicht zu verteilen, anhand de-
rer die nächsten Gewichte (zwischen der
letzten und vorletzten Hidden-Schicht)
wiederum mit Hilfe des Gradientenverfahrens berechnet werden können. Dieser
Vorgang wird solange fortgesetzt, bis die
Input-Schicht erreicht ist. Das genaue
Berechnungsverfahren soll an dieser
Stelle nicht weiter erörtert werden. Eine
didaktisch sehr gut aufbereitete Darstellung hierzu findet sich beispielsweise in
dem Buch von Raúl Rojas (1996).

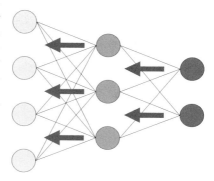

Abbildung 19: Schematische Darstellung
des backward-pass, wobei hier die Fehlerterme von den Output-Units zu den Input-
Einheiten zurückgesendet werden.

Diese drei Schritte werden für sämtliche Trainingsdaten mehrfach wiederholt, bis der Gesamtfehler entweder klein genug ausfällt (siehe Schritt 2) oder die zuvor festgelegte maximale Anzahl an Wiederholungen erreicht
worden ist. Da das Backpropagation Verfahren bei der Gewichtsmodifikation auf
das Gradientenverfahren zurückgreift, treffen alle dort skizzierten Probleme und
hierfür vorgesehene Lösungsansätze (siehe Kapitel 2.5.3 und 2.5.4) ebenso auf
Backpropagation zu.

Auch das Backpropagation Verfahren kann als incremental oder batch training realisiert werden (siehe Kapitel 1.6), d.h. die Gewichtsänderungen werden entweder nach
Darbietung eines einzelnen Inputreizes oder nach Präsentation einer ganzen Epoche
vorgenommen. Bei Modifikation der Gewichte nach jedem einzelnen Inputreiz
spricht man von Online Backpropagation. Dieses Verfahren besitzt den Vorteil, dass
ein bereits trainiertes neuronales Netz auch nach Hinzutreten neuer Inputmuster
schnell und problemlos nachtrainiert werden kann, jedoch resultiert hier ein eher
unstabiles Lernverhalten (Zell, 1994). Die Veränderung der Gewichte nach Darbietung einer ganzen Epoche bezeichnet man als Offline bzw. Batch Backpropagation.
Dem Vorteil des stabilen Lernverhaltens steht hier der Nachteil gegenüber, erreichte
lokale Minima (siehe Kapitel 2.5.3) nicht mehr verlassen zu können (vgl. jedoch
Kapitel 2.5.4).

2.7 Competitive Learning

Im Gegensatz zum Backpropagation Verfahren kommt das kompetitive Lernen ohne
Vorgabe eines korrekten, externen Output-Reizes aus, an dem die Gewichte adjus-
tiert werden. Stattdessen ist das Lernen nach dieser Lernregel unsupervised (siehe
Kapitel 1.6), da das neuronale Netz hier anhand der Ähnlichkeit der präsentierten
Inputreize eine Art Kategorisierung vornimmt.

Beim Competitive Learning – im Deutschen als kompetitives Lernen oder Wettbe-werbslernen übersetzt – können drei verschiedene Phasen unterschieden werden:

1. **Erregung** (excitation): Zunächst wird wie gewohnt für alle Output-Units der Netzinput bestimmt (siehe Kapitel 1.5.2).

2. **Wettbewerb** (competition): Anschließend werden die Netzinputs sämtlicher Output-Units miteinander verglichen. Diejenige Unit mit dem höchsten Netzin-put ist der Gewinner. Alternativ können die Units der Ausgabe-Schicht auch in direkten Wettbewerb durch hemmende seitliche Rückkoppelungen treten (siehe Kapitel 3.4), wobei die Unit mit dem größeren Netzinput jene Einheiten mit ge-ringerem Netzinput stärker hemmt (Pospeschill, 2004).

3. **Adjustierung der Gewichte** (weight adjustment): Im letzten Schritt werden die Gewichte verändert und zwar für alle Verbindungen, die zur Gewinner-Unit führen. Alle anderen Gewichte werden nicht verändert ("the winner takes it all"-Prinzip). Die Gewichte zum Gewinner werden so modifiziert, dass sie dem entsprechenden Inputmuster ähnlicher gemacht werden ($a_j - w_{ij}$). Auch dies lässt sich wiederum als Formel darstellen, wobei ε wie gewohnt ein zuvor fest-gelegter Lernparameter ist und a_j für den Aktivitätslevel der Input-Unit j steht:

$$\Delta w_{ij} = \varepsilon \cdot (a_j - w_{ij}).$$

Hierbei können – ähnlich wie bei der Delta-Regel (siehe Kapitel 2.4) – drei Möglichkeiten in Erscheinung treten:

- **Das aktuelle Gewicht ist niedriger als die beobachtete Aktivität.** In diesem Fall wird das Gewicht erhöht.

- **Das aktuelle Gewicht ist größer als die beobachtete Aktivität.** Hier wird das Gewicht gesenkt.

- **Das aktuelle Gewicht und die beobachtete Aktivität sind gleich groß.** Da das gewünschte Resultat vorliegt, erfolgt keine weitere Modifikation der Gewichte.

Ein Problem der kompetitiven Lernregel kann darin bestehen, dass einzelne Output-Units fast alle Inputmuster "an sich reißen", während andere Einheiten nie oder zumindest nur sehr selten als Gewinner aus der Wettbewerbsphase hervorgehen (siehe z.B. McLeod, Plunkett & Rolls, 1998; Rumelhart & Zipser, 1985). In diesem Fall findet keine (sinnvolle) Kategorisierung mehr statt. Um diesem Problem zu begegnen, kann man beispielsweise die absolute Größe der Elemente jedes Ge-wichtsvektors beschränken, indem eine Umverteilung der Gewichte innerhalb eines Gewichtsvektors vorgenommen wird.

Die kompetitive Lernregel kann – insbesondere im Vergleich zum Backpropagation Verfahren – als biologisch plausibel betrachtet werden (Pospeschill, 2004). So feu-ern beispielsweise nur diejenigen Einheiten mit der stärksten Aktivierung, was eine prinzipielle Analogie zu inhibitorischen Interneuronen im Gehirn darstellt. Zudem können Redundanzen in den Inputmustern mittels kompetitiver Lernregel entfernt werden. Dies entspricht einer Form der reduktiven Vorverarbeitung von Informationen im menschlichen Gehirn (Pospeschill, 2004).

2.8 Zusammenfassung

Tabelle 1 liefert einen kurzen Überblick über die Kernkonzepte, Arten, Eigenschaften sowie Vor- und Nachteile der im Lehrbuch behandelten Lernregeln, sowie Netztypen (siehe Kapitel 3), die auf die jeweilige Regel zurückgreifen. Den in Tabelle 1 aufgeführten Kernkonzepten liegt dabei *kein* einheitliches Unterscheidungskriterium zugrunde.

Tabelle 1: Tabellarische Darstellung der Kernkonzepte, Eigenschaften sowie Vor- und Nachteile der Lernregeln: Hebb-Regel, Delta-Regel, Backpropagation und Competitive learning.

	Hebb-Regel	**Delta-Regel**	**Back-propagation**	**Competitive Learning**
Kernkonzept	Gleichzeitige Aktivierung	Vergleich: gewünscht vs. beobachtet; Gradientenverfahren	Backward-pass; Gradienten-verfahren	"The winner takes it all."
Art der Lern-regel	Als supervised, unsupervised und reinforcement learning möglich	Supervised learning	Supervised learning	Unsupervised learning
Biologische Plausibilität?	Teilweise	Eher nicht	Eher nicht	Teilweise
Netztypen, die auf diese Lern-regel zurück-greifen (u.a.)	Pattern Associa-tor; Auto Asso-ciator	Pattern Associa-tor; Auto Asso-ciator	Simple Recurrent Networks, Jor-dan Netze	Kompetitive Netze; konzeptu-ell auch in Kohonennetzen
Vorteile	Einfachheit, biologische Plausibilität	Einfachheit, relativ leicht zu implementieren	Auch bei Netzen mit Hidden-Units einsetzbar; größere Mäch-tigkeit im Ver-gleich zur Delta-Regel	Unsupervised learning; biologi-sche Plausibilität
Nachteile	In der "klassi-schen" Form: Überlaufen der Werte der Ge-wichte und ge-ringe Mächtig-keit des Systems	Nicht bei Netzen mit Hidden-Units einsetzbar; fragwürdige biologische Plausibilität; ge-ringe Mächtig-keit des Systems	Fragwürdige biologische Plausibilität; lokale Minima	Einzelne Output-Unit kann alle Inputmuster "an sich reißen" → keine Kategori-sierung mehr

2.9 Übungsaufgaben

1. Wie kann man in neuronalen Netzen den Begriff Lernregel definieren?

2. Wie könnte man – anstelle des gängigen Verfahrens – Lernen in neuronalen Netzen realisieren?

3. Welche Lernregeln kennen Sie und welche Vor- und Nachteile besitzen diese?

4. Welche Bedingungen müssen erfüllt sein, damit nach der Hebb-Regel eine Veränderung der Gewichte stattfindet?

5. Welche Probleme entstehen bei der hebbschen Lernregel, wenn die Aktivitätslevel der sendenden und empfangenden Units lediglich die Werte Null und Eins annehmen können?

6. Wie funktioniert die Delta-Regel?

7. Welche Zustände können hinsichtlich des Delta-Terms voneinander unterschieden werden?

8. Wie funktioniert das Gradientenabstiegsverfahren?

9. Welche Probleme existieren beim Gradientenverfahren und welche Lösungsansätze können diesbezüglich angeführt werden?

10. Was ist mit dem Begriff symmetry breaking gemeint?

11. Auf welchem Kernkonzept basiert das Backpropagation Verfahren?

12. Was versteht man unter dem Begriff lineare Separierbarkeit?

13. Welche Phasen können beim Competitive Learning voneinander unterschieden werden?

14. Mit welchem traurigen Titel gelang es der schwedischen Pop-Gruppe ABBA im Jahr 1980 die Charts zu stürmen?

3 Netztypen

3.1 Übersicht und Lernziele

Das dritte Kapitel stellt ausgewählte Netztypen vor und erörtert deren Funktionsweisen und Anwendungsmöglichkeiten. Gemeinsamkeiten und Unterschiede der einzelnen Netztypen sowie deren Vor- und Nachteile werden diskutiert.

Folgende Lernziele sind Bestandteil dieses Kapitels:

- Nach welchen Gesichtspunkten kann man neuronale Netze klassifizieren?
- Welche verschiedenen Netztypen gibt es?
- Worin unterscheiden sich diese?
- Durch welche zentralen Eigenschaften kann man die einzelnen Netztypen charakterisieren?

3.2 Einleitung

Wie im ersten Kapitel bereits erwähnt gibt es nicht *das* neuronale Netz, sondern der Oberbegriff umfasst diverse Arten von z.T. sehr heterogenen Netztypen, die in diesem Kapitel besprochen werden sollen. Dabei ist zu beachten, dass die Frage, welcher Netztypus zum Einsatz gelangen sollte, von der spezifischen Problemstellung abhängig ist. Auch hier ist oftmals simples Ausprobieren, der Einsatz von Genetischen Algorithmen (siehe Exkurs: Genetische bzw. Evolutionäre Algorithmen[3]) oder aber die Erfahrung des "Netzwerkarchitekten" heranzuziehen, um den geeigneten Netztypus mit den entsprechenden Parametern auszuwählen (vgl. Kapitel 2.5.4).

Neuronale Netze lassen sich nach unterschiedlichen Gesichtspunkten klassifizieren. Eine Möglichkeit verschiedene Netze voneinander zu unterscheiden sind die Lernregeln, die diese Netze verwenden. Dabei ist zumeist keine klare Zuordnung zwischen Netztyp und Lernregel möglich, da einige Netztypen auf dieselbe Lernregel zurück-

---

[3] In der Literatur verwendet man die Begriffe Genetische Algorithmen und Evolutionäre Algorithmen sowie Evolutionsstrategie und Genetische Optimierung zum Teil synonym, zum Teil grenzt man sie voneinander ab. In dem vorliegenden Lehrbuch werden die Begriffe *nicht* unterschieden, da ohnehin nur ein kurzer einführender Exkurs über die Thematik informiert.

greifen, während andere sich mit verschiedenen Lernregeln realisieren lassen. Andere Aspekte der Klassifikation betreffen beispielsweise die Frage, ob:

- Hidden-Units vorhanden sind oder nicht,

- die Trainingsphase als supervised, unsupervised oder reinforcement learning stattfindet,

- Rückkopplungen von Neuronen zu anderen Einheiten derselben oder einer vorangegangenen Schicht existieren oder

- das Netz der Vorhersage, Klassifikation, dem Erkennen von Mustern, der assoziativen Speicherung von Informationen, der Optimierung oder anderen Anwendungszwecken dient.

Jedoch führen auch diese Aspekte zumeist nicht zu einer klaren Zuordnung zu verschiedenen Netztypen. Auf den kommenden Seiten werden von den unzähligen Netztypen und deren Varianten folgende vorgestellt:

- Pattern Associator

- Rekurrente Netze

- Kompetitive Netze

- Kohonennetze

- Constraint Satisfaction Netze

Exkurs: Genetische bzw. Evolutionäre Algorithmen

Genetische bzw. Evolutionäre Algorithmen stellen im Kontext neuronaler Netze Verfahren dar, die versuchen die Auswahl des "optimalen" Netzes unter der Vielzahl möglicher neuronaler Netze nicht mehr durch simples Ausprobieren zu ermitteln, sondern diese Suche zu automatisieren. Beispielsweise sollen die Fragen geklärt werden, wie viele Hidden-Units zum Einsatz kommen sollen, auf welche Lernregel zurückgegriffen wird, welche Aktivitätsfunktion Verwendung findet usw. Um diese Fragen zu beantworten, wird zunächst eine Vielzahl verschiedener neuronaler Netze zufällig generiert, welche die "erste Generation" von Netzen im Rahmen des Verfahrens darstellen. Bei diesen wird nun die Trainingsphase durchgeführt. Um die einzelnen Netze hinsichtlich ihrer Güte miteinander zu vergleichen, kann man beispielsweise die erzielte Varianzaufklärung heranziehen. Im weiteren Verlauf greift man bei Genetischen Algorithmen auf folgende, sogenannte "Genetische Operatoren" zurück:

- **Selection:** In der Selektionsphase werden die "besten" (z.B. hinsichtlich der erzielten Varianzaufklärung) Netze für den weiteren Verlauf herangezogen. Die anderen, für das Problem weniger geeigneten neuronalen Netze, sind entsprechend auszusortieren. Denkbar ist beispielsweise, dass nur die besten 50%

aller generierten Netze eine solche Selektion "überleben" und folglich die nächste Generation bilden.

- **Refill:** Nach Selektion "ungeeigneter" Netze ist der Bestand in der "Refill-Phase" wieder aufzufüllen. Grundsätzlich können hier zwei Möglichkeiten unterschieden werden. Zum einen kann eine erneute Zufallsauswahl vorgenommen werden, zum anderen können die verbleibenden neuronalen Netze – in diesem Kontext auch als Individuen bezeichnet – aus der Selektionsphase geklont, d.h. kopiert werden.

- **Crossover:** Als Crossover oder Kreuzung bezeichnet man die Rekombination von zwei Individuen. Genauer gesagt werden von zwei neuronalen Netzen "Eigenschaften" (z.B. die Anzahl an Hidden-Units, die verwendete Aktivitätsfunktion usw.) des einen und des anderen Netzes herangezogen und mit Hilfe dieser "Eigenschaften" die bestehenden neuronalen Netze modifiziert. Um diese Genetische Operation am Computer simulieren zu können, könnte man beispielsweise zunächst sämtliche Eigenschaften eines neuronalen Netzes in binärer Folge von Nullen und Einsen – auch als bitstream, Bitmuster oder Chromosomen-Abfolge bezeichnet (z.B. Weber, 2001) – abspeichern. Jeweils zwei dieser Bitmuster, die zwei verschiedene Netze repräsentieren, werden miteinander rekombiniert und ergeben folglich zwei modifizierte neuronale Netze. Die Kreuzung erfolgt durch Auftrennung an *einer* (one-cut-swap bzw. 1-Punkt-Kreuzungsverfahren), *zwei* (two-cut-swap) oder mehreren zufällig ausgewählten Stelle(n) der 0/1er Abfolge. Abbildung 20 illustriert einen two-cut-swap, wobei der Übersichtlichkeit halber lediglich zwölf Bits dargestellt wurden.

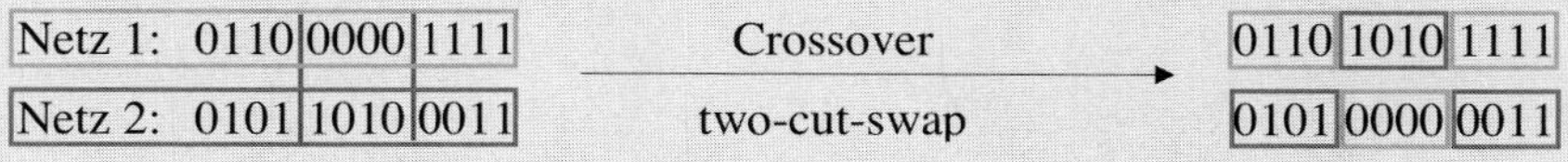

| Netz 1: | 0110 | 0000 | 1111 | Crossover | 0110 | 1010 | 1111 |
| Netz 2: | 0101 | 1010 | 0011 | two-cut-swap | 0101 | 0000 | 0011 |

Abbildung 20: Beispielhafte Darstellung eines Crossover (two-cut-swap).

- **Mutation:** Bei der Mutation werden die neuronalen Netze bzw. deren Bitmusterrepräsentationen nur geringfügig (z.B. zwischen 0.1 und 0.3%, siehe Weber, 2001) modifiziert. So kann dem Netz beispielsweise eine weitere Hidden-Unit hinzugefügt oder entfernt werden. Bei der Mutation kann man zwischen Basen- oder auch Punkt-Mutation (random exchange) und der Phänotypmutation (section reversal) unterscheiden. Bei der Punkt-Mutation wird ein einzelnes bit modifiziert, d.h. aus einer Null wird eine Eins und umgekehrt. Bei der Phänotypmutation wird hingegen eine ganze Sektion, d.h. eine Zahlenreihe mutiert.

Nach Anwendung der aufgeführten Genetischen Operatoren entsteht eine neue Generation neuronaler Netze, bei denen wiederum die Güte, z.B. die Varianzaufklärung ermittelt werden kann. Auf dieser Basis können die Genetischen Operatoren solange erneut angewandt werden, bis das iterative (wiederholende) Verfahren ein Netz mit einer "akzeptablen" Varianzaufklärung ermittelt hat oder die zuvor festgelegte Anzahl an Durchgängen erreicht ist.

3.3 Pattern Associator

Der Pattern Associator – im Deutschen gelegentlich als muster-assoziatives Netzwerk übersetzt – ist ein Netztyp, der Muster, wie beispielsweise Gesichter, erkennen kann, die er zuvor gelernt hat. Dabei lernt das neuronale Netz Assoziationen zwischen verschiedenen Reizpaaren zu bilden (Stichwort "klassische Konditionierung").

Beim Pattern Associator (wie auch bei den noch vorzustellenden kompetitiven Netzen und Kohonennetzen, siehe Kapitel 3.5 und 3.6) existieren keine Hidden-Units, d.h. das neuronale Netz besteht hier lediglich aus zwei Schichten, einer Input- und einer Output-Schicht (siehe Abbildung 21).

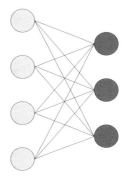

Abbildung 21: Schematische Darstellung eines Pattern Associators.

Die Trainingsphase – das Lernen verschiedener Reize – kann entweder mit der Hebb-Regel (siehe Kapitel 2.3) oder aber mit der Delta-Regel (siehe Kapitel 2.4) vorgenommen werden.

3.3.1 Beispielberechnung

Nachfolgend soll die Funktionsweise eines Pattern Associators anhand eines kleinen Zahlenbeispiels illustriert werden. Im vorliegenden Fall gelangt dabei die Hebb-Regel (siehe Kapitel 2.3) zum Einsatz.

Der Pattern Associator besteht aus jeweils vier Input- und Output-Units und soll anhand eines vorgegebenen Inputreizes das dazugehörige Outputmuster generieren. Um dies zu erreichen, werden dem Netz in der Trainingsphase sowohl die Input- als auch die korrekten Outputreize vorgegeben – es handelt sich im vorliegenden Fall folglich um supervised learning (siehe Kapitel 1.6).

Der besseren Übersicht halber wird im weiteren Verlauf nur noch die Gewichtsmatrix mit den Input- und Outputvektoren dargestellt (siehe auch Kapitel 1.7).

Abbildung 22 soll die Gleichwertigkeit der schematischen Darstellungsweise des Pattern Associators und der Matrizenschreibweise illustrieren.

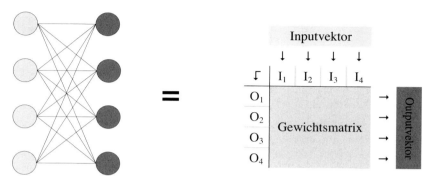

Abbildung 22: Darstellung der Äquivalenz zwischen schematischer Illustration und Matrizenschreibweise beim Pattern Associator in der Testphase (siehe Pfeile vom Input-Vektor über die Gewichtsmatrix zum Outputvektor).

In der Trainingsphase werden dem neuronalen Netz der Übersicht halber lediglich zwei Reizpaare präsentiert (siehe Abbildung 23), wobei die Transformation der Gewichtsmatrix, die zunächst lauter Nullen enthält, mit Hilfe der Hebb-Regel (siehe Kapitel 2.3) vorgenommen wird. Der Lernparameter ε ist auf Eins festgesetzt worden, so dass sich die Hebb-Regel zu $\Delta w_{ij} = a_i \cdot a_j$ vereinfacht. Da die Input und Outputreize nur den Wert Null oder Eins annehmen können, erfolgt eine Gewichtsveränderung an der entsprechenden Stelle der Matrix nur dann, wenn sowohl das Element des Input- als auch des Outputreizes den Wert Eins aufweist. Abbildung 23 illustriert, dass im Gegensatz zum ersten Reizpaar beim Reizpaar 2 lediglich an einer Stelle der Gewichtsmatrix eine Änderung vorgenommen wird. Aufgrund der unmittelbaren Transformation der Gewichtsmatrix nach jedem Reizpaar kann das Lernen als inkrementelles Training bzw. musterbasierte Modifikation (siehe Kapitel 1.6) bezeichnet werden.

	Reizpaar 1			
1	0	1	1	
0	0	0	0	0
0	0	0	0	0
1	0	1	1	1
1	0	1	1	1

	Reizpaar 2			
0	1	0	0	
0	0+1	0	0	1
0	0	0	0	0
1	0	1	1	0
1	0	1	1	0

Abbildung 23: Matrizendarstellung des Pattern Associators für die beiden, zu erlernenden Reizpaare in der Trainingsphase.

In der anschließenden Testphase kann überprüft werden, ob die Reizpaare tatsächlich vom Netz erlernt wurden. Hierzu wird lediglich das jeweilige Inputmuster dargeboten und anhand der nicht mehr veränderbaren Gewichte das Outputmuster berechnet. Im vorliegenden Beispiel (siehe Abbildung 24) führt die Präsentation der beiden Inputmuster zu den gewünschten Outputmustern (siehe Abbildung 23). Die Berechnung der Outputmuster erfolgt dabei in zwei Schritten (vgl. Kapitel 1.5):

1. **Berechnung des Netzinputs:** Zunächst sind die einzelnen Netzinputs durch Bildung der gewichteten Summen zu ermitteln (siehe Kapitel 1.5). In Abbildung 24 wurden die Netzinputs zeilenweise berechnet, z.B. für die dritte Zeile des ersten Reizpaares: $(1 \cdot 1) + (0 \cdot 0) + (1 \cdot 1) + (1 \cdot 1) = 3$

2. **Zuordnung des Netzinputs zum Aktivitätslevel:** In einem zweiten Schritt werden die Netzinputs mit Hilfe einer Aktivitätsfunktion einem Aktivitätslevel zugewiesen. In Abbildung 24 erfolgt die Zuordnung mittels binärer Aktivitätsfunktion, wobei alle Werte, die größer als Null sind, den Wert Eins als Aktivitätslevel erhalten. Der Aktivitätslevel ist hier mit der Ausgabe der Unit identisch (siehe Kapitel 1.5.4).

Reizpaar 1

1	0	1	1	NI	A
0	1	0	0	0	0
0	0	0	0	0	0
1	0	1	1	3	1
1	0	1	1	3	1

Reizpaar 2

0	1	0	0	NI	A
0	1	0	0	1	1
0	0	0	0	0	0
1	0	1	1	0	0
1	0	1	1	0	0

Abbildung 24: Matrizendarstellung des Pattern Associators für die erlernten Reizpaare in der Testphase, wobei auf eine binäre Aktivitätsfunktion zurückgegriffen wird. NI = Netzinput; A = Aktivitätslevel.

3.3.2 Eigenschaften

Der Pattern Associator verfügt – wie viele andere neuronale Netze (vgl. auch Kapitel 4) – über eine Reihe wünschenswerter Eigenschaften:

- **Generalisierung:** Wie bei der klassischen Konditionierung erfolgt eine Generalisierung (aber auch eine Diskrimination) verschiedener Reize. Dabei werden ähnliche Reize zur selben Reizgruppe kategorisiert. Beispielsweise kann man verschiedene Hunderassen als Pattern zur Gruppe "Hunde" klassifizieren. Im oben aufgeführten Beispiel (siehe z.B. Abbildung 24) würde die Präsentation eines dem gelernten Reiz ähnlichen Inputmusters zu demselben Output führen. Ein Problem bei der Generalisierung kann die entstehende "Übergeneralisierung" sein. Dabei werden ähnliche Reize, die jedoch unterschiedlichen Kategorien angehören, einer einzigen Kategorie zugeordnet. Zum Beispiel wäre es

falsch, Forellen, Delphine, Barsche und Heringe der Kategorie "Fisch" zuzu-
ordnen.

- **Toleranz gegenüber internen Schäden:** Hiermit ist gemeint, dass trotz innerer Schäden des neuronalen Netzes (z.B. durch das Absterben einzelner Neuronen oder Verbindungen zwischen Neuronen) oftmals dennoch der richtige Output produziert wird. Die in Abbildung 24 dargestellten Gewichtsmatrizen führen z.T. auch dann noch zum korrekten Outputmuster, wenn man die Matrix geringfügig modifiziert, um somit interne Schäden zu simulieren.

- **Toleranz gegenüber externen Fehlern:** Auch bei unvollständigem oder fehlerhaftem Input gelingt es dem neuronalen Netz, das Muster zu identifizieren (z.B. kann ein Gesicht mitunter auch dann noch erkannt werden, wenn die Nase verdeckt ist). Wie bei der Generalisierung bereits angesprochen, würde ein dem gelernten Reiz ähnlicher Input (z.B. 1 0 1 0 statt 1 0 1 1; vgl. Abbildung 24) immer noch zu dem korrekten Output führen.

- **Output der zentralen Tendenz bzw. des Prototypen der Kategorie:** Bei mehreren gelernten Inputmustern bildet der Pattern Associator einen Prototypen der verschiedenen Muster aus. Eine Eigenschaft, die auch für Menschen typisch ist. So wird man bei dem Begriff Hund etwa an vier Beine, ein Fell und Bellen denken, denn dadurch zeichnen sich sehr viele Hunde aus, dagegen höchstwahrscheinlich nicht aber an die blaue Zunge eines Chow Chow, auch wenn dieser zweifellos ebenfalls ein Hund ist.

3.4 Rekurrente Netze

Rekurrente Netze sind dadurch gekennzeichnet, dass Rückkopplungen von Neuronen einer Schicht zu Neuronen derselben oder einer vorangegangenen Schicht existieren. Damit sollen zumeist zeitlich codierte Informationen in den Daten entdeckt werden (man spricht daher auch von zeitrekurrenten Netzen).

Existieren solche Feedbackschleifen *nicht* (wie z.B. beim Pattern Associator oder den noch vorzustellenden Kompetitiven Netzen und Kohonennetzen), spricht man auch von Feedforward-Netzen. Bei diesen Netzen kann unterschieden werden zwischen:

- **"Herkömmlichen" Feedforward-Verbindungen:** Verbindungen, die sich von Units einer Schicht zu Neuronen der darauffolgenden Schicht befinden.

- **Shortcut-Verbindungen:** Shortcut-Verbindungen überspringen eine oder mehrere (Hidden-)Schichten. Beispielsweise würde eine direkte Verbindung zwischen einer Input- und einer Output-Unit, die sämtliche im Netz befindlichen Hidden-Schichten überspringt, eine solche Shortcut-Verbindung darstellen.

Rekurrente Netze lassen sich hingegen unterteilen in neuronale Netze mit:

- **Direkten Rückkopplungen** (direct feedback): Hier ist eine Unit mit sich selbst verbunden, d.h., dass der Aktivitätslevel bzw. die Ausgabe der Einheit zu einem Input der gleichen Einheit wird.

- **Indirekten Rückkopplungen** (indirect feedback): In diesem Fall wird die Aktivität an vorangegangene Schichten des neuronalen Netzes zurückgesandt.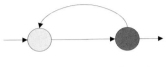

- **Seitlichen Rückkopplungen** (lateral feedback): Hier erfolgt die Rückmeldung der Informationen einer Unit an andere Neuronen, die sich in derselben Schicht befinden. Ein Beispiel für solche seitlichen Rückkopplungen sind die Horizontalzellen im menschlichen Auge.

- **Vollständigen Verbindungen**: Diese Netze besitzen Verbindungen zwischen sämtlichen Neuronen, wobei in Abbildung 25 keine direkten Rückkopplungen eingezeichnet sind.

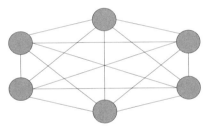

Abbildung 25: Neuronales Netz mit vollständigen Verbindungen, ohne direkte Rückkopplungen.

In Abbildung 26 sind die verschiedenen Arten von Verbindungen in einem dreischichtigen neuronalen Netz mit vier Input-, drei Hidden- und zwei Output-Units eingezeichnet (vgl. Kapitel 1.7).

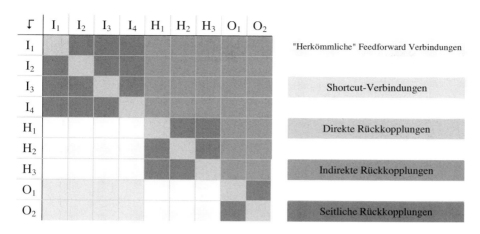

Abbildung 26: Matrizendarstellung eines dreischichtigen neuronalen Netzes, dessen Units vollständig mit sämtlichen anderen Neuronen sowie mit sich selbst (direkte Rückkopplungen) verknüpft sind.

3.4.1 Simple Recurrent Networks

Das folgende Unterkapitel beschäftigt sich mit einer speziellen Variante rekurrenter Netze, nämlich den so genannten "Simple Recurrent Networks" (SRNs). Dieser von Jeffrey L. Elman (1990) entwickelter Netztyp stellt ein rekurrentes Netz mit indirekten Rückkopplungen dar. Dabei zeichnen sich SRNs durch sogenannte Kontext-Einheiten (in Abbildung 27 unterhalb der Input-Units eingezeichnet) aus. Kontext-Einheiten sind Neuronen, die sich auf gleicher Ebene wie die Input-Units befinden und von Units der Hidden-Schicht "gefüttert" werden. Der eintreffende Input wird (im Gegensatz zu Input-Units, siehe Kapitel 1.5) wie gewohnt mit Hilfe der Propagierungs-, Aktivierungs- und Ausgabefunktionen in einen Output transformiert (siehe Kapitel 1.5). Dieser wird sodann um einen Schritt verzögert, d.h. bei Vorgabe des nächsten Inputreizes, an die Hidden-Units der betreffenden Schicht zurückgesendet.

Die Anzahl der Kontext-Einheiten entspricht der Anzahl der Einheiten der Hidden-Schicht, mit welcher die Kontext-Units verbunden sind. Ferner erhält jede Kontext-Einheit nur von genau *einer* Hidden-Unit einen Input, so dass Input und Netzinput einer Kontext-Unit identisch sind. Zudem werden sämtliche Gewichte von den Hidden-Units zu den Kontext-Einheiten permanent auf Eins fixiert. Dadurch erhalten die Kontext-Units in jedem Durchlauf eine exakte "Kopie" des Outputs der Hidden-Schicht, mit der sie verknüpft sind (siehe Abbildung 27). Zusammengefasst gilt, dass Input und Netzinput einer Kontext-Unit deckungsgleich mit dem Output der mit ihr verknüpften Hidden-Unit sind.

Die Kontext-Units fungieren als eine Art Zwischenspeicher. Einen Schritt später geben sie den empfangenen Output, der zuvor wie gewohnt durch die Propagierungs-, Aktivierungs- und Ausgabefunktion transformiert wurde, zurück an die Hidden-Units, wobei jede Kontext-Unit mit *sämtlichen* Neuronen der betreffenden Hidden-Schicht verbunden ist. Die Gewichte dieser Verbindungen werden nicht fixiert, sondern können während der Lernphase wie alle anderen Gewichte des Netzes mit Hilfe modifizierter Varianten des Backpropagation Verfahrens – z.B. dem "Backpropagation-through-time" – angepasst werden (Pospeschill, 2004).

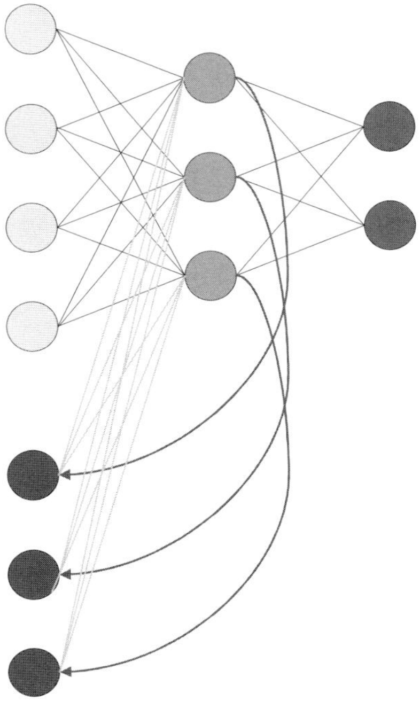

Durch die Kontext-Einheiten enthält ein SRN Teilinformationen aus *sämtlichen* vorangegangen Zeitpunkten bzw. Durchgängen t. Begründet werden kann dies wie folgt:

1. Zu einem beliebigen Zeitpunkt t besitzen die Kontext-Units eine Kopie des Outputs der Hidden-Units aus dem vorangegangenen Durchgang (t–1).

2. Zu diesem vorangegangen Zeitpunkt (t–1) haben die Kontext-Einheiten aber wiederum eine Kopie des vorangegangen Zeitpunktes (t–2) besessen und den Hidden-Units in modifizierter Form zur Verfügung gestellt.

Abbildung 27: Schematische Darstellung eines Simple Recurrent Network (SRN) mit 3 Kontext-Units (unterhalb der Input-Units).

3. Auch für den Durchgang t–2 sind die Informationen von dem vorherigen Zeitpunkt (t–3) präsent.

4. Diese Auflistung kann bis zum ersten Durchgang fortgesetzt werden.

Folglich enthalten die Kontext-Units *indirekt* Teilinformationen aus allen vorangegangen Zeitpunkten der Zeitreihe. Kontext-Einheiten mit den dazugehörigen modifizierbaren Gewichten kann man auch als *dynamisches Gedächtnis* des neuronalen Netzes betrachten. Identischer Input im Netz wird durch die Existenz der Kontext-Units kontextabhängig modifiziert. Im Gegensatz zu bestimmten anderen Netzlösungen mit Rückkopplungen, die hier nicht weiter erörtert werden sollen, besitzen SRNs den Vorteil, dass sie sehr flexibel arbiträre (= willkürliche) Sequenzen erlernen können.

3.4.2 Jordan-Netze

Jordan-Netze (Jordan, 1986) sind sehr ähnlich aufgebaut wie SRNs, wobei zwei wesentliche Unterschiede zu diesen bestehen (siehe auch Abbildung 28):

- Die Ausgabe der Output-Schicht und nicht die der Hidden-Units wird an die Kontext-Einheiten zurückgemeldet. Die Kontext-Einheiten senden ihren Output jedoch nach wie vor an die Hidden-Units zurück.

- Die Kontext-Einheiten besitzen zudem noch direkte Rückkopplungen (siehe Kapitel 3.4) mit einer zuvor festgelegten, nicht veränderbaren Stärke zu sich selbst. In den meisten Anwendungen wird jedoch auf diese weiteren rekurrenten Verbindungen verzichtet (Kriesel, 2007).

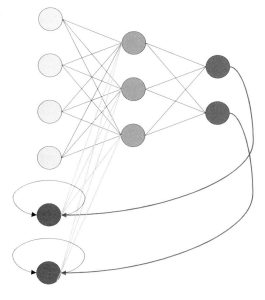

Abbildung 28: Schematische Darstellung eines Jordan-Netzes.

3.4.3 Elman-Netze

Auch das Elman-Netz besitzt große Ähnlichkeiten zum SRN. Es enthält jedoch nicht nur eine Kontext-Schicht, sondern für jede im Netz befindliche Hidden- und Output-Schicht einen eigenen Kontext-Layer. Wie bei den SRN entspricht die Anzahl der Kontext-Units der Anzahl der Hidden- bzw. Output-Einheiten der jeweiligen Schicht. Beispielsweise enthielte das in Abbildung 28 dargestellte Netz mit seinen drei Hidden- und zwei Output-Units zwei Kontext-Schichten mit drei und zwei Kontext-Einheiten. Im Gegensatz zum Jordan-Netz sind direkte Rückkopplungen nicht Bestandteil des Netzes.

3.4.4 Autoassociator

Ein weiteres rekurrentes Netz stellt der Autoassociator dar. Dieser weist große Ähnlichkeiten zum Pattern Associator auf (siehe Kapitel 3.3). Beispielsweise kann auch der Autoassociator mit Hilfe der Hebb- oder Delta-Regel trainiert werden (siehe Kapitel 2.3 und 2.4). Im Gegensatz zum Pattern Associator besitzt er jedoch modifizierbare, seitliche Rückkopplungen von sämtlichen Output-Neuronen zu allen *anderen* Output-Units, ausgenommen sich selbst (siehe Abbildung 29).

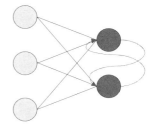

Abbildung 29: Schematische Darstellung eines Autoassociators.

Um ein "Überlaufen" der Aktivität, die aufgrund dieser rekurrenten Verbindungen zustande kommen kann, zu verhindern, wird – wie häufig bei rekurrenten Netzen – in aller Regel auf die sigmoide Aktivitätsfunktion (siehe Kapitel 1.5.3) zurückgegriffen (McLeod et al., 1998).

Der Autoassociator produziert einen Output, der dem Netz zur Verfügung gestellten Input möglichst entsprechen soll. Dies kann sinnvoll sein, um nach Beendigung der Trainingsphase (in der mehrere Reizmuster gelernt wurden) in der anschließenden Testphase verrauschte oder unvollständige Muster korrekt zu identifizieren und gleichzeitig wiederherzustellen (siehe Abbildung 30).

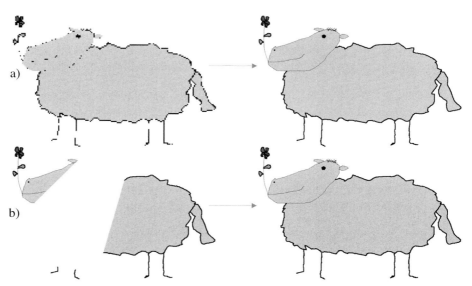

Abbildung 30: Darstellung der Funktionsweise eines Autoassociators bei einem (a) verrauschten und (b) unvollständigen Bild. Die Idee, ein Schaf (ggf. erkennbar) zu zeichnen, kam mir während meines Schottland-Urlaubs und der dortigen Lektüre des Schafskrimis "Glennkill" von Leonie Swann (2007).

3.4.5 Attraktorennetze

Attraktorennetze[4], auch Attraktornetze genannt, besitzen eine bestimmte Zahl stabiler Zustände (so genannte Attraktoren), auf die sich der Output im Laufe mehrerer Zyklen, d.h. Trainingsdurchgängen, zubewegt (McLeod et al., 1998). Dabei erhält das Netz wie gewohnt Inputreize und arbeitet dann solange mittels "Backpropagation-through-time"-Lernregel (siehe Kapitel 3.4.1) weiter, bis ein stabiler Zustand (des Outputs) erreicht worden ist. Welcher Attraktor im Laufe der Zeit erreicht wird, hängt davon ab, in welches "Einzugsgebiet" (auch "Becken" oder "Schale" genannt) der einzelnen Attraktoren der Input hineinfällt. Man spricht in diesem Zusammenhang auch von Bassins der Attraktion. Jeder Attraktor hat ein solches, abhängig von der Architektur des Netzes mehr oder weniger großes und auf eine bestimmte Weise geformtes, Becken.

Je weiter der Input in einem Bassin vom jeweiligen Attraktor in eine bestimmte Richtung entfernt ist, desto mehr Zyklen sind grundsätzlich notwendig, bis dieser erreicht ist. Dass ein Input exakt auf eine Grenze zwischen zwei Bassins fällt und keine eindeutige Zuordnung vorgenommen werden kann, welchem Attraktor der Input zugeordnet wird, kann beispielsweise durch Hinzunahme eines kleinen Zufallsterms verhindert werden. Dies wäre insofern biologisch plausibel, da vermutlich jedes zufällige Rauschen den Input von der Bassingrenze stößt und in eine der beiden Schalen wirft. Denkbar wäre aber auch, dass der Grenzbereich als eigenständiges Attraktorenbassin aufgefasst wird.

Abbildung 31 illustriert ein Attraktorennetz (links) sowie die präsentierten Inputreize im Inputraum (rechts). Zu beachten ist, dass es sich um ein fiktives Beispiel handelt, bei dem die gewünschten Output-Zustände auch ohne die rekurrenten Verbindungen weitestgehend erzielt werden würden. Auf der x-Achse des rechts befindlichen Punktediagramms in Abbildung 31 finden sich die dargebotenen Werte der unteren Input-Unit, auf der y-Achse die der oberen Input-Einheit. Anhand der beiden eingezeichneten Attraktoren können die beiden Output-Werte der unteren und oberen Output-Einheit abgelesen werden. Die "quadratischen" Input-Muster sollen hier in mehreren Zyklen den "quadratischen" Attraktor erreichen, die "runden" Inputreize entsprechend den "runden" Attraktor. Die nonlineare Trennlinie zwischen den beiden Attraktorenbassins ist ebenfalls eingezeichnet.

---

[4] Attraktorennetze werden sehr häufig *nicht* als eigenständiger Netztyp dargestellt, sondern das Konzept des Attraktors wird dazu verwendet, die Arbeitsweise der meisten neuronalen Netze zu beschreiben (siehe z.B. Pospeschill, 2004).

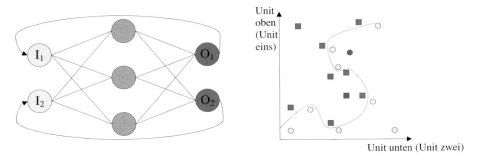

Abbildung 31: Schematische Darstellung eines Attraktorennetzes sowie der präsentierten Input-Muster, die in einem zweidimensionalen Diagramm abgetragen wurden.

Typischerweise wird – wie in Abbildung 31 – von *diskreten* Attraktoren ausgegangen, d.h. von einzelnen Punkten, die räumlich voneinander abgetrennt sind. Möglich sind aber auch *kontinuierliche* Attraktoren, wie die Abbildung 32 – in Anlehnung an Tsuboshita und Okamoto (2007) – zu visualisieren versucht. Solche kontinuierlichen Attraktoren eignen sich im Vergleich zu diskreten beispielsweise besser bei der Simulation des menschlichen Gedächtnisabrufes.

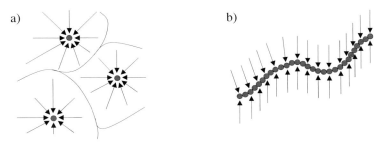

Abbildung 32: Schematische Darstellung a) diskreter und b) kontinuierlicher Attraktoren (in Anlehnung an Tsuboshita & Okamoto, 2007).

Unter anderem lassen sich folgende Anwendungen von Attraktorennetzen anführen (vgl. McLeod et al., 1998):

- **Simulation von Latenzzeiten:** Die Reaktionszeit eines Attraktorennetzes kann durch die Anzahl an Zyklen operationalisiert werden, die erforderlich sind, um zu einem stabilen Zustand zu gelangen (vgl. Abbildung 31). Die Zeit ist dabei abhängig von der Gestalt der Schale und der Position innerhalb des Beckens, an der der Anfangsinput ursprünglich "landete". Die Simulation von Latenz- bzw. Reaktionszeiten ist zur Simulation menschlichen Verhaltens, z.B. der motorischen Steuerung, von großer Bedeutung (siehe Kapitel 3.4.6).

- **Simulation der Resistenz gegenüber fehlerhaftem Input:** Mit Attraktorennetzen lässt sich auch die Resistenz gegenüber fehlerhaftem Input simulieren, wie sie beim Menschen anzutreffen ist. Im Attraktionsbassin ist nämlich die exakte Position eines Inputs bezüglich des Erreichens eines Attraktors nicht ausschlaggebend.

- **Lernen arbiträrer Abbildungen:** Dies ist vermutlich die wichtigste Anwendungsmöglichkeit von Attraktorennetzen, da viele kognitive Aufgaben, aber auch statistische Auswertungen, wie z.B. die Diskriminanzanalyse solche (willkürlichen) Abbildungen bzw. mappings betreffen. Das Netz kann beliebige Trennlinien zwischen Attraktorenbassins erlernen (siehe Abbildung 33). Das Erlernen von arbiträren Abbildungen – man kann auch vom Clustern eines Inputraumes sprechen – wird auch von kompetitiven Netzen und Kohonennetzen (siehe Kapitel 3.5 und 3.6) vorgenommen.

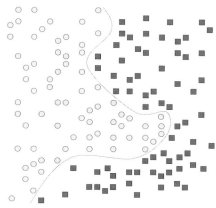

Abbildung 33: Schematische Darstellung einer nonlinearen Trennlinie zwischen Kreisen und Quadraten.

3.4.6 Anwendungen

Neben den aufgeführten spezifischen Anwendungen für Attraktorennetze können rekurrente Netze u.a. wie folgt Verwendung finden:

- **Treffen von Prognosen über die Zukunft:** Grundsätzlich können rekurrente Netze Vorhersagen über die Zukunft vornehmen, z.B. den nächsten Input einer Sequenz prognostizieren. Das Treffen von Vorhersagen spielt eine zentrale Rolle bei menschlichen Kognitionen, insbesondere beim Lernen. Aber auch konkrete Anwendungsprobleme bedürfen oftmals einer Prognose. Hier sind beispielsweise Wetter und Klima, Börsenkurse an Finanzmärkten, Kreditwürdigkeit, demographische Kennwerte, Krankheitsverläufe, Ressourcenbedarf und viele andere zu nennen, bei denen die zukünftige Entwicklung von zentraler Bedeutung ist.

- **Simulation von menschlichen Verhaltenssequenzen:** Rekurrente Netze können menschliche Verhaltensweisen simulieren (siehe hierzu u.a. "Simulation von Latenzzeiten" in Kapitel 3.4.5), z.B. die Steuerung der Motorik, vor allem der Sprache. Hierbei müssen die artikulatorischen Bewegungen exakt vorgenommen werden, da sonst die Phonemfolgen nicht mehr korrekt sind und das Gesagte somit unverständlich wird. Im Gegensatz zu anderen kognitiven Modellen besitzen rekurrente neuronale Netze den Vorteil, dass bezüglich des Erwerbs der Fähigkeiten keine qualitativ unterschiedlichen Lernphasen bzw. Stufen voneinander unterschieden werden müssen (Pospeschill, 2004), wie sie beispielsweise von Piaget (1937/1975; 2003) postuliert wurden.

3.5 Kompetitive Netze

Kompetitive Netze sind neuronale Netze mit einer Input- und einer Outputschicht. Sie besitzen typischerweise wie der Pattern Associator und die Kohonennetze keine Hidden-Units (siehe z.B. kompetitive Netze im Computerprogramm MATLAB), wenngleich der Einsatz von Hidden-Units prinzipiell mit der kompetitiven Lernregel (siehe Kapitel 2.7), auf den dieser Netztyp zurückgreift, möglich ist (z.B. Patterson, 1996). Die Trainingsphase dieser Netze erfolgt in drei Schritten, die in mehreren Epochen wiederholt werden:

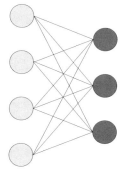

Abbildung 34: Schematische Darstellung eines kompetitiven Netzes. Vergleichen Sie bitte die Abbildung mit der zum Pattern Associator.

1. Erregung

2. Wettbewerb

3. Adjustierung der Gewichte

Im Gegensatz zu den bisher vorgestellten Netzen sind kompetitive Netze unsupervised, d.h. sie kommen ohne Vorgabe eines korrekten, externen Output-Reizes aus.

Bei kompetitiven Netzen kann es vorkommen, dass die Gewichte zu einer einzigen oder einigen wenigen Output-Units so "stark" werden, dass diese den Wettbewerb unabhängig vom Muster des Inputs gewinnen. In diesem Fall leistet ein kompetitives Netz keine "sinnvolle" Kategorienbildung mehr. Um dies zu verhindern kann man beispielsweise alle einzelnen Gewichtsvektoren (genauer gesagt den Betrag des Gewichtsvektors, d.h. die Summen der einzelnen, ohne Vorzeichen versehenen Elemente der Gewichtsvektoren) einer Schicht auf einen konstanten Wert festlegen. Als Gewichtsvektor werden hier sämtliche – zu der Einheit führenden – Gewichte einer bestimmten Unit, z.B. einer Output-Einheit bezeichnet. In der Matrizendarstellung (siehe z.B. Abbildung 9 in Kapitel 1.7) entspricht der Gewichtsvektor einer Unit der Zeile des Neurons.

3.5.1 Anwendungen

Kompetitive Netze eignen sich u.a. zu folgenden Anwendungen (vgl. McLeod et al., 1998):

- **Filtern von Redundanzen bzw. Alternative zur Faktorenanalyse:** Mit Hilfe kompetitiver Netze können Outputmuster erzeugt werden, die weniger korreliert sind als der eingehende Input, d.h. weniger Redundanzen aufweisen. Insofern können kompetitive Netze als Alternative zur Faktorenanalyse (z.B. Bortz, 2005) dienen.

- **Vorgeschaltetes Netz für andere Netztypen:** Aufgrund der Fähigkeit kompetitiver Netze, Redundanzen zu filtern, können diese auch vor andere neuronale Netze positioniert werden. Beispielsweise kann es vor einen Pattern Associator gesetzt werden, damit die einzelnen "Patterns", die dem Associator als Input dargeboten werden, weniger korreliert sind. Dadurch lässt sich die Arbeitsweise des Pattern Associators verbessern.

- **Musterklassifikation:** Ähnlich wie beim Pattern Associator wird in der Trainingsphase vom Netz gelernt, verschiedene Muster zu klassifizieren. Im Gegensatz zum Pattern Associator erfolgt die Musterklassifikation jedoch unsupervised (siehe Kapitel 1.6). Eingesetzt werden kann die Musterklassifikation beispielsweise zur Klassifikation von Gesichtern.

  - **Korreliertes Lernen (correlated teaching):** Im Rahmen der Musterklassifikation kann im Speziellen das korrelierte Lehren bzw. Lernen stattfinden. Angenommen, es sollen die Inputmuster "AA", "BA", "SB" und "EB" mit zwei Output-Units kategorisiert werden (siehe Abbildung 35). Eine Möglichkeit für das neuronale Netz bestünde darin, dass die zweite Stelle ("A" oder "B") festlegt, zu welcher Output-Unit ein Inputmuster zugeordnet wird. Damit würden nun die Inputmuster "AA" und "BA" sowie "SB" und "EB" zusammen geclustert und jeweils eine Output-Einheit würde eine der beiden Reizgruppen repräsentieren. Folglich befänden sich die Anfangsbuchstaben "A" und "B", sowie "S" und "E" in jeweils einer Kategorie, obwohl diese Buchstaben sich relativ unähnlich sind (Rumelhart & Zipser, 1985). Derartige "unnatürliche Klassifikationen" können unter anderem bei linear nicht separierbaren Problemen eingesetzt werden (siehe z.B. XOR-Problem in Kapitel 2.6.1).

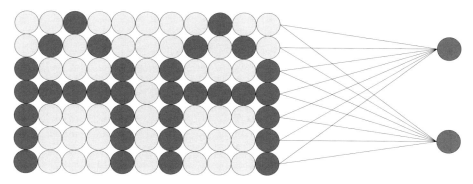

Abbildung 35: Schematische Darstellung eines kompetitiven Netzes mit 77 Input- und zwei Output-Units (in der Originalarbeit werden 7x14 = 98 Input-Einheiten verwendet, siehe Rumelhart & Zipser, 1985). Der Übersicht halber wurden nicht alle Verbindungen zwischen sämtlichen Input-Einheiten und den beiden Output-Units eingezeichnet. In diesem Durchgang wird dem Netz das Reizmuster "AA" präsentiert.

3.6 Kohonennetze

Kohonennetze – auch Kohonen Feature Maps, Self Organizing Maps (SOMs) oder Self Organizing Feature Maps (SOFMs) genannt – stellen eine Erweiterung kompetitiver Netze dar. Auch bei ihnen wird der korrekte Output nicht festgelegt und dem neuronalen Netz zurückgemeldet, sondern sie agieren ohne externen Lehrer (unsupervised learning). Kohonennetze können in selbstorganisierender Weise lernen, Karten (maps) von einem Inputraum (z.B. einem zweidimensionalen Raum; näheres hierzu im Kapitel 3.6.2) zu erstellen. Man sagt auch, dass Kohonennetze den Inputraum clustern bzw. kartieren.

Der Begriff "Kohonen" geht auf den finnischen Ingenieur Teuvo Kohonen (1982; 2007) zurück, der ein sehr bekanntes Kohonennetz konzipierte. Allerdings wurden bereits zuvor durch Stephen Grossberg (1972) und Christoph von der Malsburg (1973) Ansätze in dieser Richtung entwickelt.

Ein wesentlicher Vorteil von Kohonennetzen im Vergleich zu konventionellen neuronalen Netzen liegt in der biologischen Plausibilität, da Menschen vermutlich Probleme in der Regel ohne externen Lehrer lösen (vgl. auch das kompetitive Lernen, siehe Kapitel 3.5).

Beispiele für selbstorganisiertes Lernen im menschlichen Gehirn finden sich beim Sehsinn im Okzipitallappen (siehe hierzu auch die Arbeiten von Hubel & Wiesel, 1962) oder aber im somatosensorischen und motorischen Kortex (siehe z.B. Kandel et al., 1995). Bei diesen sind die topographischen Anordnungen nicht vollständig genetisch festgelegt, sondern sensorische Erfahrung ist eine notwendige Bedingung zur Ausbildung solcher Karten.

3.6.1 Aufbau

Kohonennetze bestehen aus zwei Schichten von Neuronen, einer Input- und einer Output-Schicht. Damit existieren wie beim Pattern Associator und kompetitiven Netzen keine Hidden-Units, wenngleich diese – wie bei den kompetitiven Netzen (siehe Kapitel 3.5) – grundsätzlich auch bei Kohonennetzen implementiert werden könnten.

Von jedem Input-Neuron führen Verbindungen zu sämtlichen Outputneuronen. Häufig ist bei Kohonennetzen die Outputschicht zweidimensional aufgebaut (siehe Abbildung 36). Dabei spielen die Positionen einzelner Output-Units in diesem zwei-dimensionalen Raum bzw. deren Distanzen zu anderen Output-Neuronen eine wichtige Rolle.

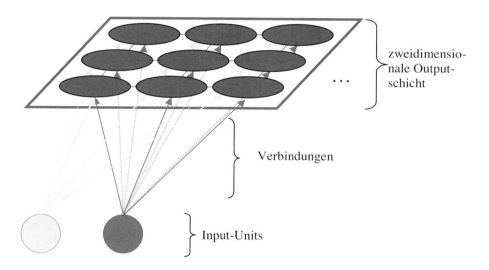

zweidimensio-
nale Output-
schicht

Verbindungen

Input-Units

Abbildung 36: Schematische Darstellung eines zweidimensionalen Kohonennetzes. Im unteren Bildbereich: zwei Input-Units mit ihren Verbindungen zu sämtlichen Output-Units (oben dargestellt), die zwei-dimensional angeordnet sind. Versuchen Sie bitte die Abbildung mental um 90 Grad nach rechts zu rotieren. Vergleichen Sie nun dieses rotierte Bild mit den schematischen Darstellungen zum Pattern Associator (siehe Kapitel 3.3) und zu den kompetitiven Netzen (siehe Kapitel 3.5).

3.6.2 Berechnung

Die Berechnung von Kohonennetzen erfolgt in der Trainingsphase in mehreren Schritten:

1. **Startwerte festlegen:** Die Gewichte zwischen den einzelnen Input- und Output-Einheiten werden zufällig generiert. Außerdem legt man noch diverse Parameter fest, wie beispielsweise Lernparameter, Radius, Nachbarschaftsfunktion oder die maximale Anzahl an Durchläufen. Die einzelnen Parameter werden an späterer Stelle detailliert erörtert (siehe Kapitel 3.6.3).

2. **Auswahl eines Inputvektors:** Ein Inputvektor wird ausgewählt bzw. zufällig generiert. Ein solcher Vektor (siehe Kapitel 1.7) setzt sich aus den Werten der einzelnen Input-Units zusammen. Beispielsweise sind in Abbildung 36 zwei Input-Units dargestellt. Folglich handelt es sich in diesem Fall um einen zweidimensionalen Vektor. Das nachfolgende Beispiel geht ebenfalls von zwei Input-Einheiten aus.

3. **Auswahl einer Output-Unit:** Im dritten Schritt wird die (Gewinner-)Unit ausgewählt. Das ist jene Unit, deren zugehöriger Gewichtsvektor die geringste Distanz zum Inputmuster aufweist, sprich dem Inputvektor am ähnlichsten ist.

4. **Gewichtsmodifikation:** Die Gewichte zur Gewinner-Unit werden so verändert, dass sie dem Inputvektor ein wenig ähnlicher werden (genauere Angaben zur Gewichtsmodifikation finden sich z.B. bei Patterson, 1996). Ebenso werden, allerdings in abgeschwächter Form, auch die Gewichte aus der Nachbarschaft dieser Unit modifiziert. Zudem wird der Lernparameter – hier α genannt – reduziert und gegebenenfalls der Radius für die Nachbarschaft (siehe Kapitel 3.6.3) eingegrenzt. Durch die unmittelbare Veränderung der Gewichte handelt es sich um inkrementelles Training (siehe Kapitel 1.6), wenngleich sich Kohonennetze auch mit stapelweisem Training realisieren lassen (Kohonen, 2007).

5. **Abbruch:** Der zweite, dritte und vierte Schritt werden solange durchlaufen bis die maximale Anzahl an Durchläufen erreicht ist und somit der Abbruch erfolgt. Durch die ständigen Gewichtsveränderungen werden einzelne Gewichtsvektoren bestimmten Inputvektoren immer ähnlicher (siehe kompetitive Lernregel, Kapitel 2.7). Der Lernparameter kann kontinuierlich reduziert werden, wodurch die Korrekturen der Gewichte zu Beginn größer ausfallen als am Ende des Trainings. Somit "pendelt" sich das Netz auf einen stabilen Zustand ein. Zusätzlich kann noch der Radius der Nachbarschaft verringert werden, um den Einfluss eines Inputvektors auf die der Gewinner-Einheit benachbarten Units kontinuierlich zu reduzieren.

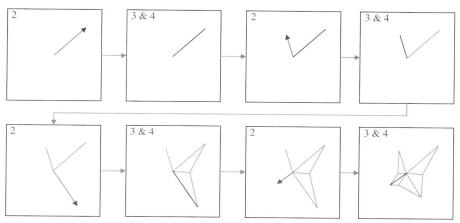

Abbildung 37: Schematische Darstellung des Aufbaus eines Kohonennetzes, wobei insgesamt vier Durchläufe visualisiert wurden. Das erste, dritte, fünfte und siebte Bild stellt den zweiten Berechnungsschritt – die (zufällige) Auswahl eines Inputvektors – dar, während in den restlichen Bildern der dritte und vierte Berechnungsschritt, d.h. die Auswahl der Gewinner-Unit und Gewichtsmodifikationen des jeweiligen Durchgangs zusammengefasst sind.

Abbildung 37 soll den zweiten bis vierten Berechnungsschritt durch Darstellung des Input- bzw. Gewichtsraumes graphisch illustrieren. Zunächst werden die Startwerte festgelegt (*nicht* illustriert), wobei die Gewichte des Kohonennetzes zwar zufällig generiert wurden, aber so, dass diese nur sehr geringfügig um den Wert Null herum streuen.

Die Knoten des noch unausgefalteten Gitters stellen dabei die Output-Units dar, die anhand ihrer Gewichtsvektoren im zweidimensionalen Raum angeordnet werden können. Die Kanten bzw. Verbindungen (siehe z.B. das Bild unten rechts in Abbildung 37) zwischen diesen Output-Units sind *nicht* mit den Verbindungen zwischen der Input- und Output-Schicht und deren Gewichten zu verwechseln, sondern symbolisieren die Nachbarschaftsbeziehungen der Output-Units (Knoten) in der zweidimensionalen Output-Schicht.

Im zweiten Schritt wird ein zweidimensionaler Inputvektor zufällig ausgewählt, der auf dem ersten Bild oben links dargestellt ist. In Abbildung 37 soll der mittlere Punkt im Quadrat den Koordinatenursprung markieren, in dem die x- und y-Werte den Wert Null besitzen. Im vorliegenden Fall "zeigt" der Inputvektor von der Mitte aus nach oben rechts, d.h. sowohl der x- als auch der y-Wert sollen einen positiven Wert annehmen. Man hätte den Inputvektor in dem Quadrat auch unten links beginnen lassen können. Das Kohonennetz selbst, d.h. sämtliche Gewichtsvektoren der Output-Units, befindet sich noch im "unausgefalteten" Zustand und könnte im zweidimensionalen Raum in der Mitte des Quadrats als eine Punkteansammlung mit hoher Dichte visualisiert werden, da die Zufallsgewichte im vorliegenden Beispiel nur sehr geringfügig um den Wert Null herum streuen (siehe oben).

Auf dem zweiten Bild in Abbildung 37 sind der dritte und vierte Berechnungsschritt zusammengefasst. Zunächst wird aus allen Output-Units diejenige Einheit bestimmt, deren Gewichtsvektor dem Inputvektor am ähnlichsten ist. Da sämtliche Gewichte nahe um Null herum streuen und der Inputvektor auf beiden Dimensionen einen positiven Wert annimmt, ist dies im vorliegenden Fall die Unit, deren Gewichte die größten positiven Werte enthalten. Nach Auswahl dieser Gewinner-Unit werden die Gewichte dieser und jene der benachbarten Units modifiziert, indem sie dem Inputvektor ähnlicher gemacht werden. Da im vorliegenden Fall der Lernparameter α zu Beginn der Berechnungen den Wert Eins annimmt, werden die Gewichte der Gewinner-Einheit dem Inputvektor nicht nur angenähert, was bei α-Werten größer Null und kleiner Eins der Fall wäre. Stattdessen stimmt der Gewichtsvektor nach der Modifikation exakt mit dem Inputvektor überein.

Auf dem dritten Bild ist erkennbar, dass dem Netz ein weiterer, zweidimensionaler Inputvektor dargeboten wird. Nach Präsentation dieses Vektors wird wiederum die Auswahl der Gewinner-Unit veranlasst sowie die Gewichtsveränderungen vorgenommen (viertes Bild der Abbildung 37).

Dieser Vorgang (siehe fünftes bis achtes Bild) wiederholt sich solange, bis die zuvor festgelegte maximale Anzahl an Durchläufen erreicht ist. Erkennbar ist in Abbildung 37, dass sich nach und nach eine "Gitterstruktur" ausbildet, mit deren Hilfe der Inputraum geclustert bzw. kartiert, d.h. "abgedeckt" werden kann (siehe Kapitel 3.6.1). Die Knoten dieses Gitters stellen die Output-Units dar, die anhand ihrer Gewichtsvektoren im zweidimensionalen Raum angeordnet werden können (siehe oben).

Abbildung 38 visualisiert, wie sich ein Kohonennetz – d.h. in diesem Fall die zweidimensionale Output-Schicht – nach 10, 100, 1000 und 10000 Durchläufen entwickelt hat. Erkennbar ist, dass sich nach den ersten 10 Durchläufen nur ein kleiner Teil des Netzes, welches 16 x 16 Output-Units aufweist, entfaltet hat. Mit steigender Anzahl an Durchläufen kann – wie in Abbildung 38 dargestellt – das Kohonennetz den Input-Raum in Form eines Quadrates immer besser abdecken. Bei 1000 Durchläufen ist allerdings auch erkennbar, dass der "Flickenteppich" sich im linken, unteren Bereich zu "verknoten" scheint. Derartige "Verknotungen" bezeichnet man als topologische Defekte bzw. diskontinuierliche SOM-Abbildungen. Nach 10000 Durchgängen hat eine "Entknotung" stattgefunden. Die einzelnen Output-Units des Kohonengitters decken nun relativ gleichmäßig jeweils einen kleinen Teil des quadratischen, zweidimensionalen Inputraumes ab. Dieser Raum wird in Abbildung 38 (Bild ganz rechts) *nicht* durch die einzelnen Quadrate des Gittermusters dargestellt, sondern stellt einen Raum dar (in Abbildung 38 *nicht* visualisiert), der sich um die einzelnen "Knoten" herum befindet.

 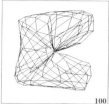 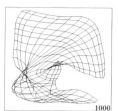 

Abbildung 38: Schematische Darstellung des Aufbaus eines Kohonennetzes. Die vier Bilder stellen die sich ausbildende "Gitterstruktur" nach 10, 100, 1000 und 10000 Durchläufen dar. Das Kohonennetz besitzt eine zweidimensionale Outputschicht mit 16x16 Output-Einheiten. Nach 1000 Durchgängen liegt noch ein topologischer Defekt vor, der sich im weiteren Verlauf auflöst.

Zu beachten ist, dass die "Entknotung" topologischer Defekte nicht immer mit Hilfe weiterer Durchläufe gelingt, sondern auch bei einer sehr großen Anzahl an Durchgängen in Abhängigkeit der zufällig dargebotenen Inputvektoren auftreten kann. Abbildung 39 visualisiert einen topologischen Defekt nach 10000 Durchgängen. Da sich die Verknotung relativ mittig im Inputraum befindet, gelingt es dem Netz kaum, eine Hälfte des Gittermusters durch stärkere Gewichtsänderungen im Vergleich zur anderen Hälfte dazu zu bringen, dass der "Defekt" in Richtung der "schwächeren Hälfte entweicht".

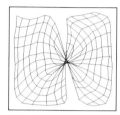

Abbildung 39: Darstellung eines topologischen Defekts.

Exkurs: Simulation eines Fußballspiels mit Hilfe von Kohonennetzen

Der folgende Exkurs soll der Veranschaulichung der einzelnen Berechnungsschritte von Kohonennetzen in der Trainingsphase dienen.

Angenommen, mit Hilfe von Kohonennetzen soll das Verhalten von Spielern in einem Fußballspiel simuliert werden. Beide Mannschaften könnten dabei jeweils durch ein zweidimensionales Kohonennetz dargestellt werden, während die Position des Balls mit Hilfe eines Vektors auf dem zweidimensionalen Fußballfeld symbolisiert wird (siehe Abbildung 40, wobei hier der Übersichtlichkeit halber nur eine Mannschaft eingezeichnet wurde, die mit einem 4 – 4 – 2 System spielt).

Nach dem Anpfiff wird der Fußball in eine bestimmt Richtung gespielt (siehe erstes Bild in Abbildung 40). Der Spieler, der sich am nächsten zu dem Ball befindet, bewegt sich nun zum Ball hin. Auch die ihm benachbarten Spieler laufen ein wenig in die Richtung des Balles und bieten sich dem ballführenden Spieler als Anspielstation an (siehe zweites Bild). Ein beherzter Flankenwechsel (drittes Bild in Abbildung 40) führt zu weiteren Änderungen des Kohonennetzes, wobei größere Änderungen des Netzes immer nur an Stellen vorgenommen werden, in denen sich der Ball befindet (im vierten Bild der obere, rechte Bereich des Kohonennetzes).

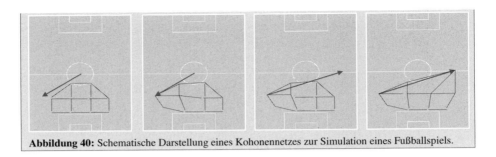

Abbildung 40: Schematische Darstellung eines Kohonennetzes zur Simulation eines Fußballspiels.

3.6.3 Wichtige Parameter

Die Berechnung von Kohonennetzen hängt von zahlreichen Parametern ab:

- **Durchläufe:** Die Anzahl der Durchläufe – auch Lernschritte genannt – legt fest, wie viele Inputvektoren dem Netz dargeboten und damit, wie oft Gewichtsmodifikationen vorgenommen werden. Wird die Anzahl der Lernschritte beispielsweise auf 1000 eingestellt, so generiert das am Computer simulierte Kohonennetz nacheinander zufällig 1000 Inputvektoren, wobei nach jedem Durchlauf Teile des Kohonennetzes neu berechnet werden. Grundsätzlich gilt, dass eine höhere Anzahl an Durchläufen mit einer genaueren Kartierung des Inputraumes einhergeht (vgl. Abbildung 38). Kohonen (2007) empfiehlt, dass die Anzahl an Lernschritten mindestens das 500-fache der Anzahl an Output-Units betragen solle.

- **Lernparameter:** Der Lernparameter α beschreibt, wie stark die Gewichte zwischen den Input-Units und den betroffenen Output-Units verändert werden. Ist der Lernparameter groß, so werden die Gewichte stark verändert und das Netz entfaltet sich schnell. Im Extremfall – bei einem Lernparameter von Eins – wird der Gewichtsvektor der Gewinner-Unit nicht nur angepasst, sondern stimmt nach der Modifikation exakt mit dem Inputvektor überein (siehe Kapitel 3.6.2). Ist der Lernparameter hingegen klein, so fällt die Gewichtsveränderung sehr gering aus und die "Entfaltung des Flickenteppichs" vollzieht sich nur langsam. Zudem können topologische Defekte eher in Erscheinung treten (siehe Kapitel 3.6.2), da das Netz aufgrund der geringeren "Dynamik" derartige Defekte schlechter "entknoten" kann. Neben der Festlegung des Lernparameters ist des Weiteren vor Beginn der Durchläufe zu bestimmen, wie stark der Lernparameter im Laufe der Durchgänge abnimmt. Diese Abnahme führt dazu, dass zu Beginn der Trainingsphase die Gewichtsänderungen größer ausfallen als am Ende, wo nur noch eine "Feineinstellung" erfolgen soll. Als typische Größenordnung für den dynamischen Lernparameter gibt Kriesel (2007) Werte zwischen 0.6 (Startwert) und 0.01 (Zielwert) an. Ein Verfahren zur Wahl optimaler Lernparameter für Kohonennetze liegt jedoch bislang nicht vor (Poddig & Sidorovitch, 2001).

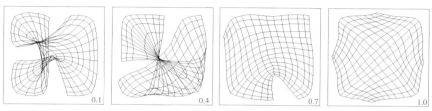

Abbildung 41: Schematische Darstellung eines Kohonennetzes. Die vier Bilder stellen die ausgebildete "Gitterstruktur" mit den Lernparametern (α) von 0.1, 0.4, 0.7 und 1.0 nach 5000 Durchläufen dar. Das Kohonennetz besitzt eine zweidimensionale Outputschicht mit 15x15 Output-Einheiten. Zu beachten ist, dass sich die Form der "Gitterstruktur" durch die *zufällig* generierten Inputvektoren bei Neuberechnung höchstwahrscheinlich unterscheiden wird.

- **Anzahl an Output-Units:** Je mehr Output-Units das Kohonennetz umfasst, d.h. je größer dieses Netz ist, desto genauer kann eine Clusterung des Inputraumes vorgenommen werden. Der Inputraum wird dabei praktisch in Einzugsgebiete (sogenannte Voronoi-Regionen) einzelner Outputneuronen segmentiert. Durch eine größere Anzahl an Output-Units erhöht sich nicht nur die Genauigkeit der Clusterung des Inputraumes, sondern auch die Anzahl an Durchgängen, um das Netz zur vollen "Entfaltung" zu bringen.

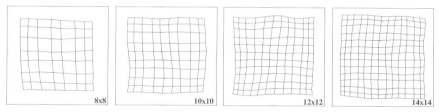

Abbildung 42: Schematische Darstellung eines Kohonennetzes. Die vier Bilder stellen die ausgebildete "Gitterstruktur" einer zweidimensionalen Outputschicht mit 8x8, 10x10, 12x12 und 14x14 Output-Einheiten dar. Eine größere Anzahl an Output-Einheiten führt zu einer besseren Kartierung des Inputraumes.

- **Radiusgröße und Radiusform:** Die Radius- bzw. Nachbarschaftsgröße stellt den Umfang der bei Gewichtsanpassungen berücksichtigten Nachbarschaft dar. Ist die Radiusgröße gleich Eins, so werden neben den Gewichten zur Gewinner-Unit, die dem Inputvektor am ähnlichsten waren, nur die Gewichte der unmittelbar benachbarten Output-Units modifiziert (in Abbildung 43 liegt die dargestellte Radiusgröße in allen drei Fällen bei Eins). Bei einer Radiusgröße von Zwei wird der "Ring" um die Gewinner-Unit um Eins erweitert. Mit steigendem Radius erhöht sich entsprechend die Anzahl der Gewichte, die verändert werden. Hierdurch wird eine schnellere und stärkere "Entfaltung" der Gitterstruktur gewährleistet und topologische Defekte werden eher vermieden (vgl. Abbildung 41). Da die Radiusgröße – ähnlich wie der Lernparameter (siehe oben) – im Verlauf abnehmen kann handelt es sich nicht um eine während der gesamten Durchgänge konstant bleibende Größe. Damit wird sichergestellt, dass die anfänglichen Gewichtsmodifikationen viele Output-Units betreffen. Im weiteren Verlauf wird die Anzahl der betroffenen Einheiten sukzessive gesenkt. Neben der Radiusgröße spielt auch die Radiusform eine bedeutsame Rolle bei Kohonennetzen. Dabei können verschiedene Formen voneinander unterschieden werden. Beispielhaft sind in Abbildung 43 eine kreuzförmige, quadratische und hexagonale Radiusform dargestellt.

Kreuzförmige   Quadratische   Hexagonale
Radiusform   Radiusform   Radiusform

Abbildung 43: Schematische Darstellung einer kreuzförmigen, quadratischen und hexagonalen Radiusform mit einer Radiusgröße von jeweils Eins.

- **Stärke und Form der Nachbarschaftsfunktion:** Der Einfluss auf die benachbarten Neuronen bezieht sich wie der Lernparameter auf die Stärke der Gewichtsveränderung. Allerdings geht es hier darum, wie stark die Gewichte der benachbarten Output-Units verändert werden sollen (vgl. Radiusgröße). Wenn der Einfluss groß ist, werden auch die Gewichte in der Nachbarschaft stark verändert. Ist der Einfluss hingegen klein, so fallen auch die Gewichtsveränderungen in der Nachbarschaft um die Gewinner-Unit relativ klein aus. Wie die Radiusgröße kann auch die Stärke der Gewichtsveränderung benachbarter Einheiten im Verlauf der Trainingsphase reduziert werden. Die Stärke der Gewichtsmodifikationen benachbarter Neuronen hängt auch von der Form der Nachbarschaftsfunktion ab. Abbildung 44 visualisiert ausgewählte Nachbarschaftsfunktionen (vgl. Kriesel, 2007). Im mittleren Bereich der dargestellten x-Achse befindet sich jeweils die Gewinner-Einheit, links und rechts davon benachbarte Einheiten, wobei die Nachbarschaft nach links und rechts immer weiter abnimmt. Auf der y-Achse ist die Stärke der Gewichtsveränderung abgetragen. Die Gewichte der Gewinner-Unit erfahren folglich für alle Nachbarschaftsfunktionen die stärkste Modifikation, wenngleich bei der Zylinderfunktion auch die

Gewichte der benachbarten Einheiten in gleichem Maße verändert werden. Bei der Mexican Hat Funktion ist zu beachten, dass Gewichte der Units in der "mittleren" Nachbarschaft im Vergleich zu weiter entfernten Einheiten sogar etwas gehemmt werden. Ziel ist es dabei Inputreize besser voneinander diskriminieren zu können (auch als Kontrasterhöhung bezeichnet). Auch biologisch erscheint die Mexican Hat Funktion plausibel, da eine ähnliche Kontrasterhöhung ebenfalls beim Menschen und zahlreichen Tierarten entdeckt werden konnte, wobei der zugrunde liegende neuronale Mechanismus als laterale Inhibition bezeichnet wird (Kandel et al., 1995).

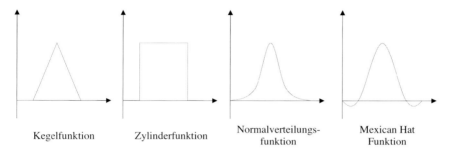

| Kegelfunktion | Zylinderfunktion | Normalverteilungs-funktion | Mexican Hat Funktion |

Abbildung 44: Schematische Darstellung verschiedener Nachbarschaftsfunktionen. Auf der x-Achse befindet sich jeweils mittig die Gewinner-Unit, rechts- und links davon benachbarte Units. Auf der y-Achse ist die Stärke der Gewichtsmodifikation abgetragen. Im Vergleich zu allen anderen Nachbarschaftsfunktionen werden bei der Mexican Hat Funktion auch "mittelweit" benachbarte Units leicht gehemmt.

- **Inputraum:** Inputvektoren müssen im zweidimensionalen Raum nicht – wie bisher durchgängig dargestellt – zufällig in ein Quadrat gelegt werden, sondern können auch in andere geometrische Objekte platziert werden. Abbildung 45 visualisiert dabei beispielhaft trainierte Kohonennetze, wobei auf dem Bild links der Inputraum wie gewohnt quadratischer Natur war. Daneben wurde ein dreieckiges Objekt vorgegeben. Für das Kohonennetz im dritten Bild diente zwar ein quadratisches Objekt wie im ersten Bild, allerdings war dieses in der Mitte "ausgestanzt". Erkennbar ist hier, dass sich im mittleren Bereich sogenannte freiliegende Einheiten befinden – Units, deren Gewichte in einem Bereich des Raumes angeordnet sind, in dem gar kein Inputvektor dargeboten wird. Für das Kohonennetz rechts wurden nur Inputvektoren im Quadrat vorgegeben, die nicht im unteren rechten, kreisförmigen Ausschnitt lagen. Des Weiteren kann der Inputraum auch unterschiedlich genau geclustert werden, d.h. die Auflösung des Raumes kann variiert werden. Dies geschieht dadurch, dass man nicht zufällig einen Inputvektor auswählt, sondern die Wahrscheinlichkeit, dass der Inputvektor in einen bestimmten Teil des Raumes fällt, erhöht. Dies kann man sich auch zunutze machen, um durch überproportionale Darbietung der "Ecken" und "Ränder" des Inputraumes diese besser kartieren zu können (z.B. Kriesel, 2007).

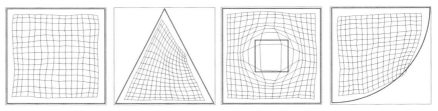

Abbildung 45: Schematische Darstellung verschiedener, trainierter Kohonennetze, denen unterschiedliche Objekte (ungefähre Form durch Linie dargestellt; der mittlere Bereich im dritten Bild gehört *nicht* dem Inputraum an) vorgegeben wurden.

- **Dimension des Netzes:** Häufig gelangt bei Kohonennetzen eine zweidimensional angeordnete Outputschicht zum Einsatz (siehe Kapitel 3.6.1). Kohonennetze können aber durchaus auch ein-, drei- oder n-dimensional angeordnet sein (siehe Abbildung 46; man spricht auch von der Dimension der Topologie, d.h. der Nachbarschaftsbeziehungen). Zu unterscheiden ist hiervon die Dimension des Inputraumes, die mit der Dimensionalität der Output-Schicht *nicht* übereinstimmen muss. Damit können Kohonennetze u.a. zur Dimensionalitätsreduktion eingesetzt werden (Poddig & Sidorovitch, 2001).

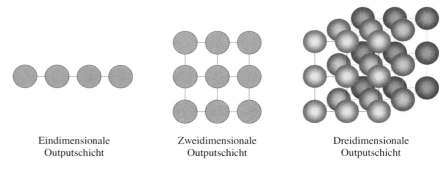

Eindimensionale   Zweidimensionale   Dreidimensionale
Outputschicht   Outputschicht   Outputschicht

Abbildung 46: Schematische Darstellung einer ein-, zwei- und dreidimensionalen Outputschicht.

3.6.4 Anwendungen

Kohonennetze eignen sich für zahlreiche Anwendungen, wovon an dieser Stelle einige ausgewählte – neben den bereits in Kapitel 3.5.1 aufgeführten – Anwendungsmöglichkeiten näher erörtert werden sollen:

- **Funktionsapproximation:** Kohonennetze können zur Approximation von Funktionen zum Einsatz gelangen. Dies ist vor allem dann sinnvoll, wenn es sich *nicht* um eine analytische Funktion handelt, bei der eine algebraische Gleichung (z.B. $f(x) = x$) vorliegt, um die Funktion zu beschreiben. Bei Verwendung eines Kohonennetzes könnte man einzelne x-Werte zufällig auswählen und dem Kohonennetz mit ihren zugehörigen y-Werten als zweidimensionale Inputreize darbieten, während die Outputschicht des Netzes als eindimensionale "Kette" realisiert werden könnte (siehe Abbildung 46 im Kapitel 3.6.3).

- **Transformation n-dimensionaler Figuren:** Wie in Kapitel 3.6.3 dargestellt können Kohonennetze eingesetzt werden, um ein n-dimensionales Inputmuster in ein Outputmuster niedrigerer Dimensionalität zu überführen, wobei kritische Informationen der n-dimensionalen Figur erhalten bleiben können. Derartige Transformationen und deren zwei- oder dreidimensionale Visualisierungen besitzen u.a. den Vorteil, dass Menschen mit Hilfe dieser Bilder komplexe Zusammenhänge in den Daten besser erkennen können. Ein konkretes Anwendungsbeispiel für die Durchführung solcher Transformationen stellen scientometrische Analysen dar, die Kohonen selbst mit Hilfe von Kohonennetzen durchgeführt hat. Die Scientometrie – die "Vermessung" der Wissenschaft – befasst sich u.a. mit Fragen, welche Forscher miteinander in Projekten arbeiten, sich (gegenseitig) zitieren (bibliometrische Analysen, ein "Teilbereich" der Scientometrie, gelangen hier zum Einsatz) oder wie sich ein bestimmter Wissenschaftsbereich entwickelt. Einen psychologischen Anwendungsbereich stellen Gedächtnismodelle dar, die versuchen zu erklären, wie Wissen im menschlichen Gehirn gespeichert wird (Pospeschill, 2004).

- **Problem des Handlungsreisenden:** Bei diesem Problem (traveling salesman problem) geht es um einen Handlungsreisenden, der mehrere Orte besuchen soll und hierfür die Route so planen möchte, dass die gesamte Reisestrecke einschließlich seiner Rückkehr möglichst kurz ausfällt (siehe Abbildung 47). Dieses zunächst einfach erscheinende Problem liefert bereits bei einer relativ geringen Anzahl an zu berücksichtigenden Orten derart viele Kombinationsmöglichkeiten, dass das Berechnen sämtlicher Routen in aller Regel zeitlich unmöglich ist. Beispielsweise ergeben sich bei zehn anzufahrenden Städten bereits

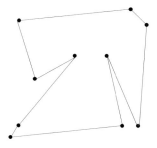

Abbildung 47: Nicht-optimale Route bei zehn Orten zum Problem des Handlungsreisenden.

181440 mögliche Routen ($0.5 \cdot (N - 1)!$), während es bei 60 Orten 69.3×10^{78} Touren sind. Als Vergleich kann hier die geschätzte Anzahl an Atomen im gesamten Universum dienen, die bei ca. 10^{80} liegt (Macho, 2002). Erschwert werden kann das Problem durch weitere Bedingungen wie Stauaufkommen in bestimmten Gebieten zu bestimmten Tageszeiten, vorhandene Zeitfenster für bestimmte, anzufahrende Orte usw. Neben zahlreichen anderen Algorithmen lassen sich auch Kohonennetze zur Lösung dieses Problems heranziehen. Bei Verwendung eines Kohonennetzes könnte man die anzufahrenden Orte (siehe Abbildung 47) als zweidimensionale Inputreize begreifen. Das Kohonennetz selbst könnte hingegen aus einer eindimensionalen Outputschicht bestehen (siehe Abbildung 46 im Kapitel 3.6.3), deren Enden miteinander verbunden sind (siehe z.B. Angéniol, De La Croix Vaubois & Le Texier, 1988).

- **Inverse Kinematik:** Die (inverse) Kinematik stellt ein Teilgebiet der Mechanik dar und spielt beispielsweise bei der Steuerung von Robotern eine wichtige Rolle. Genauer gesagt beschäftigt sich die inverse Kinematik mit der Frage, wie aus der Position und Orientierung des letzten Elementes einer sogenannten "kinematischen Kette", z.B. eines Greifarms eines Roboters, die Gelenkwinkel der mechanischen "Roboterarme" bestimmt werden können. Neben der Bewegung von Industrierobotern spielt die inverse Kinematik auch eine Rolle bei computergenerierten Animationsfilmen wie z.B. "Findet Nemo", " Ice Age" oder "Shrek" sowie neueren Computerspielen wie beispielsweise "FIFA Soccer 2008" oder "Pro Evolution Soccer 2008".

- **Sprach-, Unterschriften- und Gesichtserkennung:** Bei diesen drei Anwendungsmöglichkeiten von Kohonennetzen handelt es sich um die Erkennung von Mustern. Neben Kohonennetzen können hierfür auch zahlreiche andere Algorithmen eingesetzt werden.

3.7 Constraint Satisfaction Netze

Constraint Satisfaction kennzeichnet einen Netztyp[5], bei dem – im Gegensatz zu den bisher vorgestellten Netztypen – *keine* Gewichtsveränderungen (siehe Kapitel 1.4.1) stattfinden. Stattdessen werden die Verbindungen und deren Gewichte vom "Netzwerkarchitekten" vorab festgelegt. Aufgrund dieser festen "Verdrahtung" kann man auch von hardwired systems bzw. direkten Designmethoden sprechen (siehe Kapitel 1.6). Diese Architektur kann als ein bereits herausgebildetes Gedächtnis betrachtet werden, in dem Informationen in Abhängigkeit der Verknüpfungen abgespeichert sind. Da keine Gewichtsmodifikationen vorgenommen werden, entfällt die Aufteilung in Trainings- und Testphase (siehe Kapitel 1.6).

---

[5] Constraint Satisfaction muss *nicht* – wie im vorliegenden Lehrbuch – als eigenständiger Netztyp dargestellt werden, sondern der Begriff kann auch sehr allgemein zur Beschreibung von erfüllten Einschränkungen von Variablenwerten (in neuronalen Netzen) dienen (Pospeschill, 2004).

Ein Constraint Satisfaction Netz besteht aus mehreren rekurrenten Netzen (siehe Kapitel 3.4), wobei keine Klassifikation in Input-, Hidden- und Output-Units vorgenommen wird (siehe Kapitel 1.3.1). Innerhalb solcher "Teilnetze" sind die Units durch gegenseitig hemmende Verbindungen vollständig miteinander verknüpft (siehe Abbildung 48). Jedes Teilnetz repräsentiert dabei ein bestimmtes übergeordnetes Konzept. Beispielsweise könnte ein Teilnetz den Lieblingsfußballverein darstellen, wobei jede Unit einen spezifischen Verein repräsentiert. Jemand, der als Lieblingsverein den 1. FC Köln angibt, wird

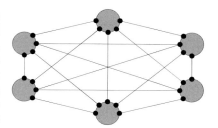

Abbildung 48: Schematische Darstellung eines "Teilnetzes" bei Constraint Satisfaction. Die kleinen schwarzen Verbindungspunkte sollen die inhibitorischen Verbindungen symbolisieren.

nicht gleichzeitig Anhänger des FC Bayern München sein. Folgerichtung hemmt jeder durch eine eigene Einheit repräsentierte Verein sämtliche andere Units (Vereine) desselben Teilnetzes (Lieblingsfußballverein) und wird umgekehrt durch diese gehemmt. Alle hemmenden Verbindungen sind dabei fixiert (z.B. auf −1), d.h. sie werden im weiteren Verlauf der Berechnungen nicht mehr modifiziert, was gerade bei einem hartgesottenen Fan auch gut vorstellbar ist.

Im Gegensatz zu den bisher vorgestellten Netztypen ist das Wissen in einem Constraint Satisfaction Netz nicht über sämtliche Verbindungsgewichte verteilt gespeichert, sondern die einzelnen Konzepte (z.B. Borussia Dortmund, FC Schalke 04 usw.) sind "lokal" (siehe Kapitel 4.3) in den einzelnen Neuronen abgelegt.

Neben hemmenden Verbindungen *innerhalb* eines Teilnetzes existieren auch bidirektionale, positive Verknüpfungen *zwischen* Konzepten verschiedener Teilmengen. So könnten beispielsweise in einem anderen Teilnetz verschiedene Personennamen (z.B. Klaus, Sabine, Udo, Stefan und Christine) durch einzelne Units repräsentiert sein, die mit dem jeweiligen Lieblingsfußballverein verbunden sind. Häufig werden die positiven Verbindungen auf Eins fixiert.

Abbildung 49 stellt ein solches Netz schematisch dar, wobei in der Abbildung drei Teilnetze mit jeweils sechs Neuronen enthalten sind. Die einzelnen Teilnetze können dabei auch weniger (z.B. zwei Units zur Klassifikation des Geschlechts) oder deutlich mehr Einheiten (z.B. Lieblingsfußballverein) beinhalten. Der Übersichtlichkeit halber wurden in Abbildung 49 lediglich sieben positive Verbindungen eingezeichnet.

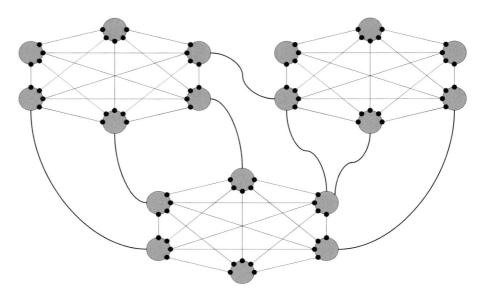

Abbildung 49: Schematische Darstellung eines Constraint Satisfaction Netzes.

Nachdem man als "Netzwerkarchitekt" ein Netz – ähnlich wie in Abbildung 49 – konstruiert hat, kann man diesem "Fragen" stellen. Hierzu setzt man die Ausgabe einer oder mehrer Units auf Eins, während die Ausgaben aller anderen Einheiten auf ihrem Ausgangswert von Null belassen werden. Beispielsweise könnte man das Netz fragen, welche Personengruppen Anhänger des 1. FC Köln sind. Dazu wird die Ausgabe der Einheit, die diesen Fußballverein repräsentiert auf Eins gesetzt. Sodann wird für sämtliche Units der Netzinput berechnet und mit Hilfe der verwendeten (zumeist sigmoiden) Aktivitätsfunktion der Aktivitätslevel bestimmt, mit dem der Output der Einheit gebildet werden kann (siehe Kapitel 1.5). Nachdem das Netz mehrere Iterationen (= Wiederholungen) durchlaufen, d.h. sich die Aktivität im Netz ausgebreitet hat, nehmen die Änderungen der Ausgaben häufig ab und das Netz "pendelt" sich in einen stabilen Zustand ein. Die (weitgehend stabilen) Ausgaben in den anderen Teilnetzen repräsentieren die Antwort auf die Frage, wer Anhänger des 1. FC Köln ist. Je höher die Ausgabe, desto stärker ist das Konzept mit dem erfragten verbunden. So könnte man beispielsweise feststellen, dass Kölner Fußballfans als Lieblingseishockeyverein die Kölner Haie angeben (sofern ein Teilnetz Eishockeyvereine symbolisiert). Aber auch weit weniger triviale Erkenntnisse sind möglich, z.B. in welcher Altersgruppe sich Personen, die Fans des 1. FC Kölns und der Kölner Haie sind, mehrheitlich befinden und welches Nettoeinkommen diesen zur Verfügung steht, was z.B. wertvolle Informationen für Stadionwerbung darstellen könnte.

Ein Vorteil von Constraint Satisfaction Netzen liegt darin, dass es sich bei den constraints, d.h. bei den Beschränkungen (gelegentlich auch als Restriktionen, Zusatzannahmen, Rand- oder Nebenbedingungen übersetzt), die durch die erregenden und hemmenden Verbindungen im Netz verankert sind, um weiche Beschränkungen (soft constraints) handelt. Als soft constraints bezeichnet man Beschränkungen von Variablenwerten, die *nicht* notwendigerweise erfüllt sein müssen (vgl. Macho, 2002; Pospeschill, 2004). Beispielsweise wird es sowohl männliche als auch weibliche Fans des 1. FC Köln geben, wobei sich diese beiden Gruppen in der Teilmenge Geschlecht jedoch gegenseitig hemmen. Ein idealer Zustand, in dem sämtliche Constraints erfüllt sind, ist hier nicht möglich. Stattdessen erreicht das Netz oftmals einen Zustand, in dem möglichst viele soft constraints erfüllt sind.

Mit der sogenannten Harmoniefunktion quantifiziert man, wie gut die Gesamtheit der soft constraints erfüllt ist. Die Aktivitätsausbreitung wird dabei solange vorgenommen, bis eine zuvor angegebene Anzahl an Iterationen erreicht wurde oder aber die Harmonie des Netzes nicht mehr (wesentlich) weiter ansteigt. Dieses iterative Verfahren ist unmittelbar vergleichbar mit dem Gradientenabstiegsverfahren (siehe Kapitel 2.5), wobei die dort aufgeführten Probleme auch hier in Erscheinung treten können.

Bei Constraint Satisfaction kann man drei verschiedene Versionen voneinander unterscheiden (Macho, 2002):

- **Parallele Version:** Beim Parallel Constraint Satisfaction werden die Berechnungen sämtlicher Units (Ermittlung des Netzinputs, Bildung des Aktivitätslevels usw.) für jeden Zyklus *gleichzeitig* vorgenommen.

- **Serielle Version:** In der seriellen Version wird für jeden Zyklus eine Einheit zufällig ausgewählt und nur für diese finden die aufgeführten Berechnungen statt. Durch die zufällige Bestimmung kann es auch vorkommen, dass eine Unit mehrmals hintereinander ausgewählt wird. Im Laufe der Zyklen werden somit die Units in zufälliger Reihenfolge *nacheinander* aktualisiert.

- **Probabilistische Version:** Die probabilistische Variante von Constraint Satisfaction wird als Boltzmann-Maschine bezeichnet. Boltzmann-Maschinen sind Constraint Satisfaction Netze mit zwei Eigenschaften:

  - Jede Unit kann lediglich die Werte +1 oder 0 (bzw. -1) annehmen, jedoch *keine* Zwischenwerte.

  - Die Wahrscheinlichkeit, dass eine bestimmte Einheit aktiv ist (den Wert +1 annimmt), kann mit Hilfe einer logistischen Funktion bestimmt werden (vgl. Kapitel 1.5.3). Je größer der Netzinput eines Neurons, desto größer ist die Wahrscheinlichkeit, dass die Unit den Wert +1 als Ausgabe generiert. Im Gegensatz zur parallelen und seriellen Variante ist somit die Ausgabe einer Unit *nicht* deterministisch durch die Eingaben festgelegt, sondern lediglich probabilistisch. Auch bei einem sehr großen Netzinput kann es in seltenen Fällen durch Zufallsschwankungen dazu kommen, dass die entsprechende Einheit inaktiv bleibt. Wie stark die Ausgabe vom Zufall und wie stark vom Netzinput beeinflusst wird, kann mit Hilfe eines Parameters (dem sogenannten Temperaturparameter, der in der allgemeinen Formulierung der logistischen Funktion als "T" bezeichnet wird, siehe Kapitel 1.5.3) festgelegt werden.

Boltzmann-Maschinen kommen u.a. im Kontext des Operations Reserach zur Anwendung – einer Teildisziplin der Mathematik, die sich mit Optimierungsproblemen beschäftigt.

3.7.1 Beispiel eines Constraint Satisfaction Netzes: Jets und Sharks

Das bekannteste Beispiel zu Constraint Satisfaction stammt von McClelland und Rumelhart (1988). Dabei wurde auf das Musical West Side Story (die gleichnamige Verfilmung aus dem Jahr 1961 erhielt übrigens zehn Oscars) zurückgegriffen, bei dem sich zwei rivalisierende Banden – Jets und Sharks – in New York in den 50er Jahren bekriegen.

Die Netzarchitektur zu diesem Stück sieht sieben verschiedene Teilmengen (sogenannte Pools) vor, wobei sechs Teilmengen unterschiedliche Eigenschaften der einzelnen Bandenmitglieder repräsentieren (z.B. Beruf, Alter, Name usw.), während eine Teilmenge als Individuen-Pool bezeichnet wird (in Abbildung 50 im mittleren Bereich dargestellt). Die Neuronen in diesem Pool repräsentieren die einzelnen Personen, die im Netz Berücksichtigung finden.

Sämtliche Units sind mit allen Einheiten desselben Pools durch bidirektionale, inhibitorische Kanten verknüpft, die der Übersichtlichkeit halber aber in Abbildung 50 nicht eingezeichnet wurden. Diese hemmenden Verbindungen stellen die Beschränkung (constraint) dar, dass pro Individuum lediglich eine Eigenschaft aktiv sein sollte. So kann jemand beispielsweise nicht gleichzeitig ledig und verheiratet sein.

Die eingezeichneten exzitatorischen (d.h. erregenden) Verknüpfungen zwischen einzelnen Einheiten aus den Individuums- und Eigenschaften-Pools hingegen repräsentieren die Zugehörigkeit einzelner Individuen zu bestimmten Eigenschaften. Direkte, erregende Verbindungen zwischen Units verschiedener Eigenschaften-Pools ohne Berücksichtigung einer Individuums-Einheit sind in dem Modell *nicht* vorgesehen (siehe Abbildung 50).

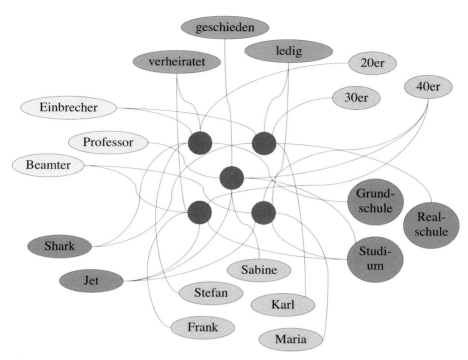

Abbildung 50: Schematische Darstellung der Netzwerkarchitektur von Jets und Sharks. Der Übersicht halber wurden die bidirektionalen, hemmenden Verbindungen innerhalb der einzelnen Teilnetze nicht eingezeichnet.

Um dem Netz eine Frage zu stellen, d.h. einen Informationsabruf vorzunehmen wird in diesem Modell die Ausgabe des zu erfragenden Konzepts nicht auf Eins gesetzt. Stattdessen verknüpft man eine konstant aktivierte, zusätzliche Einheit mit dem gesuchten Konzept (z.B. mit der Unit, die die Jets repräsentiert). Auch die Verknüpfung mehrerer Konzepte mit der externen Einheit ist möglich. Eine solche zusätzliche Unit ist in Abbildung 50 *nicht* eingezeichnet.

Anschließend "startet" man das iterative Berechnungsverfahren, bis eine zuvor angegebene Anzahl an Durchläufen erreicht wurde oder aber das Netz sich stabilisiert hat, d.h. keine größeren Aktivitätsänderungen mehr vorgenommen werden (siehe oben). Als Antwort erhält man vom Netz in den einzelnen Eigenschafts-Pools die prototypischen Attribute des gesuchten Konzepts. So besitzt der "typische" Jet ein bestimmtes Alter, eine typische Schulbildung, geht einem spezifischen Beruf nach usw.

3.8 Zusammenfassung

Tabelle 2 bietet einen zusammenfassenden Überblick über die Kernkonzepte, Eigenschaften sowie Vor- und Nachteile der im Lehrbuch behandelten Netztypen. Wie in Kapitel 3.2 erwähnt, lassen sich neuronale Netze nach unterschiedlichen Gesichtspunkten klassifizieren. Den in Tabelle 2 aufgeführten Kernkonzepten liegt dabei *kein* einheitliches Unterscheidungskriterium zugrunde.

Tabelle 2: Tabellarische Darstellung der Kernkonzepte, Eigenschaften sowie Vor- und Nachteile der Netztypen: Pattern Associator, Rekurrente Netze, Kompetitive Netze, Kohonennetze und Constraint Satisfaction Netze.

	Pattern Associator	**Rekurrente Netze**	**Kompetitive Netze**	**Kohonennetze**	**Constraint Satisfaction**
Kernkonzept	Assoziationen zwischen verschiedenen Reizpaaren bilden	Rückkopplungen zu derselben oder einer vorherigen Schicht	1. Erregung 2. Wettbewerb 3. Gewichtsmodifikation	Wie Kompetitive Netze, nur mit mehrdimensionaler Output-Schicht	Feste Verdrahtung im Vorfeld; rekurrente Verbindungen; lokale Speicherung
Lernregel	Hebb-Regel; Delta-Regel	Backpropagation	Competitive Learning	Konzeptuell: Competitive Learning	Keine (feste Verdrahtung im Vorfeld)
Rückkopplungen?	Nein	Ja	Nein	Nein	Ja
Hidden-Units?	Nein	Können vorhanden sein	Können vorhanden sein	In der Regel nicht	Keine derartige Unterscheidung
Art der Lernregel?	Supervised learning	Supervised learning	Unsupervised learning	Unsupervised learning	Direct design methods
Vorteile	Einfachheit	Entdeckung zeitlich codierter Informationen	Biologische Plausibilität	Biologische Plausibilität	Einfachere Interpretation des Netzes aufgrund der lokalen Speicherung
Nachteile	Keine Hidden-Units → biologisch eher unplausibel	"Überlaufen" der Aktivität	"Erstarken" einzelner Output-Units verhindert "sinnvolle" Kategorisierung	Wahl zahlreicher Parameter entscheidend für adäquate Clusterung	Lokale Speicherung biologisch eher unplausibel

3.9 Übungsaufgaben

1. Nach welchen Gesichtspunkten können neuronale Netze klassifiziert werden?

2. Wie lernt ein Pattern Associator?

3. Über welche Eigenschaften verfügt der Pattern Associator?

4. Welche Arten von Rückkopplungen kann man bei rekurrenten Netzen voneinander unterscheiden?

5. Worin unterscheiden sich Simple Recurrent Networks von Jordan- und Elman-Netzen?

6. Wie ist ein Autoassociator aufgebaut?

7. Was ist ein Attraktor?

8. Welche Anwendungsmöglichkeiten bieten rekurrente Netze?

9. Wie kann man bei kompetitiven Netzen verhindern, dass die Gewichte zu einer einzigen Output-Unit so groß werden, dass diese den Wettbewerb unabhängig vom dargebotenen Input-Muster gewinnt?

10. Für welche Anwendungen eignen sich kompetitive Netze?

11. Welche Schritte werden bei der Berechnung von Kohonennetzen durchlaufen?

12. Von welchen Parametern ist die "Entfaltung" eines Kohonennetzes abhängig?

13. Inwiefern lassen sich Kohonennetze bei dem Problem des Handlungsreisenden sinnvoll zur Anwendung bringen?

14. Was versteht man unter Constraint Satisfaction Netzen?

4 Eigenschaften

4.1 Übersicht und Lernziele

Das vierte Kapitel erörtert die generellen Eigenschaften neuronaler Netze und kontrastiert diese mit jenen von klassischen Computerprogrammen. Des Weiteren wird auf verschiedene Probleme, die neuronale Netze aufweisen, ausführlich eingegangen.

Folgende Lernziele sind Bestandteil dieses Kapitels:

- Welche generellen Eigenschaften besitzen neuronale Netze?

- Worin unterscheiden sich neuronale Netze von klassischen Computerprogrammen?

- Welche Gemeinsamkeiten weisen neuronale Netze und menschliche Gehirne auf?

- Welche Probleme besitzen neuronale Netze?

- Inwiefern spielt das Wissenschaftskriterium der Falsifizierbarkeit für neuronale Netze eine Rolle?

- Auf welche Anwendungsgebiete lassen sich die einzelnen Probleme beziehen?

4.2 Einleitung

Im dritten Kapitel wurde bereits auf einige Eigenschaften verschiedener Netztypen eingegangen. Das folgende Kapitel soll einen systematischen Überblick über diese Eigenschaften liefern, wobei hier sowohl Parallelverarbeitung als auch verteilte Speicherung von zentraler Bedeutung sind (daher auch die in der Literatur verbreitete Bezeichnung "Parallel Distributed Processing", die u.a. die Arbeitsweise neuronaler Netze charakterisiert).

4.3 Eigenschaften neuronaler Netze

Neuronale Netze besitzen diverse Eigenschaften:

- **Parallelverarbeitung:** Parallelverarbeitung bedeutet, dass ein neuronales Netz die notwendigen Berechnungen (z.B. des Inputs oder des Netzinputs) nicht nacheinander durchführt, sondern gleichzeitig. Allerdings muss man beachten, dass diese Parallelverarbeitung bei der Simulation neuronaler Netze am PC zur Zeit nur theoretischer Natur ist, da die meisten heutigen Computerprogramme zu neuronalen Netzen die Berechnungen nacheinander abarbeiten (= serielle Verarbeitung). Möglicherweise profitieren von der zunehmenden Parallelisierung auf dem PC-Markt (Stichwort: Multicore-Prozessoren) in Zukunft u.a. Programme, die auf neuronale Netze zurückgreifen und die Berechnungen zum Teil gleichzeitig durchführen.

- **Verteilte Speicherung:** Auch die verteilte Speicherung bei neuronalen Netzen ähnelt viel mehr der Arbeitsweise menschlicher Gehirne. Während beispielsweise auf einer CD, DVD oder einer Festplatte bestimmte Informationen an einer bestimmten Stelle gespeichert sind (= lokale Speicherung), ist die Speicherung von Informationen in neuronalen Netzen verteilt gelagert. Das heißt, dass eine Information (z.B. das Alter einer Person) über das gesamte Netz oder zumindest über einen Teil davon abgelegt wird. Genauer formuliert: Das Wissen ist in vielen verschiedenen Gewichten zusammen abgespeichert.

- **Hohe Lernfähigkeit:** Neuronale Netze werden in aller Regel *nicht* vorab fest verdrahtet bzw. programmiert (vgl. aber Kapitel 3.7), sondern lernen anhand vieler Beispiele in Form von Inputreizen, die in der Trainingsphase (siehe Kapitel 1.6) präsentiert werden. Dies geht auch mit einer hohen Flexibilität einher, die bei herkömmlichen Problemlösungen ohne neuronale Netze mitunter nicht erreicht wird.

- **Zum Teil biologische Plausibilität:** Neuronale Netze besitzen allein aufgrund der Parallelverarbeitung und verteilten Speicherung eine gewisse Nähe zum menschlichen Gehirn. Außerdem kann man mit Hilfe neuronaler Netzsimulationen menschliches Verhalten oftmals sehr gut nachbilden und aus ihnen weitere Hypothesen ableiten, die sich in der Folge beim Menschen empirisch bestätigen lassen (siehe Kapitel 5). Allerdings werden neuronale Netze auch hinsichtlich ihrer fehlenden biologischen Plausibilität kritisiert (siehe Seite "Probleme neuronaler Netze").

  - **Toleranz gegenüber internen Schäden:** Wie bereits erwähnt wird trotz innerer Schäden des neuronalen Netzes (z.B. durch das Absterben einzelner Neuronen oder Verbindungen zwischen Neuronen, was im menschlichen Gehirn häufig auftritt) oftmals dennoch der richtige Output produziert.

- **Toleranz gegenüber externen Fehlern:** Auch bei unvollständigem, fehlerhaftem oder verrauschtem Input gelingt es dem neuronalen Netz häufig, den richtigen Output herzustellen. Derartige Fehler sind auch bei Informationen allgegenwärtig, die vom menschlichen Gehirn verarbeitet werden, z.B. bei verdeckten Gegenständen, Störgeräuschen, schwacher Beleuchtung usw.

- **Generalisation / Kategorienbildung:** Ähnliche Reize werden von den Netzen zur selben Reizgruppe kategorisiert. Diese Generalisierung von Reizen unterstreicht nicht nur die biologische Plausibilität, sondern kann auch von zentraler Bedeutung für den Wissenserwerb in neuronalen Netzen sein. Auf das Problem der "Übergeneralisierung" wurde bereits hingewiesen (siehe Kapitel 3.3.2).

- **Output der zentralen Tendenz bzw. des Prototypen der Kategorie:** Eine weitere Eigenschaft neuronaler Netze, die mit der Generalisation bzw. Kategorienbildung eng zusammenhängt, bezieht sich auf den gebildeten Output eines solchen Netzes. Dieses formt häufig bei mehreren gelernten Inputvektoren einen gemeinsamen Outputvektor aus, den man als Prototyp einer Kategorie auffassen kann (vgl. das Beispiel des "prototypischen" Hundes in Kapitel 3.3.2). Auch diese Eigenschaft ist für Menschen typisch.

- **Inhaltsabruf (content addressability):** Inhaltsabruf besagt, dass man für das Abrufen von Informationen dem Netz lediglich Inhalte präsentieren muss, die mit dem gesuchten Inhalt in Verbindung stehen. Informationen werden folglich inhaltsbezogen, d.h. assoziativ gespeichert und nicht wie in den meisten Computerprogrammen adressbezogen. Adressbezogen bedeutet hier, dass eine bestimmte Information an einer bestimmten Stelle im Speicher vorliegt und man diese Adresse für den Informationsabruf angeben muss. Beim Inhaltsabruf kann es hingegen ausreichen, eine beliebige Teilinformation zu aktivieren, um die vollständige Information abzurufen. Beispielsweise kann der Name einer Person, an den man sich gerade nicht erinnert, in Erfahrung gebracht werden, indem man sich das Aussehen, den Wohnort oder den Freundeskreis der Person vergegenwärtigt. Dieses Prinzip gilt für Menschen wie für neuronale Netze gleichermaßen.

- **Gute Erfassung nonlinearer Zusammenhänge:** Neuronale Netze können im Gegensatz zu vielen herkömmlichen statistischen Methoden auch deutlich besser Zusammenhänge nonlinearer Art oder komplexe Interaktionseffekte zwischen mehreren Variablen erfassen. Man spricht in diesem Zusammenhang auch vom Erlernen arbiträrer (beliebiger) Abbildungen. Im Gegensatz zu statistischen Verfahren im Kontext des Allgemeinen Linearen Modells (z.B. Moosbrugger, 2002) müssen diese komplexen Interaktionseffekte oder nonlinearen Zusammenhänge auch nicht im Modell a priori postuliert, d.h. im Vorfeld der Datenanalyse angegeben werden (siehe Kapitel 6.2). Zu beachten ist jedoch, dass sich diese traditionellen Verfahren auch als Spezialfälle neuronaler

Netze darstellen lassen und es sich bei den herkömmlichen statistischen Verfahren somit ebenfalls um neuronale Netze handelt (vgl. Kapitel 2.5.4).

- **Große Anzahl an Freiheitsgraden:** Grundsätzlich existieren zahlreiche Parameter und Variablen (siehe Exkurs: Variablen, Parameter und Konstanten), die die Arbeitsweise eines neuronalen Netzes beeinflussen können. Diese Variationsmöglichkeiten bedingen die hohe Lernfähigkeit und Erfassung nonlinearer Zusammenhänge neuronaler Netze mit (siehe oben). Dass diese große Anzahl an Freiheitsgraden auch Probleme mit sich bringt, wird im nächsten Kapitel 4.4 erörtert.

Exkurs: Variablen, Parameter und Konstanten

Grundsätzlich kann man zwischen Variablen, Parametern und Konstanten unterscheiden (vgl. Macho, 2002):

- **Variablen:** Bei Variablen handelt es sich um Größen, die mindestens zwei unterschiedliche Zahlenwerte annehmen können. Beispielsweise stellt der Netzinput (siehe Kapitel 1.5.2) einer Unit eine variable Größe dar, da dieser im Verlauf der Trainingsphase sehr unterschiedliche Werte annehmen kann.

- **Parameter:** Parameter sind bezüglich ihrer Variationsmöglichkeiten zwischen Variablen und Konstanten angesiedelt. Bezogen auf neuronale Netze sind Parameter Zahlenwerte, die vor Durchführung einer Trainingsphase fixiert werden. Im Verlauf des Trainings ändert sich der Wert des Parameters im Gegensatz zu variablen Größen nicht. Wird jedoch eine weitere Simulation vorgenommen, so kann diese mit veränderten Parameterwerten durchgeführt werden (im Gegensatz zu konstanten Werten). Ein typisches Beispiel für einen Parameter in neuronalen Netzen stellt der Lernparameter dar (siehe z.B. Kapitel 2.3). Verändert dieser Lernparameter sich jedoch im Laufe des Trainings wie beim Kohonennetz (siehe Kapitel 3.6), so könnte man auch von einer variablen Größe sprechen und lediglich seinen Anfangswert als Parameter bezeichnen.

- **Konstanten:** Eine Konstante ist dadurch gekennzeichnet, dass sie nur eine einzige, unveränderliche Größe besitzen kann. Pi oder die Euler'sche Zahl e sind typische Beispiele für Konstanten, die auch bei neuronalen Netzen eine Rolle spielen können (siehe Kapitel 1.5.3). Eine "Lernkonstante", wie in der Literatur der Lernparameter auch gelegentlich genannt wird, stellt hingegen *keine* Konstante dar, sondern fällt in die Kategorie "Parameter".

4.4 Probleme neuronaler Netze

Neben den vorteilhaften Eigenschaften sind neuronale Netze mit diversen Problemen verbunden:

- **Große Anzahl an Freiheitsgraden:** Viele Parameter und Variablen können dazu führen, dass ein neuronales Netz grundsätzlich jede menschliche Verhaltensweise simulieren kann. Die Gefahr besteht darin, dass neuronale Netze als Konzept zur Erklärung menschlichen Verhaltens *nicht* falsifizierbar, d.h. nicht widerlegbar sind, sondern durch Wahl eines "geeigneten" Parameters immer vor der Falsifikation geschützt werden können. Man spricht in diesem Zusammenhang auch von einer Immunisierungsstrategie. Das auf Karl R. Popper (z.B. 1996) zurückgehende Wissenschaftskriterium der Falsifizierbarkeit (siehe Exkurs: Falsifizierbarkeit) betrifft allerdings nur diejenigen neuronalen Netze, die zur Simulation menschlichen Verhaltens modelliert wurden (siehe Kapitel 1.2). Netze, die zur Lösung konkreter Anwendungsprobleme dienen, sind von diesem Kritikpunkt *nicht* betroffen (vgl. jedoch die Overfitting-Gefahr, siehe unten).

- **Fragwürdige biologische Plausibilität:** Auch der zweite Kritikpunkt bezieht sich nur auf Netze zur Erklärung der Funktionsweise des menschlichen Gehirns. Viele neuronale Netze widersprechen biologischen Grundannahmen und sind somit als Modell zur Erklärung menschlichen Verhaltens nur bedingt geeignet. Ein Beispiel hierzu wäre die Rückwärtsausbreitung bei der "Backpropagation"-Lernregel.

- **Großer Rechenaufwand:** Herkömmliche Methoden zur Lösung eines Problems erfordern oftmals einen geringeren Rechenaufwand und können mitunter eine exaktere Lösung produzieren als neuronale Netze. Im Gegensatz zu den beiden anderen aufgeführten Problemen betrifft dieser Kritikpunkt nur neuronale Netze, die dazu dienen konkrete Anwendungsprobleme zu lösen.

- **Relativ langsames Lernen:** In unmittelbarem Bezug zum großen Rechenaufwand steht das relativ langsame Lernen in neuronalen Netzen. Dieses erfolgt zumeist im Verlauf zahlreicher Zyklen und geht relativ langsam vonstatten. Das ist insbesondere dann der Fall, wenn neuronale Netze mit zahlreichen Units und vielen Verbindungen trainiert werden. Die Hinzunahme von Parametern zur Optimierung der Lernphase (vgl. Kapitel 2.5.4) und die Verwendung optimierter Algorithmen kann dieses Problem zwar z.T. erheblich reduzieren, jedoch nicht vollständig lösen.

- **Overfitting-Gefahr:** Bei der Datenauswertung – insbesondere mittels neuronaler Netze – besteht die Gefahr des Overfittings der Daten. Dieses Problem, welches auch als Capitalization on Chance oder Bias-Varianz-Dilemma bezeichnet wird, tritt auf, wenn zufällige Variationen im (Trainings-)Datensatz durch das

Modell miterfasst werden. In diesem Fall prognostiziert das neuronale Netz zwar die Daten der ursprünglichen Stichprobe sehr gut. Die Werte einer neuen – aus der Population (Grundgesamtheit) gezogenen – Stichprobe können jedoch nur schlecht vorhergesagt werden, da die zufälligen Variationen dort *nicht* mehr in gleicher Weise auftreten. Eine Verallgemeinerung des Modells auf die Grundgesamtheit ist folglich *nicht* statthaft. Zur Lösung des Overfitting-Problems kann entweder eine Replikation oder eine Kreuzvalidierung durchgeführt werden. Bei der Replikation nimmt man eine Untersuchungswiederholung vor, um zu überprüfen, ob die zuvor gefundenen Zusammenhänge wiedergefunden und somit verallgemeinert werden können. In ähnlicher Weise erfolgt die Kreuzvalidierung. Hier wird allerdings keine neue Stichprobe untersucht, sondern die bereits bestehende in zwei Mengen unterteilt. Die Trainingsmenge dient zur Berechnung der Modellparameter, während die Validierungsmenge die "Prüfstichprobe" für das Modell darstellt. Auf die Validierungsmenge wird das trainierte Netz angewandt ohne eine weitere Modifikation der Gewichte vorzunehmen (vgl. Trainings- und Testphase in Kapitel 1.6). Neben Replikation und Kreuzvalidierung kann zur Identifikation, ob ein Overfitting der Daten vorliegt, auch die Verwendung spezifischer, statistischer Kennwerte nützlich sein, die im Kapitel 6.3.6 eingehend erörtert werden.

- **Weitere Probleme:** Neben den bereits aufgeführten Aspekten existieren noch weitere Probleme im Kontext neuronaler Netze. So stehen beispielsweise häufig keine geeigneten, validen empirischen Datensätze zum Training des neuronalen Netzes zur Verfügung. Auch die Wahl des richtigen Parameters, z.B. des Lernparameters, erweist sich oft als schwierig, ebenso wie die Interpretation der Netzgewichte bzw. des gesamten neuronalen Netzes.

Exkurs: Falsifizierbarkeit

In der Wissenschaftstheorie kann man die Konzepte Verifikation und Falsifikation voneinander unterscheiden:

- **Verifikation:** Unter Verifikation eines Sachverhaltes versteht man den Nachweis, dass dieser richtig ist.

- **Falsifikation:** Als Falsifikation wird der Nachweis bezeichnet, dass ein Sachverhalt falsch ist.

Karl R. Popper (z.B. 1996) behauptet, dass eine Hypothese bzw. ein Modell oder eine Theorie niemals verifiziert, sondern immer nur falsifiziert werden kann. Ein typisches Beispiel von Popper stellt die Hypothese "Alle Schwäne sind weiß" dar. Egal wie viele weiße Schwäne man beobachtet, die man zur Verifikation der Hypothese anführt, es kann immer ein schwarzer Schwan auftauchen, der die These endgültig falsifiziert. Besonders bedeutsam ist hierbei das Wort "endgültig": Poppers Argumentation folgend ist allenfalls eine *vorläufige* Verifikation, nie aber eine *endgültige* möglich.

Poppers Ansatz kann in verschiedener Hinsicht kritisiert werden (z.B. Feyerabend, 1976; Kuhn, 1967; Lakatos, 1976), wobei die einzelnen wissenschaftstheoretischen Positionen an dieser Stelle nicht weiter erörtert werden sollen. Stattdessen soll ein einfaches Gegenbeispiel dazu dienen, die Position von Popper zu problematisieren: Der Satz "Es gibt schwarze Schwäne" stellt eine in der Psychologie gängige Hypothesenformulierung in Form einer Existenzaussage wie "Es gibt einen Effekt bzw. es gibt einen Zusammenhang zwischen x und y" dar. Dieser Satz kann verifiziert werden, indem man (mindestens) einen schwarzen Schwan findet, jedoch kann er *nicht* falsifiziert werden, da man noch so viele weiße Schwäne beobachten kann, niemals wird man sich sicher sein können, dass nicht doch ein schwarzer Schwan existiert.

Des Weiteren ist zu beachten, dass Messfehler (Der arme weiße Schwan wurde nur schwarz angepinselt) in den oben dargestellten Ausführungen unberücksichtigt geblieben sind. So ist davon auszugehen, dass eine endgültige und unumstößliche Verifikation oder Falsifikation in empirischen Wissenschaften allein deshalb kaum möglich sein dürfte.

Darüber hinaus handelt es sich bei dem Bemühen um Verifikation und Falsifikation um einen idealtypisch ablaufenden Forschungsprozess. Häufig geht es jedoch nicht nur darum, ob Schwäne tatsächlich weiß oder schwarz sind, sondern (auch) um die Verteilung von Geldern, Macht und anderen Ressourcen. Derartige Ziele können den eigentlichen Erkenntnisfortschritt massiv beeinflussen.

4.5 Zusammenfassung

Der nachfolgende visuelle Strukturüberblick (siehe Abbildung 51) fasst die zentralen Konzepte des Kapitels "Eigenschaften" als concept map zusammen. Eine concept map ist eine Begriffstrukturdarstellung, die aus Knoten, welche Personen, Objekte oder Konstrukte repräsentieren und gerichteten Kanten, die die Beziehungen zwischen den Knoten darstellen, besteht.

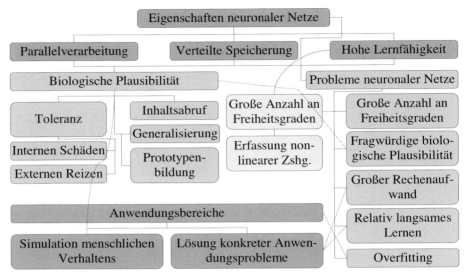

Abbildung 51: Concept map zum vierten Kapitel Eigenschaften.

Die dargestellte concept map in Abbildung 51 ist in mehrere Teilbereiche unterteilt, die an dieser Stelle näher beschrieben werden sollen:

- **Zentrale Eigenschaften neuronaler Netze:** Zu den zentralen Eigenschaften neuronaler Netze zählen Parallelverarbeitung, verteilte Speicherung und hohe Lernfähigkeit. Bereits diese Eigenschaften sprechen für die biologische Plausibilität neuronaler Netze.

- **Biologische Plausibilität:** Die biologische Plausibilität wird durch die Toleranz gegenüber internen Schäden und externen Fehlern, den Inhaltsabruf (content addressability), die Generalisierung bzw. Kategorienbildung sowie den Output der zentralen Tendenz bzw. des Prototypen der Kategorie untermauert. Bei bestimmten Netztypen ist die biologische Plausibilität jedoch nicht gewährleistet, beispielsweise bei solchen, die auf das Backpropagation Verfahren (siehe Kapitel 2.6) als Lernregel zurückgreifen. Daher wurde eine Verbindung zur fragwürdigen biologischen Plausibilität neuronaler Netze eingezeichnet.

- **Weitere Eigenschaften neuronaler Netze:** Neben der biologischen Plausibilität lassen sich auch noch weitere Eigenschaften neuronaler Netze anführen, die im mittleren Bildbereich der Abbildung 51 dargestellt sind. Hier ist u.a. die Erfassung nonlinearer Zusammenhänge sowie die große Anzahl an Freiheitsgraden zu nennen. Letztere bedingt z.T. die hohe Lernfähigkeit sowie die Erfassung nonlinearer Zusammenhänge, kann aber auch Nachteile mit sich bringen (Stichwort: Falsifizierbarkeit).

- **Probleme neuronaler Netze:** Bei den Problemen neuronaler Netze kann man neben den bereits angesprochenen vielen Freiheitsgraden und der fragwürdigen biologischen Plausibilität auch den großen Rechenaufwand, den oftmals relativ langsamen Lernfortschritt sowie das Problem des Overfittings nennen.

- **Anwendungsbereiche:** Nicht unmittelbar zu den Eigenschaften zählend finden sich die beiden Anwendungsgebiete neuronaler Netze in dieser Begriffsstrukturdarstellung.

  - **Simulation menschlichen Verhaltens:** Dieser Unterpunkt lässt sich unmittelbar mit der biologischen Plausibilität verknüpfen. Es ergeben sich jedoch auch Probleme aufgrund der großen Anzahl an Freiheitsgraden und der fragwürdigen biologischen Plausibilität wie beispielsweise beim Backpropagation Verfahren (siehe Kapitel 2.6).

  - **Lösung konkreter Anwendungsprobleme:** Im Gegensatz dazu zeichnen sich neuronale Netze zur Lösung konkreter Anwendungsprobleme durch ihre hohe Lernfähigkeit und der großen Anzahl an Freiheitsgraden aus, der in diesem Anwendungsfall oftmals von Vorteil ist. Als Nachteile sind hier u.a. der vergleichweise große Rechenaufwand und das relativ langsam voranschreitende Lernen zu nennen.

4.6 Übungsaufgaben

1. Welche Eigenschaften besitzen neuronale Netze?

2. Welche Bedeutung besitzen die Begriffe Parallelverarbeitung und verteilte Speicherung und welche Antonyme (Gegenwörter, z.B. Hell – Dunkel) existieren zu den Begriffen?

3. Welche Vor- und Nachteile kann eine verteilte Speicherung von Informationen mit sich bringen?

4. Wie werden in heutigen Computerprogrammen Berechnungen vorgenommen?

5. Welche Eigenschaften neuronaler Netze sprechen für deren biologische Plausibilität?

6. Inwiefern ist die biologische Plausibilität von neuronalen Netzen fraglich?

7. Was ist der Unterschied zwischen Toleranz gegenüber internen Schäden und externen Fehlern?

8. Was bedeutet Inhaltsabruf im Kontext neuronaler Netze?

9. Was ist der Unterschied zwischen Variablen, Parameter und Konstanten?

10. Welche Probleme können bei neuronalen Netzen auftreten?

11. Inwiefern ist es schwierig, Modelle, die auf neuronale Netze zurückgreifen, zu falsifizieren?

12. Was ist mit dem Begriff Overfitting gemeint?

13. Auf welche Anwendungsbereiche lassen sich die einzelnen Probleme, die bei neuronalen Netzen auftreten können, beziehen?

14. Was bedeutet der Begriff Verifikation?

5 Anwendungen

5.1 Übersicht und Lernziele

Das fünfte Kapitel stellt ausgewählte Anwendungsbeispiele zur Simulation menschlichen Verhaltens und Erlebens mittels neuronaler Netze dar.

Folgende Lernziele sind Bestandteil dieses Kapitels:

- In welchen Bereichen der Psychologie können neuronale Netze u.a. eingesetzt werden?
- Wie sind die neuronalen Netze in den einzelnen Anwendungsbeispielen aufgebaut?
- Welche Ergebnisse können mit den Modellen erzielt werden?
- Welche Vor- und Nachteile besitzen neuronale Netze dieses Kapitels im Gegensatz zu anderen Erklärungsmodellen?
- Welche Kritikpunkte können gegen die Modelle zu den einzelnen Anwendungsbeispielen aufgeführt werden?

5.2 Einleitung

Auf den folgenden Seiten werden verschiedene Anwendungen exemplarisch dargestellt. Die vorgestellten Beispiele beziehen sich ausschließlich auf neuronale Netze, die modelliert wurden, um das menschliche Verhalten und Erleben bzw. die diesen zugrunde liegenden Gehirnprozesse besser zu verstehen (siehe Kapitel 1.2). Andere wichtige Anwendungsbereiche, z.B. die Datenauswertung mittels neuronaler Netze sind *nicht* Gegenstand dieses Kapitels (siehe Kapitel 6 zur Datenauswertung).

Folgende Anwendungsbeispiele werden besprochen:

- **Farbkonstanz:** Hier wird das Phänomen der Farbkonstanz erörtert, das bei der Wahrnehmung von Farben auftritt.
- **Routinetätigkeiten:** In diesem Anwendungsbeispiel wird die Repräsentation und Ausführung von Routinetätigkeiten thematisiert.
- **Autismus:** Das Unterkapitel beschäftigt sich mit der tiefgreifenden Entwicklungsstörung "Autismus".

- **Serielles Lernen:** Bei diesem Anwendungsbeispiel wird die Speicherung von Informationen im Kurzzeitgedächtnis simuliert.

- **Spielkarten sortieren:** Der Wisconsin Card Sorting Test (WCST), der als neuropsychologischer Test zur Überprüfung kognitiver Funktionen des präfrontalen Cortex (PFC) eingesetzt wird, ist Gegenstand dieses Kapitels.

- **Zahlenrepräsentation:** Das letzte Anwendungsbeispiel befasst sich mit der Frage, wie Zahlen kognitiv repräsentiert werden.

Diese Themen werden jeweils in drei Schritten erörtert:

- **Ausgangssituation:** Zunächst führt eine kurze Einleitung in die Thematik des Anwendungsbeispiels ein. Hierbei wird die Ausgangsbasis der Simulationsstudie geschildert.

- **Netzaufbau:** In einem zweiten Schritt wird der Aufbau des neuronalen Netzes dargestellt. Dabei werden die verwendeten Input-, Hidden- und Output-Schichten eingehend erörtert sowie die konkrete Durchführung der Simulation thematisiert.

- **Ergebnisse und Fazit:** Die Darstellung der Ergebnisse der Untersuchung bildet gemeinsam mit einem kurzen Fazit den Abschluss eines jeden Unterkapitels. Hier wird – neben der Würdigung der Simulationsstudie – auch kurz auf weiterführende Fragestellungen und Kritik zur Untersuchung eingegangen.

5.3 Farbkonstanz

5.3.1 Ausgangssituation

Dieses Anwendungsbeispiel bezieht sich auf das Phänomen der Farbkonstanz, das bei der Wahrnehmung von Farben auftritt.

Die Farbwahrnehmung stellt nicht nur für unser alltägliches Leben eine ästhetische Bereicherung dar, sondern dient auch der besseren Erkennung von Objekten und Mustern in unserer Umwelt. So können Menschen "nur" etwa 500 Helligkeitsabstufungen, jedoch mehr als sieben Millionen Farbabstufungen voneinander diskriminieren (Kandel et al., 1995). Das Wahrnehmen von Farbe dient folglich der Kontrasterhöhung.

Als Farbkonstanz bezeichnet man die wahrgenommene Stabilität einer Objektfarbe unter verschiedenen Beleuchtungsumgebungen (z.B. Stanikunas, Vaitkevicius & Kulikowski, 2004). Beispielsweise erscheint uns eine Zitrone gelb, unabhängig davon, ob wir diese bei Sonnenschein, unter einer herkömmlichen Glühbirne oder dem Licht einer Fluoreszenzlampe betrachten (Kandel et al., 1995). Stünden uns keine Informationen aus der Umgebung der Zitrone zur Verfügung, so müsste diese aufgrund des von ihr reflektierten Lichtes – genauer gesagt der Wellenlängenzusammensetzung dieses Lichtes – unterschiedliche Farben annehmen. Bei Sonnenlicht erschiene uns die Zitrone weißlich, unter der Glühbirne rötlich und unter der Fluoreszenzlampe bläulich (nicht sonderlich appetitlich).

Auch wenn wir uns in aller Regel auf das Phänomen der Farbkonstanz verlassen können, kann diese unter experimentellen Bedingungen aufgehoben werden (vgl. z.B. Goldstein, 2007). Selbst im Alltag, z.B. beim Kauf eines Pullovers, der im Geschäft unter künstlichem Licht mitunter ganz anders aussieht als später im Freien, ist die wahrgenommene Stabilität der Objektfarbe nicht immer gewährleistet (Kandel et al., 1995). Auch das Phänomen des Farbsimultankontrastes weist darauf hin, dass ein farbiges Objekt in Abhängigkeit des Hintergrundes unterschiedlich wahrgenommen wird. So wird ein graues Objekt auf einem violetten Hintergrund mit gelbem Farbstich versehen wahrgenommen, während sich auf gelbem Hintergrund ein Violettstich zeigt.

Dass ein Objekt – trotz der aufgeführten Ausnahmen – in aller Regel (in etwa) seine Farbe behält, ist deshalb erstaunlich, weil z.T. enorme Schwankungen in der Spektralverteilung der Umgebungsbeleuchtung (Sonnenschein vs. Glühbirne) auftreten. Diese Schwankungen führen dazu, dass auch das Objekt ganz unterschiedliche Wellenlängen des Lichtes reflektiert. Dennoch erscheint uns – bis auf wenige Ausnahmen – die Zitrone konstant in gelber Farbe (Kandel et al., 1995).

Das Phänomen der Farbkonstanz kann allgemein damit erklärt werden, dass das menschliche Gehirn die Informationen, die es aus der Wellenlängenzusammensetzung des reflektierten Lichtes des Objektes und seiner Umgebung erhält, weiterverarbeitet. Am Ende dieses Informationsverarbeitungsprozesses sollten sich Neuronen finden lassen, deren Antwortverhalten mit dem (subjektiven) Farbeindruck eines Objektes korrespondiert und nicht mehr mit der spezifischen Wellenlängenzusammensetzung des vom Objekt reflektierten Lichtes. Derartige Neuronen wurden tatsächlich entdeckt und zwar von Semir Zeki (1993) im visuellen Areal V4 des Cortex. Dort befindliche Zellen reagieren auf eine bestimmte, subjektiv wahrgenommene Farbe, z.B. Rot. Ein weiteres Indiz dafür, dass das Phänomen der Farbkonstanz auf Basis einer mehrstufigen Informationsverarbeitung zustande kommt, stellen Untersuchungen von Patienten mit spezifischen kognitiven Defiziten dar, wie beispielsweise dem farbenblinden Maler I. (siehe Exkurs: Eine farblose Welt. Der Fall des farbenblinden Malers I.).

Auch wenn davon ausgegangen werden kann, dass Neuronen im Areal V4 den vorläufigen Endpunkt (natürlich werden die Informationen von höheren Zentren des Gehirns noch weiterverarbeitet) des Informationsverarbeitungsprozesses darstellen, so scheint bis heute ungeklärt, wie dieser Prozess (von Areal V1 und V2 zu Areal V4) auf neuronaler Ebene genau abläuft (vgl. hierzu z.B. Goldstein, 2007). Stanikunas, Vaitkevicius und Kulikowski (2004) haben daher den Versuch unternommen, den Prozess mit Hilfe eines künstlichen neuronalen Netzes zu simulieren, um dadurch ein tieferes Verständnis über das Phänomen der Farbkonstanz zu erlangen.

Exkurs: Eine farblose Welt. Der Fall des farbenblinden Malers Jonathan I.

Jonathan I. war ein Maler, der im Alter von 65 Jahren durch einen Autounfall eine totale Achromatopsie – eine vollständige Farbenblindheit – erlitt.

Nach dem Unfall war für ihn besonders frustrierend festzustellen zu müssen, dass die Ölgemälde und abstrakten Farbaquarelle in seinem Atelier für ihn – nunmehr völlig farblos – kaum wiederzuerkennen waren. Aber auch Menschen erschienen ihm – der Fleischfarbe der menschlichen Haut beraubt – wie "lebendige, graue Statuen" und "rattenfarben". Zum Essen musste Jonathan I. die Augen schließen, da ihm die Speisen tot und ekelhaft erschienen. Allerdings half dies nur wenig, da auch seine mentalen Bilder farblos geworden waren. Ihm kam es so vor, als lebte er in einer Welt, die "in Blei gegossen" sei. Jahre nach seinem Unfall wich die Frustration von Jonathan I. ebenso wie der Ekel gegenüber menschlicher Haut und farblosen Speisen. Er veränderte seine Gewohnheiten und wurde, wie er selbst sagte, ein "Nachtmensch".

Als Erklärung für die Farbenblindheit von Jonathan I. konnte eine netzhautbedingte Ursache ausgeschlossen werden, da zum einen ein langsamer Zerfall der Netzhautzapfen mit der abrupten Farbenblindheit von Jonathan I. unvereinbar war, zum anderen bei Betrachtung des Farbspektrums seine Wahrnehmung *keine* Übereinstimmung mit dem eines Netzhaut-Farbenblinden aufwies. Zwar konnte die mutmaßlich vorhandene Hirnläsion des Malers mittels Computer-Axial-Tomographie (CAT) und Kernspintomographie (NMR) *nicht* lokalisiert werden. Mit Hilfe komplexer Farbwahrnehmungstests von Edwin Land und Semir Zeki gelang jedoch der Nachweis, dass Jonathan I. Licht unterschiedlicher Wellenlängen weitestgehend voneinander unterscheiden, diese jedoch nicht in Farbe "übersetzen" konnte. Dies lässt nicht nur auf einen Defekt in weiterverarbeitenden Bereichen des Gehirns schließen, sondern weist auch darauf hin, dass die Farbwahrnehmung einem mehrstufigen Informationsverarbeitungsprozess unterliegt (siehe "Der farbenblinde Maler" von Oliver Sacks und Robert Wassermann, siehe auch Kandel et al., 1995).

5.3.2 Netzaufbau

Das von Stanikunas, Vaitkevicius und Kulikowski (2004) verwendete neuronale
Netz stellte ein Feedforward-Netz dar, wobei neben der Input- und Output-Schicht
zwei weitere Hidden-Schichten zum Einsatz kamen (siehe Abbildung 52):

- **Input-Schicht**[6]: Die Input-Schicht umfasste insgesamt sechs Input-Units und
ließ sich in zwei Farbkanäle unterteilen, die jeweils drei Units umfassten:

  - **R-Zapfen:** Diese Unit produzierte im künstlichen neuronalen Netz auf
  Zahlen, die Licht einer langen Wellenlänge repräsentierten, einen besonders starken Output und reagierte im Bereich langer Wellenlängen besonders sensitiv. Analog dazu gibt es auch im menschlichen Auge einen solchen Zapfen, der ebenfalls auf sichtbares Licht mit einer längeren Wellenlänge reagiert und somit hauptsächlich für die Wahrnehmung von Rot verantwortlich ist.

  - **G-Zapfen:** G-Zapfen (G für Grün) sprachen besonders auf den mittleren
  Wellenbereich des sichtbaren Lichtes an, so dass diese Zapfen sowohl im
  menschlichen Auge als auch in dem künstlichen neuronalen Netz besonders sensitiv auf eine solche mittlere Wellenlänge reagieren.

  - **B-Zapfen:** Die kürzeste Wellenlänge wurde durch die B-Zapfen abgedeckt. Die Zapfen waren folglich besonders sensitiv für die Farbe Blau.

  Die Unterscheidung dreier Zapfen beruht auf dem britischen Physiker Sir Thomas Young, der zu Beginn des 19. Jahrhunderts drei Arten von Lichtsinneszel-
  len für die Farbwahrnehmung postulierte. In den sechziger Jahren des 19. Jahrhunderts konnte diese Theorie – als Young-Helmholtz-Dreifarbentheorie bezeichnet – durch direkte Messungen der Absorptionsspektren der Sehfarbstoffe
  in den Zapfen der menschlichen Retina bestätigt werden (Kandel et al., 1995).

- **Erste Hidden-Schicht:** Die erste Hidden-Schicht war durch zuvor festgelegte,
unveränderbare Gewichte mit den Input-Units verbunden. Es wurden drei verschiedene Typen von Gegenfarbenzellen unterschieden:

  - **R-G:** Bei dem Typ "R-G" standen sich die Farben Rot und Grün gegenüber. Im künstlichen neuronalen Netz wurden drei Zahlwerte, die die kurzen, mittleren und langen Wellenlängen repräsentierten so verrechnet, dass
  diese Unit durch die Farbe Rot (genauer gesagt durch lange Wellenlängen)

---

[6] Zu beachten ist, dass es sich im menschlichen Auge bei den Zapfen *nicht* um Neuronen, sondern um
Photorezeptoren handelt. Auch im künstlichen Netz von Stanikunas, Vaitkevicius und Kulikowski (2004)
fungierten diese Zapfen lediglich als vorverarbeitende Rezeptoren, während die Gegenfarbenzellen der
ersten Hidden-Schicht als Input-Units bezeichnet wurden. Somit ist die hier verwendete Bezeichnung
"Input-Units" für die R-, G- und B-Zapfen nicht ganz zutreffend, bietet sich jedoch bei der Darstellung
des neuronalen Netzes (siehe Abbildung 52) unmittelbar an.

aktiviert und durch die Farbe Grün (genauer gesagt durch mittlere Wellenlängen) gehemmt wurde. Die kurze Wellenlänge ("Blau") hatte bei der Berechnung nur einen äußerst geringfügigen Einfluss.

- **B-G:** Die Unit, die das Gegensatzpaar Blau-Gelb (G steht hier *nicht* für
  Grün, sondern für Gelb!) symbolisierte, wurde ebenfalls von den R-, G-
  und B-Zapfen gespeist. Der B-Zapfen, d.h. die kurze Wellenlänge, besaß
  im künstlichen Netz auf diese Gegenfarbenzelle einen stark hemmenden
  Einfluss, während R- und G-Zapfen (lange und mittlere Wellenlängen) jeweils einen moderaten aktivierenden Einfluss aufwiesen. Wurden beide
  Wellenlängen aktiviert, so addierte sich dieser Einfluss entsprechend. Dies
  war vor allem bei der Farbe Gelb der Fall, die sich ungefähr *zwischen* (bezüglich der Wellenlänge!) den Farben Rot und Grün befand.

- **S-W:** Das Gegensatzpaar Schwarz-Weiß war nur mit den R- und G-
  Zapfen durch positive Gewichte verbunden (siehe Abbildung 52). Weißes
  Licht, welches die R- und G-Zapfen in etwa in gleichem Maße aktivierte
  (Kandel et al., 1995), führte zu einer Aktivierung dieser Unit. Wurde kein
  Licht dargeboten, so blieb eine Aktivierung aus.

Die Annahme dieser aufgeführten Gegenfarbenzellen griff auf die Gegenfar-
bentheorie des deutschen Physiologen Ewald Hering aus dem Jahr 1877 zurück
(Kandel et al., 1995). Später konnten entsprechend arbeitende Ganglienzellen
in der Retina und Neuronen des Corpus geniculatum laterale detektiert werden,
die diese Theorie stützten (DeValois & Jacobs, 1968).

- **Zweite Hidden-Schicht:** Die zweite Hidden-Schicht umfasste fünf Hidden-
  Units, die vollständig mit den sechs Gegenfarbenzellen der ersten Hidden-
  Schicht verbunden waren (siehe Abbildung 52). Sämtliche Gewichte zwischen
  diesen beiden Schichten konnten in der Trainingsphase (siehe Kapitel 1.6) modifiziert werden.

- **Output-Schicht:** Auch die Output-Schicht war vollständig mit der zweiten
  Hidden-Schicht verbunden (siehe Abbildung 52), wobei hier ebenfalls alle Gewichte veränderbar waren. Der Output-Vektor wurde mit Hilfe der drei Output-
  Units gebildet, der – stark vereinfacht dargestellt – den Farbeindruck eines Objektes (siehe Kapitel 5.3.1) als Zahlenwert beschreiben und somit Neuronen im
  visuellen Areal V4 repräsentieren sollte.

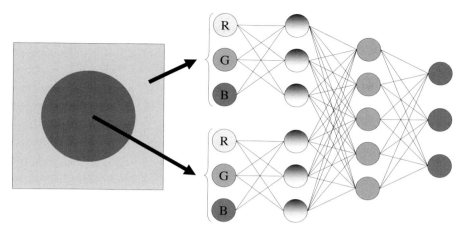

Abbildung 52: Schematische Darstellung des Netzaufbaus zur Simulation der Farbkonstanz. Die Beschreibung der einzelnen Units ist dem Text zu entnehmen.

Wie in Abbildung 52 erkennbar, wurde das Netz in zwei Verarbeitungspfade unterteilt. Der obere Pfad der Abbildung 52 griff auf Farbinformationen des Hintergrundes zurück, während der untere Pfad die Farbe des betrachteten Objektes analysierte.

Dem neuronalen Netz wurde das Objekt in der Trainingsphase unter 40 verschiedenen Farben (nach dem Farbsystem von Munsell) dargeboten, während die Farbe des Hintergrundes *nicht* variierte. Jedoch konnte auch das vom Hintergrund reflektierte Licht in Abhängigkeit der verwendeten Beleuchtung unterschiedliche Wellenlängen annehmen. Insgesamt kamen in verschiedenen Trainingsdurchläufen maximal neun verschiedene Beleuchtungen zum Einsatz. Neben zwei verschiedenen Standardbeleuchtungen wurde eine bläuliche, grünliche, bläulich-grünliche, gelbliche und rötliche Beleuchtung verwendet sowie zwei violett getönte Lichtquellen. Ziel des Trainings war die korrekte Identifikation der Objektfarbe unter diesen unterschiedlichen Beleuchtungsbedingungen. Auf weitere Variationen in der Trainingsphase (z.B. das Trainieren des Netzes unter Abwesenheit des Hintergrundreizes) soll an dieser Stelle nicht näher eingegangen werden.

In der Trainingsphase wurden die korrekten Output-Werte vorgegeben (supervised learning, siehe Kapitel 1.6) und die variablen Gewichte mit Hilfe der Backpropagation Lernregel (siehe Kapitel 2.6) angepasst (Stanikunas et al., 2004). Die Trainingsphase wurde nach 2500 Epochen abgebrochen.

Als Aktivitätsfunktion wurde auf die logistische Funktion zurückgegriffen (siehe Kapitel 1.5.3).

5.3.3 Ergebnisse und Fazit

Von den umfangreichen Befunden der Arbeit von Stanikunas, Vaitkevicius und Kulikowski (2004) soll an dieser Stelle nur Bezug zu einigen ausgewählten Ergebnissen genommen werden:

- Wenn in der Trainingsphase nur wenige (z.B. zwei) Beleuchtungen zum Einsatz kommen, sind die Fehlerwerte in der Testphase nur dann gering, d.h. es zeigt sich lediglich dann das Phänomen der Farbkonstanz, wenn die Prüfung unter den trainierten Beleuchtungsbedingungen erfolgt. Werden anstelle dieser bekannten Ausgangsreize (siehe Kapitel 1.6) neue Reize, d.h. unbekannte Beleuchtungen dargeboten, so zeigen sich um das 100fach erhöhte Fehlerwerte. Mit anderen Worten: Eine Generalisierung der erlernten Farbkonstanz findet beim Training unter wenigen Beleuchtungsbedingungen *nicht* statt.

- Sofern mindestens fünf verschiedene Beleuchtungsbedingungen in der Trainingsphase zur Verfügung stehen und diese relativ gleichmäßig über den Farbraum verteilt sind, ist eine Generalisierung des Gelernten festzustellen. In diesem Fall zeigt sich Farbkonstanz auch unter neuen, dem Netz unbekannten Beleuchtungsbedingungen.

- Analysen trainierter Netze mit Objekten verschiedener Farbsättigung in der Trainingsphase zeigen wie erwartet, dass bessere Lernleistungen erzielt werden (d.h. Farbkonstanz in stärkerem Maße erreicht wird), wenn das Objekt eine hohe Farbsättigung aufweist. Dies liegt vermutlich daran, dass Objekte hoher Farbsättigung einen größeren Bereich des Farbraums abdecken (im Farbraum im hufeisenförmigen Randbereich zu finden).

- Farbkonstanz tritt erwartungsgemäß nur dann auf, wenn das Netz auf Farbinformationen des Hintergrundes zurückgreifen kann. Sofern der Hintergrund "ausgeschaltet" wird, gelingt es – auch unter mehr als fünf Beleuchtungsbedingungen – *nicht* mehr, das Phänomen der Farbkonstanz zu simulieren. Genauere Analysen der Gewichte des künstlichen Netzes zeigen, dass das Netz Farbkonstanz erreicht, indem es Farbunterschiede zwischen dem Objekt und seinem Hintergrund berechnet.

- Vergleicht man die Ergebnisse des künstlichen neuronalen Netzes mit Untersuchungsbefunden zur Farbkonstanz bei menschlichen Probanden (Kulikowski & Vaitkevicius, 1997), so zeigen sich trotz vereinzelter Unterschiede große Gemeinsamkeiten bei der Farbeinschätzung von Objekten unter verschiedenen Beleuchtungsbedingungen. Auf Basis der Befunde des künstlichen Netzes kann vermutet werden, dass das menschliche Sehsystem zwei separate, jedoch gleichzeitig ablaufende Berechnungen durchführen muss, damit das Phänomen der Farbkonstanz auftritt: Zum einen muss die Farbe des Hintergrundes eines Objektes näherungsweise geschätzt werden und zum anderen ist die Farbdifferenz zwischen dem Objekt und seinem Hintergrund zu bestimmen.

Als Fazit lässt sich festhalten, dass das neuronale Netz von Stanikunas, Vaitkevicius und Kulikowski (2004) einen interessanten Ansatz zum Thema Farbkonstanz darstellt. Zudem scheint der Ansatz, Farbkonstanz mittels neuronaler Netze zu erforschen, vielversprechend. Ein tieferes Verständnis dieses Phänomens hat zudem unmittelbare Implikationen u.a. auf die Simulation des menschlichen Auges bei Robotern, aber auch beispielsweise bezüglich der Möglichkeit verschiedener Beleuchtungen in Umkleidekabinen von Modehäusern.

Außerdem könnten weitere Untersuchungen und Simulationsstudien zum Thema Farbkonstanz beispielsweise die Frage klären, wie die sogenannte Gedächtnisfarbe eines Objektes die beiden oben dargestellten Berechnungen für die Farbkonstanz beeinflusst. Als Gedächtnisfarbe bezeichnet man den für das Objekt prototypischen Farbton, z.B. rote Tomaten oder grünes Gras. In Untersuchungen sollten Versuchspersonen die wahrgenommene Farbe verschiedener Gegenstände durch den Vergleich mit einer variablen farbigen Lichtquelle einstellen (siehe z.B. Delk & Fillenbaum, 1965; Goldstein, 2007). Dabei zeigt sich, dass Objekten, zu denen vermutlich eine bestimmte Gedächtnisfarbe existiert, ein intensiverer Farbton zugeordnet wird als bei dargestellten Objekten gleicher Farbe, zu denen keine Gedächtnisfarbe vorhanden war (z.B. einfache geometrische Figuren).

Kritisch anzumerken ist an der Arbeit von Stanikunas, Vaitkevicius und Kulikowski (2004), dass es sich bei der Lernregel um supervised learning (siehe Kapitel 1.6) handelt. Möglicherweise tritt bei Menschen auch dann das Phänomen der Farbkonstanz in Erscheinung, wenn ihnen niemals jemand zuvor gesagt hat, welches der "richtige" Farbeindruck eines Objektes ist.

5.4 Routinetätigkeiten

5.4.1 Ausgangssituation

Das nun folgende Anwendungsbeispiel befasst sich mit der Repräsentation und Ausführung von Routinetätigkeiten.

Morgens aufstehen, mit dem Auto zur Arbeit fahren, einen Tee kochen – all diese Tätigkeiten werden von uns (zumeist) mühelos und ohne größere Konzentration ausgeführt. Bei genauerer Analyse stellt sich jedoch heraus, dass derartige Tätigkeiten komplexer Natur sind, die ein kompliziertes Wechselspiel zwischen Wahrnehmungs-, Aufmerksamkeits-, Gedächtnis- und Bewegungsprozessen sowie vielen weiteren Prozessen erfordern. Insofern erscheint es sinnvoll, sich unter einer psychologischen Perspektive mit derartigen Tätigkeiten zu beschäftigen.

Zur Beschreibung von Routinetätigkeiten wurde und wird sehr häufig auf (sequentiell-)hierarchische Modelle zurückgegriffen. Hierarchische Modelle, die beispielsweise in der Arbeits-, Betriebs- und Organisationspsychologie besonders oft Verwendung finden (vgl. z.B. Hacker, 1999), beschreiben eine Tätigkeit mittels einer Baumstruktur (siehe Abbildung 53). An der Spitze dieser pyramidenartigen Struktur findet sich das oberste Ziel einer Tätigkeit, z.B. morgens aufzustehen. Dieses Ziel lässt sich in weitere Unterziele untergliedern, die sich ihrerseits wieder in Subziele differenzieren lassen. Auf der untersten Ebene dieser Verästelung finden sich Basiseinheiten, die beispielsweise einfachen Bewegungsabläufen entsprechen. Ihnen wird die geringste Komplexität zugeordnet, wobei sie zumeist zur Erreichung des höherstufigen Ziels unbewusst in sequentieller Weise abgearbeitet werden (siehe das nicht ganz ernstgemeinte Beispiel in Abbildung 53).

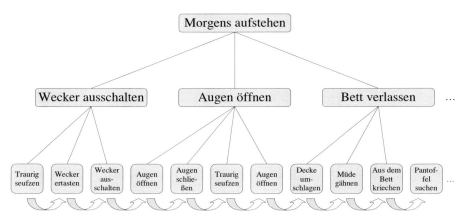

Abbildung 53: Beispielhafte, hierarchische Repräsentation der Routinetätigkeit "Morgens aufstehen".

Zusammenfassend lässt sich für hierarchische Modelle festhalten, dass sie von einer hierarchischen Repräsentation der Routinetätigkeiten ausgehen, deren Basiseinheiten sequentiell durchlaufen werden. Angenommen wird dabei, dass sich die Tätigkeit in diskrete Subziele untergliedern lässt, die ihrerseits wiederum in diskrete Untereinheiten aufgeschlüsselt werden können. Erst wenn alle Subeinheiten eines Ziels vollständig abgearbeitet wurden, gilt das Ziel als erfüllt und es kann das nachfolgende Ziel in Angriff genommen werden.

Hierarchische Modelle weisen zahlreiche Vorteile bei der Darstellung von Routinetätigkeiten auf. So können sowohl alltägliche Handlungsfehler (slips of action) als auch fehlerbehaftete Verhaltensweisen von Patienten mit bestimmten Gehirnschädigungen wie dem "Action Disorganization Syndrome" (ADS[7]) in diesen Modellen eingeordnet werden (Botvinick & Plaut, 2004).

---

[7] *Nicht* zu verwechseln mit der Aufmerksamkeitsdefizitstörung ADS!

Neben diesen Vorteilen besitzen hierarchische Modelle jedoch auch eine Reihe von Problemen:

- **Erlernen der hierarchischen Struktur:** Hierarchische Modelle bieten oftmals keine bzw. nur eine unbefriedigende Antwort auf die Frage, wie Menschen die hierarchische Struktur einer bestimmten Routinetätigkeit erwerben. Teilweise wird die benötigte Struktur ohne Beantwortung dieser Frage unmittelbar in das Verarbeitungsmodell integriert (vgl. direct design methods im Kapitel 1.6). Selbst wenn die Erwerbsphase im hierarchischen Modell Berücksichtigung findet, so basieren diese Ansätze auf der fragwürdigen Annahme, dass die Grenzen zwischen sämtlichen diskreten Einheiten (siehe Abbildung 53) *vor* der eigentlichen Lernphase eindeutig und rechtzeitig identifiziert werden können (Botvinick & Plaut, 2004). Diese Annahme ist jedoch aufgrund empirischer Befunde anzuzweifeln (siehe z.B. Morgan & Demuth, 1996). Geht man hingegen davon aus, dass die Identifikation der Grenzen der diskreten Einheiten vom Wissen der sequentiellen Struktur des jeweiligen Bereichs abhängig ist, so gerät man leicht in einen Zirkelschluss: Der Erwerb des Sequenzwissens hängt von der Fähigkeit ab, Ereignisgrenzen zu lokalisieren, aber diese Fähigkeit bedarf wiederum des Erwerbs des Sequenzwissens (Botvinick & Plaut, 2004).

- **Abarbeitung der Sequenz:** Ein weiteres Problem im Zusammenhang hierarchischer Modelle ergibt sich hinsichtlich der Abarbeitung einer Sequenz. Wie kann man beispielsweise erklären, dass nachfolgende Basiseinheiten erst dann aktiv werden, wenn alle vorangegangenen Einheiten abgearbeitet worden sind? Ein früher Ansatz dieses Problems sah laterale, inhibitorische Verknüpfungen (vgl. Kapitel 3.4) zwischen den Einheiten vor (Estes, 1972; Rumelhart & Norman, 1982). Die Annahme derartiger Verbindungen löst das Problem jedoch nur für Tätigkeiten, in denen eine (Basis-)Einheit nicht mehr als einmal in der Sequenz in Erscheinung tritt (Botvinick & Plaut, 2004). Auch neuere hierarchische Modellansätze haben bisher keine umfassend zufriedenstellende Lösung dieses Problems bereitstellen können (Botvinick & Plaut, 2004).

- **Erklärungen für fehlerhaftes Verhalten:** Auch wenn hierarchische Modelle fehlerhaftes Verhalten im Alltag sowie pathologisches Verhalten (siehe oben) im Modell integrieren können, so finden sich dennoch zwei empirische Befunde, die hierarchische Modelle bisher noch nicht reproduzieren können (Botvinick & Plaut, 2004). Erstens können die Modelle Fehlverhalten nicht ohne weitere Zusatzannahmen produzieren, bei dem ein Subziel mit sämtlichen Basiseinheiten zu einem späteren Zeitpunkt in der Handlungsabfolge wiederholt abgearbeitet wird. Eine solche Fehlhandlung wird auch als "recurrent perseveration" bezeichnet. Zweitens zeigt sich bei von ADS betroffenen Personen, die besonders viele Handlungsfehler generieren, dass deren Auslassungsfehleranteil deutlich höher im Vergleich zu ADS-Patienten mit weniger produzierten Handlungsfehlern ausfällt (Schwartz et al., 1998).

- **Beschreibung quasi-hierarchischer Strukturen:** Ein weiteres Problem hierarchischer Modelle zeigt sich bei der Beschreibung quasi-hierarchischer Strukturen. Beispielsweise wird ein Kellner, der für verschiedene Gäste den Kaffee serviert, diesen nicht immer in der gleichen Art und Weise zubereiten. So wird ein Kunde den Kaffee schwarz trinken wollen, der andere mit Milch, der dritte mit Milch und zwei Löffeln Zucker usw. Bei der Beschreibung dieser Routinetätigkeiten stellt sich die Frage, wie diese Variationen in einem hierarchischen Modell Berücksichtigung finden. Besitzt der Kellner lediglich ein einziges Modell für die Tätigkeit "Kaffee zubereiten", dann muss geklärt werden, wie die Variationen in diesem Modell zu integrieren sind. Existiert hingegen für jeden Kundenwunsch des Kellners ein separates hierarchisches Modell, so könnte man kritisieren, dass in diesem Fall eine unüberschaubare Anzahl an hierarchischen Modellen im menschlichen Gehirn abgespeichert sein müsste.

Um diese zahlreichen Nachteile zu überwinden, haben Botvinick und Plaut (2004) vorgeschlagen, bei der Beschreibung von Routinetätigkeiten anstelle hierarchischer Modelle auf rekurrente Netze (siehe Kapitel 3.4) zurückzugreifen.

5.4.2 Netzaufbau

Das rekurrente Netz von Botvinick und Plaut (2004) stellte ein "Simple Recurrent Network" (SRN) dar (siehe Kapitel 3.4.1), wobei dieses aus drei verschiedenen Schichten bestand (siehe Abbildung 54):

- **Input-Schicht:** Die Input-Schicht umfasste 39 Einheiten, wovon 20 Units verwendet wurden, um ein bestimmtes Objekt (z.B. Tasse oder Teebeutel) zu betrachten, während die verbleibenden 19 Einheiten angaben, welches Objekt aktuell mit der Hand festgehalten wurde.

- **Hidden-Schicht:** Es kamen insgesamt 50 Hidden-Neuronen zum Einsatz, die vollständig mit den Einheiten der Input- und Output-Schicht verbunden waren.

- **Output-Schicht:** In der Output-Schicht fanden sich 19 Units, die verschiedene Handlungen wie beispielsweise das Eingießen oder Umrühren einer Flüssigkeit repräsentierten. Die Tätigkeiten sollten an dem Gegenstand durchgeführt werden, der sich im Zentrum der Aufmerksamkeit befand (siehe Input-Schicht).

Dieses Netz (siehe Abbildung 54) sollte den Erwerb und die Durchführung der beiden Tätigkeiten "Kaffee und Tee kochen" simulieren. Damit das Netz wusste, welche der beiden Handlungen durchgeführt werden sollte, verwendete[8] man zwei In-

---

[8] Diese beiden Input-Units waren in den 20 Einheiten enthalten, die für die Betrachtung eines spezifischen Objektes verantwortlich waren. Die 19 Units, die das Festhalten eines bestimmten Gegenstandes repräsentierten, besaßen keine "Instruktionseinheiten". Stattdessen war lediglich eine Unit enthalten, die angab, dass aktuell nichts mit der Hand festgehalten wurde. Dies war auch der Grund, warum eine ungleiche Anzahl an Input-Units (einmal 20 und einmal 19) Verwendung fand.

put-Units als "Instruktionseinheiten" (Kaffee kochen vs. Tee kochen). In Abhängigkeit der durchzuführenden Tätigkeit wurde zu Beginn des Verarbeitungsprozesses eine der beiden Instruktionseinheiten *einmalig* aktiviert und verharrte danach in einem inaktiven Zustand, bis die gesamte Tätigkeit beendet und eine Neue (Kaffee oder Tee kochen) begonnen wurde.

Insgesamt wurden fünf verschiedene Simulationsphasen durchgeführt:

- **Simulation 1:** In der ersten Simulation wurde die fehlerfreie Ausführung zweier ähnlicher Alltagshandlungen (Kaffee und Tee kochen) durch das neuronale Netz abgebildet.

- **Simulation 1a:** Hier fand die Überprüfung einer quasi-hierarchischen Aufgabe statt (siehe Kapitel 5.4.1), indem Kaffee ohne Zucker, mit einem Löffel sowie mit zwei Löffeln Zucker zubereitet werden sollte.

- **Simulation 2:** In zweiten Simulation galt es, alltägliche Handlungsfehler (slips of action) nachzuahmen und diese Ergebnisse mit menschlichem Fehlverhalten zu vergleichen. Fehler wurden im neuronalen Netz durch Hinzufügen von Zufallszahlen der Aktivitätslevel in der Hidden-Schicht nach jedem Verarbeitungszyklus implementiert.

- **Simulation 2a:** Diese Simulation untersuchte, ob und wie Handlungsfehler in Abhängigkeit der relativen Aufgabenhäufigkeit variieren. Werden häufiger Fehler beim Kaffee kochen generiert, wenn für gewöhnlich nur Tee gekocht wird?

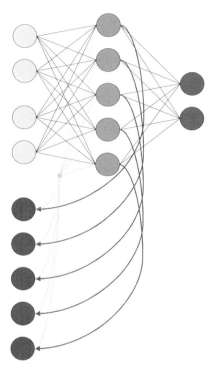

Abbildung 54: Schematische Darstellung eines SRNs zur Simulation von Routinetätigkeiten. Aus Gründen der Übersichtlichkeit werden Verbindungen von den Kontext- zu den Hidden-Units zurück "gebündelt" dargestellt.

- **Simulation 3:** In der letzten Phase der Serie sollte das Verhalten von ADS-Patienten (siehe Kapitel 5.4.1) simuliert und mit diesem verglichen werden.

In der Trainingsphase wurden die berechneten Output-Werte mit den Korrekten verglichen (supervised learning, siehe Kapitel 1.6) und die Gewichte mit Hilfe der "Backpropagation-through-time" Lernregel (siehe Kapitel 3.4.1) angepasst (Botvinick & Plaut, 2004). Zu beachten ist, dass der generierte Output teilweise als Eingabe der Input-Units für den nachfolgenden Schritt fungierte. Somit hätte man in

Abbildung 54 auch die Output-Units noch mit den Input-Units verbinden können. Die Trainingsphase wurde nach 20000 (Simulation 1 und 1a) bzw. 5000 (Simulation 2a) Epochen abgebrochen. In den Simulationen 2 und 3 wurde *kein* Training der Gewichte vorgenommen, sondern auf Basis der zuvor trainierten Gewichte, d.h. in einer Testphase (siehe Kapitel 1.6), das Verhalten des Netzes analysiert.

Der Lernparameter (siehe z.B. Kapitel 2.3) im verwendeten neuronalen Netz betrug $\varepsilon = 0.001$, wobei bei der "Backpropagation-through-time" Lernregel (siehe Kapitel 3.4.1) *kein* Momentum Term verwendet wurde. Als Aktivitätsfunktion kam die logistische Aktivitätsfunktion (siehe Kapitel 1.5.3) zum Einsatz.

5.4.3 Ergebnisse und Fazit

In den fünf verschiedenen Simulationsphasen ergeben sich zahlreiche Ergebnisse, wovon einige ausgewählte näher skizziert werden sollen:

- Dem neuronalen Netz gelingt es, die beiden Tätigkeiten, Kaffee und Tee kochen, zu erlernen und in der Testphase (siehe Kapitel 1.6) in Abhängigkeit der gewünschten Tätigkeit, die durch die entsprechende "Instruktionseinheit" vorgegeben wird, fehlerfrei zu reproduzieren. Folglich kann eine hierarchisch anordbare Aufgabenstruktur auch mit Hilfe eines *nicht* hierarchischen Modells wie dem vorgestellten rekurrenten Netz abgebildet werden.

- Eine genauere Analyse der Aktivitätszustände der 50 Hidden-Units zur Bestimmung, wie die Tätigkeit intern repräsentiert wird, ist – nicht nur im vorliegenden Fall – besonders problematisch. Dies liegt daran, dass durch die 50 Neuronen ein 50-dimensionaler Zustandsraum aufspannt wird (Botvinick & Plaut, 2004), dessen Analyse und Visualisierung Schwierigkeiten bereiten können. Mit Hilfe eines statistischen Verfahrens, der sogenannten multidimensionalen Skalierung (MDS, siehe z.B. Backhaus, Erichson, Plinke & Weiber, 2006), gelingt es jedoch die hochdimensionale Repräsentation auf zwei Dimensionen zu reduzieren und dabei eine Vielzahl von Informationen aus den ursprünglichen Daten zu erhalten. Dabei zeigt sich beispielsweise, dass die Hinzugabe von Zucker in ähnlicher Weise repräsentiert wird, relativ unabhängig davon, ob Kaffee oder Tee gekocht wird. Diese Eigenschaft des neuronalen Netzes, die es von hierarchischen Modellen abgrenzt, wird als "representational shading" bezeichnet. Damit ist gemeint, dass die interne Repräsentation einer Teiltätigkeit – beispielsweise der Zuckerzugabe beim Kaffee kochen – in ähnlicher Form bei anderen Routinetätigkeiten, wie dem Tee kochen, vorgenommen wird. Die Repräsentation der Zuckerzugabe verschiebt sich lediglich geringfügig, ähnlich wie bei einem Schatten eines Objektes. Die Speicherung dieser Repräsentationen in einem *einzigen* Modell ist – wie in neuronalen Netzen typisch – verteilter und *nicht* wie in hierarchischen Modellen lokaler Natur (siehe Kapitel 4.3).

- Wie beim menschlichen Verhalten auch produziert das Netz besonders während der Übergänge zweier Subaufgaben, d.h. bei Beendigung einer Teilhandlung und dem Beginn einer neuen Teiltätigkeit, besonders häufig Fehler. Detailliertere Analysen zeigen, dass die Fehlerentstehung intern zumeist einige Schritte vor dem Übergang entsteht (zumeist im mittleren Bereich einer Teiltätigkeit), sich jedoch aufgrund der Akkumulation der Fehlerwerte erst später im "Verhalten" bemerkbar macht. Diese Analyse kann man als Ausgangspunkt für weitere Hypothesen zum menschlichen Fehlverhalten bei der Durchführung von Routinetätigkeit verwenden. So kann aufgrund der Ergebnisse des künstlichen Netzes angenommen werden, dass Menschen besonders im mittleren Segment einer Teiltätigkeit fehleranfällig für Ablenkungen sind und *nicht* – wie man auf Grundlage des Verhaltens schlussfolgern könnte – während des Übergangs zweier Teiltätigkeiten. Diese, durch die Simulation generierte neue Vorhersage konnte in einer Studie von Botvinick und Bylsma (2005) bestätigt werden.

- Des Weiteren werden – ebenfalls wie beim menschlichen Verhalten – vom künstlichen Netz vor allem Fehler generiert, bei denen die Teilhandlung zwar korrekt reproduziert wird, aber zum falschen Zeitpunkt beginnt. Außerdem stellt sich eine höhere Fehlerhäufigkeit ein, wenn die abzurufende Tätigkeit (z.B. Kaffee kochen) in der Trainingsphase (siehe Kapitel 1.6) im Vergleich zur "Konkurrenztätigkeit" (z.B. Tee kochen) seltener ausgeführt wurde.

- Die Simulation von Alltagsfehlern zeigt im Vergleich zu jener von ADS-Patienten einen scheinbar qualitativen Unterschied bezüglich des Zeitpunktes, zu dem der Fehler erscheint. Während Alltagsfehler in der Simulation vornehmlich an den Übergängen zweier Subaufgaben auftreten (siehe oben), so zeigen sich Fehler bei der Simulation von ADS-Patienten innerhalb einer Subaufgabe. Analysen des neuronalen Netzes legen jedoch nahe, dass Teiltätigkeiten innerhalb einer und am Übergang zweier Subaufgaben sich nicht qualitativ unterscheiden, sondern auf einem Kontinuum dargestellt werden können. Bei gewöhnlichen Alltagsfehlern sind die einzelnen "Fehlerterme" in den Teilhandlungen nur gering und müssen sich zuerst akkumulieren (siehe oben), bis sie Auswirkungen auf Verhaltensebene, d.h. die Ausgabe besitzen. An den Übergängen zweier Subaufgaben reicht bereits ein kleiner Fehlerwert aus, so dass der kumulierte Fehler hier augenscheinlich wird. Im Gegensatz dazu ist der Fehlerwert bei Simulation von ADS-Patienten noch vor dem Übergang zweier Subaufgaben groß genug, so dass ein fehlerhaftes "Verhalten" bereits hier zu Tage tritt (Botvinick & Plaut, 2004).

- Die Simulation des Fehlverhaltens von ADS-Patienten zeigt eine deutliche Übereinstimmung mit den empirischen Befunden von ADS-Patienten. So steigt der prozentuale Fehleranteil der Auslassungsfehler mit der Gesamtsumme der Handlungsfehler an (siehe Kapitel 5.4.1 und Abbildung 55). Das rekurrente Netz kann diesen Befund somit reproduzieren, während hierarchischen Modellen (Cooper & Shallice, 2000) dies *nicht* zu gelingen vermag.

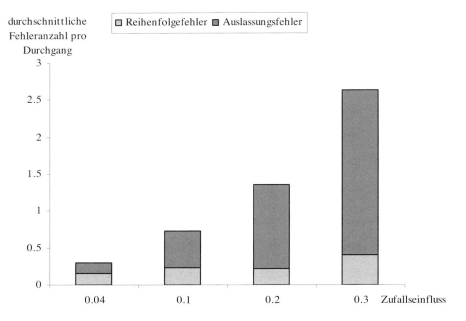

Abbildung 55: Säulendiagramm zur Darstellung der durchschnittlichen Fehleranzahl pro Durchgang in Abhängigkeit des Zufallseinflusses. Abbildung angelehnt an Botvinick und Plaut (2004).

Insgesamt kann das rekurrente Netz von Botvinick und Plaut (2004) für Routinetätigkeiten als alternativer Erklärungsansatz zu den herkömmlich verwendeten hierarchischen Modellen betrachtet werden. Dabei decken sich die Simulationsergebnisse des künstlichen Netzes z.T. besser mit den empirischen Befunden zu Routinetätigkeiten und dort enthaltenem Fehlverhalten als hierarchische Ansätze. Des Weiteren können auf Basis der Simulationsergebnisse auch neue Hypothesen abgeleitet werden, die sich in Untersuchungen überprüfen lassen. Einzelne dieser Hypothesen erfuhren dabei bereits empirische Stützung (siehe oben).

Neben einer weiterführenden Analyse menschlichen Fehlverhaltens mittels Simulation rekurrenter Netze böte sich auch die Anwendung dieser Netze auf *nicht* routinemäßig durchgeführte Tätigkeiten an (vgl. Botvinick & Plaut, 2004). So ist beispielsweise an Handlungen zu denken, die die Problemlösung betreffen. Möglicherweise greifen Menschen auch bei derartigen Tätigkeiten teilweise auf ihnen bekannte Routinehandlungen zurück (siehe z.B. Anderson & Lebiere, 1998; siehe z.B. Chapman & Agre, 1987).

Kritisch anzumerken ist, dass auch bei diesem Anwendungsbeispiel die überwachte (supervised learning, siehe Kapitel 1.6) Backpropagation Lernregel (siehe Kapitel 2.6) zum Einsatz kommt, deren biologische Plausibilität zumindest fragwürdig erscheint (siehe Kapitel 4.4). Positiv hervorzuheben ist in diesem Zusammenhang, dass die Autoren diesen Einwand selbst kritisch diskutieren und auf sequentielle Netze von Dominey (1998; Dominey & Ramus, 2000) verweisen, die mit Hilfe einer bestimmten Variante des verstärkenden Lernens (reinforcement learning, siehe Kapitel 1.6) trainiert wurden.

5.5 Autismus

5.5.1 Ausgangssituation

Das Kapitel 5.5 bezieht sich auf die autistische Entwicklungsstörung und erörtert den neuronale Netze Ansatz von Gustafsson und Papliński (2004), der einen tieferen Einblick in diese tiefgreifende Entwicklungsstörung ermöglichen soll.

Kennen Sie den Film "Rain Man"? Der Film aus dem Jahr 1988 handelt von dem Autisten Raymond, gespielt von Dustin Hoffman und seinem Bruder Charlie (Tom Cruise). Die in der Kindheit getrennten Brüder finden nach dem Tod ihres Vaters wieder zusammen und beginnen eine Reise mit dem Auto durch die USA. Dort erfährt Charlie, welche Schwierigkeiten sein autistischer Bruder, der zuvor in einer Klinik lebte, tagtäglich bereitet. So besteht Raymond beispielsweise auf das Ansehen bestimmter, täglich ausgestrahlter Fernsehsendungen sowie der absolut pünktlichen Einnahme seiner ausgewählten Mahlzeiten, da die Reise Raymond aufgrund des ungewohnten Tagesablaufs und der ständig wechselnden Umgebung ansonsten zu überfordern scheint. Neben diesen Schwierigkeiten werden aber auch die besonderen Fähigkeiten des Autisten dargestellt, der sich beispielsweise in kürzester Zeit umfangreiche Informationsbestände, wie Telefonbücher aneignen oder in Sekundenbruchteilen große Zahlen miteinander multiplizieren kann. Dustin Hoffman erhielt für die Rolle des Raymond als bester Hauptdarsteller einen Oskar – der Film, insgesamt achtmal nominiert, wurde in drei weiteren Kategorien ausgezeichnet und erhielt darüber hinaus zahlreiche weitere Filmpreise.

Nicht alle Autisten wie Raymond in Rain Man besitzen derart außergewöhnliche Fähigkeiten in einem eng umgrenzten Bereich wie dem Behalten von ganzen Telefonbüchern oder dem blitzartigen "Berechnen"[9] großer Zahlen. Derartige extreme Inselbegabungen (auch Savant-Syndrom genannt) sind sogar äußerst selten anzutreffen (derzeit weltweit etwa 100 bekannte Personen, während Autismus deutlich höher, nämlich bei 0.05% der Geburten auftritt). Wenn sie jedoch auftreten, dann geht diese Begabung häufig mit einer autistischen Entwicklungsstörung einher. So leiden schätzungsweise 50% der Savants auch unter Autismus. Trotz der herausragenden

---

[9] Man geht heute davon aus, dass derartige Inselbegabte keine "Berechnungen" durchführen, sondern stattdessen auf Basis ihres umfangreichen Wissensbestandes Teileelemente der Lösung erinnern, diese neu kombinieren und so die richtige Antwort produzieren können.

Fähigkeiten (siehe Exkurs "Die lebende Kamera. Der Fall des Inselbegabten Stephen Wiltshire") besitzen Savants ebenso wie Autisten einen IQ-Wert, der zumeist unter 70 Punkten liegt (bei Autisten etwa 80%). Eine allgemein anerkannte Erklärung des Phänomens der Inselbegabung existiert bis heute *nicht*.

Abbildung 56: Zeichnung von Stephen Wiltshire (mit freundlicher Genehmigung der "Stephen Wiltshire Gallery").

Exkurs: Die lebende Kamera. Der Fall des Inselbegabten Stephen Wiltshire

Bei Stephen Wiltshire – 1974 in London geboren – wurde im Alter von drei Jahren Autismus diagnostiziert, im selben Jahr als sein Vater bei einem Motorradunfall ums Leben kam. Wiltshire lernte zwar erst im Alter von 9 Jahren sprechen, dafür wurde sein Interesse (vor allem für Erdbeben, Autos und Gebäude) und Talent zu zeichnen, frühzeitig entdeckt und gefördert.

Wiltshire kann nach einmaligem Betrachten einer komplexen Szene, z.B. einer Stadt aus der Vogelperspektive, diese absolut detailgetreu und perspektivisch korrekt nachzeichnen (siehe auch Abbildung 56). Seine zwei Jahre ältere Schwester behauptet, Stephen sei wie ein Videorekorder. Im Mai 2005 erstellte Stephen Wiltshire beispielsweise eine Panoramazeichnung, die auf einer zehn Meter breiten Leinwand Tokio mit unzähligen Details zeigte und innerhalb von sieben Tagen auf Basis eines kurzen Helikopterrundfluges von ihm angefertigt worden war.

Aber auch imaginäre Szenen, wie die in Flammen aufgehende St. Paul's Cathedral in London vermag Wiltshire mit größter Detailtreue zu erstellen, wobei einige seiner Zeichnungen bereits in mehreren Kunstausstellungen gezeigt wurden.

Wie über Jonathan I. (siehe Kapitel 5.3.1) hat Oliver Sacks (1997) auch über Stephen Wiltshire geschrieben und zwar ein Kapitel in seinem Buch "Eine Anthropologin auf dem Mars".

Autismus stellt nach den gängigen Klassifikationssystemen für Krankheiten bzw. psychischen Störungen, dem Diagnostischen und Statistischen Manual Psychischer Störungen in der vierten Fassung (DSM-IV) und dem Internationalen Klassifikationssystem für Krankheiten in der zehnten Revision (ICD-10) eine tiefgreifende Entwicklungsstörung dar. Die bereits in der frühen Kindheit und bei Jungen im Vergleich zu Mädchen viermal so häufig auftretende Störung wurde von Kanner (1943) und Asperger (1944) erstmalig beschrieben und zeichnet sich u.a. durch folgende Symptome aus (Davison, Neale & Hautzinger, 2007):

- **Extrem autistische Einsamkeit:** Autistische Kinder wirken auf andere emotional unbeteiligt, vermeiden Augenkontakt und nehmen von sich aus kaum Kontakt zu anderen Kindern auf. Auch versuchen sie nur selten, die Eltern oder andere Kinder zum Spielen zu bewegen. Die Bindung zur Mutter ist im Vergleich zu nicht autistischen Kindern wesentlich weniger stark ausgeprägt. Stattdessen entwickeln sie zu unbelebten Gegenständen wie z.B. Kühlschränken oder Staubsaugern eine starke Bindung und tragen diese – sofern es ihre Größe erlaubt – mit sich herum.

- **Kommunikationsdefizite:** Beeinträchtigungen der Kommunikation können bei Autisten bereits vor dem normalen Spracherwerb festgestellt werden. So ist das Plappern von autistischen Kindern weniger häufig und informativ als bei Gleichaltrigen. 50% der Kinder mit einer autistischen Störung lernen überhaupt nicht sprechen, wobei die Sprache auch bei der anderen Hälfte zahlreiche Eigentümlichkeiten aufweist. So ist beispielsweise eine Echolalie zu beobachten, bei der die Kinder auf Fragen durch – mit hoher, monotoner Stimme vorgetragene – wortgetreue Wiederholung des Gesagten, ähnlich einem Echo, unmittelbar oder etliche Stunden später reagieren. Auch die Pronomen-Umkehr tritt bei Autisten auf. Dabei werden Äußerungen nicht in der ersten, sondern in der zweiten oder dritten Person getätigt (z.B. "Er (bzw. Du) hat die Nussecke bereits aufgegessen.").

- **Zwanghafte und rituelle Handlungen:** Wie im Film "Rain Man" dargestellt, reagieren autistische Kinder sehr stark auf Änderungen ihrer Umgebung und täglichen Routinetätigkeiten, beispielsweise in Form von Wut- oder Schreianfällen. Auch Stereotypien, seltsame, rituelle Hand- und Körperbewegungen, wie beispielsweise endloses Hände klatschen oder das ausgedehnte Drehen und Zwirbeln von Bindfäden sind zu beobachten.

Bezüglich der Ursachen für Autismus existieren verschiedene, z.T. kontrovers diskutierte Ansätze (Davison et al., 2007; Gustafsson & Papliński, 2004). Einigkeit herrscht darüber, dass Aufmerksamkeitsbeeinträchtigungen eine wichtige Rolle bei der autistischen Entwicklungsstörung spielen. Ungeklärt ist jedoch, ob derartige Defizite nur bei sozialen und/oder neuen Reizen in Erscheinung treten. Bezüglich der Vermeidung neuer Reize hatte bereits Leo Kanner (1943) bei der Darstellung von elf, unter Autismus leidenden Kindern auf eine geradezu zwanghafte Beharrlichkeit, vertraute Reize aufzusuchen, hingewiesen.

Neben Aufmerksamkeitsbeeinträchtigungen wurde auch postuliert, dass sogenannte Merkmalskarten im Kortex (cortical feature maps) autistischer Patienten unfähig zur Erstellung abstrakter Codes und Repräsentationen von Objekten und Ereignissen seien (Gustafsson & Papliński, 2004). Merkmalskarten repräsentieren bestimmte grundlegende und nutzbare Eigenschaften von Objekten, z.B. Farbe, Orientierung, Größe oder Entfernung. In Abhängigkeit dieser Objekteigenschaften sind die verschiedenen Merkmalskarten in unterschiedlichen Hirnarealen lokalisiert (siehe z.B. Kandel et al., 1995; Treisman, 1988). Die Simulation solcher kortikaler Merkmalskarten kann mit Hilfe von Kohonennetzen (siehe Kapitel 3.6) erfolgen. Im vorliegenden Beispiel untersuchen Gustafsson und Papliński (2004), wie Aufmerksamkeitsbeeinträchtigungen und Bevorzugung von vertrauten gegenüber neuen Reizen bei Autisten die adäquate Ausbildung der kortikalen Merkmalskarten (in den Simulationen in Form von Kohonennetzen realisiert) behindern können.

5.5.2 Netzaufbau

In insgesamt vier verschiedenen Simulationsreihen verwendeten Gustafsson und Papliński (2004) Kohonennetze mit vier (2 x 2) oder neun (3 x 3) Output-Units:

- **Input-Schicht:** In allen Simulationen kamen zwei Input-Units zum Einsatz, die den zweidimensionalen Inputreiz bildeten. Die beiden Units wurden in fast allen Simulationsreihen mit insgesamt 60 verschiedenen Reizen gefüttert. Diese 60 zweidimensionalen Vektoren ließen sich in sechs verschiedene Reizgruppen unterteilen, wobei die zehn Reize in jeder Gruppe untereinander sehr hohe Ähnlichkeiten aufwiesen, d.h. im zweidimensionalen Raum nahe beieinander lagen. Je zwei Zehnergruppen waren darüber hinaus im zweidimensionalen Raum relativ nahe beieinander platziert. Folglich wurden zwei Dreiergruppen, d.h. insgesamt sechs Reizuntergruppen dargeboten, die aus jeweils zehn zweidimensionalen Reizen bestanden.

- **Output-Schicht:** Die Output-Schicht umfasste vier (2 x 2) bzw. in der zweiten Simulation neun (3 x 3) Output-Units, die in rechteckiger (in Kapitel 3.6.3 als kreuzförmig bezeichnet) Form angeordnet waren (siehe Abbildung 57).

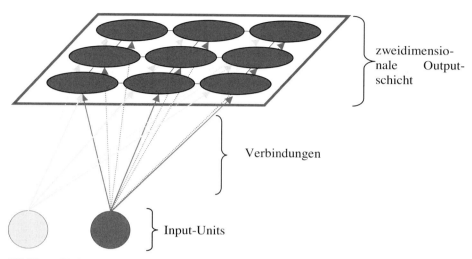

Abbildung 57: Schematische Darstellung des zweidimensionalen Kohonennetzes von Gustafsson und Papliński (2004), welches von einem zweidimensionalen Input gespeist wird und vier (2 x 2) bzw. in der vorliegenden Abbildung neun (3 x 3), kreuzförmig verbundene Output-Units enthält.

In den Simulationen wurden insgesamt vier verschiedene "Lernmodi" miteinander verglichen:

- **Normaler Modus:** Im normalen Modus wurden die zwei Dreiergruppen (siehe oben) in etwa gleicher Häufigkeit dargeboten, d.h. es wurde mit einer Wahrscheinlichkeit von 50% nach Präsentation eines Inputreizes aus einer der beiden Gruppen nachfolgend ein Reiz aus der jeweils anderen Gruppe vorgegeben.

- **Modus mit Aufmerksamkeitsbeeinträchtigung:** Im zweiten Modus betrug das Verhältnis zwischen den beiden Dreiergruppen nicht 50% zu 50%, sondern etwa 99.5% zu 0.5%. Dies bedeutet, dass ein Aufmerksamkeitswechsel zur anderen Reizgruppe nach jedem Inputreiz durchschnittlich nur in einem von 200 Fällen auftrat. Zusätzliche Simulationen, die im Vorfeld der eigentlichen Studie durchgeführt wurden, zeigten, dass größere oder kleinere Wahrscheinlichkeitsverhältnisse (anstelle der hier verwendeten 99.5% zu 0.5%) zu sehr ähnlichen Ergebnissen (siehe Kapitel 5.5.3) führten.

- **Modus mit Präferenz für vertraute Reize:** Dieser Modus begann wie der normale Modus, d.h. ein Aufmerksamkeitswechsel zur anderen Dreier-Reizgruppe erfolgte zu Beginn der Trainingsphase mit einer Wahrscheinlichkeit von 50%. Im Verlauf des Trainings bildete das Kohonennetz jedoch eine Präferenz für eine der beiden Reizgruppen aus und zwar in Abhängigkeit von der Vertrautheit mit diesen. Je vertrauter die Reizgruppe, d.h. je geringer die Distanz zwischen den Inputreizen einer Reizgruppe und den Gewichtsvektoren (siehe Kapitel 3.6.2), desto eher verblieb die "Aufmerksamkeit" auf der jeweiligen Reizgruppe und ein Aufmerksamkeitswechsel zur anderen Reizgruppe fand umso seltener statt.

- **Modus mit Aufmerksamkeitsbeeinträchtigung und Präferenz für vertraute Reize:** Hier wurden die beiden zuvor aufgeführten Modi miteinander kombiniert.

Diese vier verschiedenen Modi kamen in vier unterschiedlichen Simulationen zum Einsatz:

- **Simulation 1:** In der ersten Simulation wurde auf ein Kohonennetz mit vier Output-Units (2 x 2) zurückgegriffen.

- **Simulation 2:** Diese Simulation erfolgte analog zur ersten Simulation, nur dass hier die Output-Schicht neun (3 x 3) Neuronen umfasste.

- **Simulation 3:** Die dritte Simulation beinhaltete wieder vier Output-Einheiten (2 x 2), wobei hier eine der beiden Gruppen (siehe oben) nicht aus drei Reizuntergruppen mit je zehn Einzelreizen bestand, sondern zwei Untergruppen mit je 20 Einzelreizen beinhaltete. Durch die Zusammenfassung in nur zwei statt drei Reizuntergruppen sollte diese Gruppe in ihrer Variabilität reduziert werden.

- **Simulation 4:** Die letzte Simulation war identisch zur dritten, mit Ausnahme, dass hier lediglich der Modus mit Präferenz für vertraute Reize (siehe oben) analysiert wurde. Die anderen Modi gelangten hingegen nicht zum Einsatz. Zudem wurde die Bevorzugung für vertraute Reize im Vergleich zur dritten Simulation nur in abgeschwächter Form implementiert. Genauere Angaben zu dieser verringerten Bevorzugung sind dem Artikel nicht zu entnehmen.

Da es sich bei dem verwendeten Kohonennetz (siehe Kapitel 3.6) von Gustafsson und Papliński (2004) um unsupervised learning handelt (siehe Kapitel 1.6), wurde dem Netz keine korrekte Ausgabe vorgegeben, sondern die Reize wurden in Abhängigkeit ihrer Ähnlichkeit geclustert bzw. kartiert. Die Startgewichte wurden zufällig (vgl. Kapitel 3.6.2) in einem kleinen Bereich in der Mitte des zweidimensionalen Inputraumes initialisiert. Somit dehnte sich das Kohonennetz im Laufe des Trainings in ähnlicher Weise aus, wie in Abbildung 37 und Abbildung 38 des Kapitels 0 dargestellt. In den einzelnen Simulationen wurde das Kohonennetz über 1024 Epochen trainiert, wobei der anfängliche Lernparameter 0.01 (Startwert) betrug. Dieser wurde im Laufe des Trainings sukzessive reduziert, um eine Feineinstellung bei der Kartierung zu gewährleisten (siehe Kapitel 3.6.3).

Die Verringerung des Lernparameters erfolgte über folgende Formel:

$$\eta_n = \frac{\eta_0}{(1+0.01\cdot n)}$$

Dabei gilt:

- η_n = Lernrate zum Zeitpunkt der Epoche n

- n = aktuelle Epoche

Folglich lag der Lernparameter nach den 1024 Epochen bei ungefähr 0.009. Angaben zur Form und Stärke der Nachbarschaftsfunktion (siehe Kapitel 3.6.3) sind dem Artikel von Gustafsson und Papliński (2004) nicht zu entnehmen.

5.5.3 Ergebnisse und Fazit

U.a. können in den Simulationsstudien von Gustafsson und Papliński (2004) folgende Ergebnisse erzielt werden:

- Im normalen Lernmodus als auch im Modus mit Aufmerksamkeitsbeeinträchtigung zeigt sich, dass die zwei verschiedenen Reizgruppen (bestehend aus jeweils drei Zehner-Reizen bzw. in der dritten und vierten Simulation aus drei Zehner- und zwei 20er-Reizen) hinreichend erfasst werden. In Abbildung 58 ist dies an der Ähnlichkeit der beiden Linienverläufe abzulesen. Diese Linien werden mit Hilfe der vier (2 x 2) Output-Units gebildet, die in der Abbildung als "✳" anhand ihrer beiden zugehörigen Gewichte im zweidimensionalen Raum eingezeichnet sind. Erkennbar ist, dass die zwei Reizgruppen, für deren Einzelreize die Symbole "+" und "○" Verwendung fanden, im ersten und zweiten Modus durch das Kohonennetz "adäquat" repräsentiert werden. Im dritten Lernmodus, bei dem vertraute Reize präferiert werden (siehe Kapitel 5.5.2), zeigt sich hingegen, dass das Netz, dessen vier Units in der Abbildung 58 auf einer Linie liegen, nur eine der beiden Reizgruppen erfasst und die andere außer Acht lässt. Genauer gesagt werden die durch das "+"-Symbol dargestellten, insgesamt 40 Reize (2 x 20) sehr gut geclustert, während die "○"-Symbole unberücksichtigt bleiben. Dieses Ergebnis scheint auch nicht zufällig zustande gekommen zu sein, da es in mehreren hundert Simulationen repliziert werden kann. Sofern man einen Bezug der Simulationsergebnisse auf Autisten und Savants (siehe Kapitel 5.5.1) wagt, könnte man argumentieren, dass diese – ähnlich wie im dritten Lernmodus – zwar bestimmte Reizgruppen außer Acht lassen bzw. dort deutliche Defizite aufweisen, jedoch in anderen, eng umgrenzten Teilbereichen eine sehr hohe Differenzierungsfähigkeit, bis hin zu extremen Inselbegabungen besitzen. Die Analysen mit Kohonennetzen legen zudem nahe, dass diese extremen Begabungen mit großen Defiziten in anderen Bereichen einhergehen. Gestützt wird diese Vermutung durch den Befund, dass sich bei

Inselbegabten, die beispielsweise im Laufe ihres Lebens soziale Kompetenzen erwerben und ihre dortigen Defizite reduzieren, ihre extreme Begabung abschwächen kann. Bezüglich des zweiten Modus zeigen die Simulationsergebnisse, dass sich Aufmerksamkeitsbeeinträchtigungen im Vergleich zur Bevorzugung bekannter Reize *nicht* in der genannten Form auswirken. Insgesamt stützen die Befunde die Hypothese, dass autistische Symptome durch starke Präferenz vertrauter Reize hervorgerufen werden (siehe Kapitel 5.5.1).

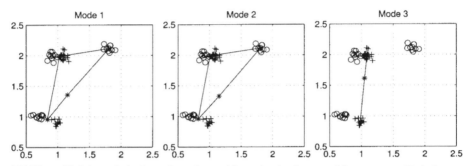

Abbildung 58: Schematische Darstellung des zweidimensionalen Input- und Outputraumes für drei verschiedene Lernmodi der dritten Simulation (aus Gustafsson & Papliński, 2004).

• Auch wenn das Ergebnis des Erwerbsprozesses im normalen Lernmodus und im Modus mit Aufmerksamkeitsbeeinträchtigung große Ähnlichkeiten aufweist (Abbildung 58), so zeigen sich doch im Lernprozess selbst große Unterschiede. Während im normalen Lernmodus die Gewichte der zugehörigen Output-Units relativ kontinuierlich zu ihren finalen Positionen im zweidimensionalen Raum "wandern", oszillieren die Gewichte des zweiten Lernmodus phasenweise dramatisch, bevor sie sich an ähnlicher Stelle wie im ersten Modus stabilisieren. Abbildung 59 visualisiert neben den Positionen der Inputreize und der vier Output-Units im zweidimensionalen Raum auch den Verlauf einer ausgewählten Output-Unit (genauer gesagt deren Position auf Basis ihrer beiden Gewichte). Deren Startpunkt wird durch eine Raute ("◇") symbolisiert. Erkennbar sind dabei die deutlich höheren, bisweilen chaotisch wirkenden Schwankungen im Verlauf beim zweiten im Vergleich zum ersten Lernmodus. Haben sich die Positionen der Output-Units jedoch im Modus mit Aufmerksamkeitsbeeinträchtigung stabilisiert, so decken sie die Inputreize häufig sogar geringfügig besser ab als im normalen Lernmodus und können besser zwischen diesen diskriminieren (in Abbildung 59 *nicht* zu erkennen). Auch dies lässt sich mit empirischen Befunden zu Autisten in Beziehung setzen. So besitzen diese häufig gute Diskriminationsfähigkeiten, z.B. in Form eines absolutes Gehörs (z.B. Frith, 1989).

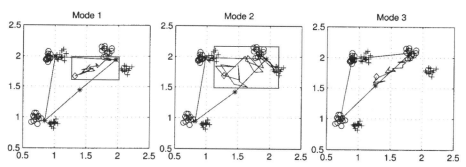

Abbildung 59: Schematische Darstellung des zweidimensionalen Input- und Outputraumes für drei verschiedene Lernmodi der ersten Simulation (aus Gustafsson & Papliński, 2004).

- Genauere Analysen des dritten Lernmodus zeigen, dass das Ausmaß der Präferenz für vertraute Reize von entscheidender Bedeutung für die Ausbildung einer "adäquaten" Clusterung des Inputraumes ist. Bei einer etwas geringeren Bevorzugung bekannter Reize können marginale Unterschiede hinsichtlich der zufälligen Startgewichte sowie der in zufälliger Reihenfolge dargebotenen Inputreize zu großen Abweichungen bei der Kartierung des Raumes führen. Interessanterweise fallen die Lernergebnisse im vierten Modus (Modus mit Aufmerksamkeitsbeeinträchtigung und Präferenz für vertraute Reize) etwas günstiger aus als im dritten Modus. Für diesen Befund wird von den Autoren leider kein Erklärungsansatz angeboten.

Die Simulationsstudien von Gustafsson und Papliński (2004) stellen einen hochinteressanten Ansatz zur Erforschung autistischer Symptome mit Hilfe neuronaler Netze dar. Hervorzuheben sind u.a. die biologische Plausibilität aufgrund des Einsatzes einer nicht überwachten Lernregel (unsupervised learning, siehe Kapitel 1.6) und die Übereinstimmung der Simulationsergebnisse mit zahlreichen Befunden zu Autisten und Inselbegabten.

Auch weiterführende Fragen ergeben sich aus den Simulationen. So könnte man versuchen, mit Hilfe von Kohonennetzen die Frage zu klären, unter welchen Umständen extreme Inselbegabungen bei Autisten zustande kommen und wann dies nicht der Fall ist. Möglicherweise könnten auch verschiedene Therapieansätze zur tiefgreifenden Entwicklungsstörung Autismus (Davison et al., 2007) in derartigen Simulationsstudien "überprüft" werden, wenngleich ein in der Simulation erfolgreicher Ansatz *nicht* zwangsläufig bei den Patienten selbst Symptomlinderung verspricht.

Trotz des Einsatzes von unsupervised learning können hinsichtlich der biologischen Plausibilität auch Bedenken angeführt werden. So handelt es sich bei den verwendeten Inputreizen und dem eingesetzten Kohonennetz um extrem starke Vereinfachungen kognitiver Prozesse im menschlichen Gehirn. Weitere Simulationsstudien, z.B. mit komplexeren Inputreizen wären hier sicherlich von Vorteil, wenngleich dies den derzeitigen Vorteil der guten Visualisierungsmöglichkeiten im zweidimensionalen Raum zunichte machen würde. Ein weiterer Kritikpunkt bezieht sich auf die Generierung neuer Prognosen auf Basis der Simulationsergebnisse, wobei diese Vorhersagen in neuen empirischen Untersuchungen überprüft werden könnten (siehe z.B. das Anwendungsbeispiel "Routinetätigkeiten" im Kapitel 5.4). Derartige Hypothesen werden von den Autoren leider *nicht* vorgenommen.

5.6 Serielles Lernen

5.6.1 Ausgangssituation

Bei diesem Anwendungsbeispiel wird die Speicherung von Informationen im Kurzzeitgedächtnis simuliert.

Nehmen Sie doch einmal an folgendem kleinen Experiment teil: Lesen Sie bitte zuerst die neun nachfolgend aufgeführten Begriffe durch und legen Sie anschließend das Buch beiseite. Schreiben Sie die Begriffe danach in der korrekten Reihenfolge – sofern Sie sich an diese erinnern können – auf ein bereitgelegtes Stück Papier nieder. Hier die Begriffe:

Haus, Meer, Bild, Netz, Turm, Maus, Tür, Baum, Stuhl

An wie viele Wörter konnten Sie sich erinnern und an welche? Den meisten Menschen gelingt es, sich bei derartigen Aufgaben deutlich besser an die ersten und letzten Begriffe der zu lernenden Liste zu erinnern, während die Wörter im mittleren Listenbereich schlechter behalten werden. Das gute Erinnerungsvermögen an die ersten Elemente der Liste wird auch im Deutschen als Primacy-Effekt, die gute Behaltensleistung der letzten Items als Recency-Effekt bezeichnet (z.B. Zimbardo & Gerrig, 2004).

Das (wiederholte) Erlernen der Abfolge von dargebotenen Einheiten (z.B. Wörtern, sinnfreien Silben oder Zahlen) wird serielles Lernen genannt und wurde bereits im 19ten Jahrhundert (z.B. Ebbinghaus, 1885/1992; Nipher, 1876) untersucht. Mittlerweile gilt das serielle Lernen als gut erforscht und menschliche Behaltensleistungen können in Abhängigkeit der Listenlängen und deren Zusammensetzung, sowie der Präsentationsmodalität und vielen anderen Variablen gut vorhergesagt werden (Marshuetz, 2005; Neath, 1998). Dennoch scheinen die zugrundeliegenden Mechanismen des seriellen Lernens bis heute nicht vollständig aufgeklärt und werden folglich nach wie vor kontrovers diskutiert (Botvinick & Plaut, 2006).

Viele Modelle zum seriellen Lernen stellen neuronale Netze dar, wobei es sich bei dem nachfolgend aufgeführten Ansatz von Botvinick und Plaut (2006) um ein rekurrentes, neuronales Netz handelt. Ein derartiger Netztyp wurde in der Forschung zwischenzeitlich als möglicher Erklärungsansatz zum seriellen Lernen zurückgewiesen. Botvinick und Plaut (2006) betrachten die gegen diesen Netztyp vorgebrachten Argumente jedoch als unzureichend und greifen daher bewusst auf ein solches Netz zurück.

5.6.2 Netzaufbau

In insgesamt vier verschiedenen Simulationsreihen setzten Botvinick und Plaut (2006) ein rekurrentes Netz mit drei Schichten ein:

- **Input-Schicht:** Die Input-Schicht umfasste je nach Simulation zwischen 13 und 43 Units. Pro dargebotenem Item einer zu erlernenden Liste wurde lediglich eine einzige Input-Unit aktiviert (d.h. ihr Aktivitätslevel wurde auf Eins gesetzt), während alle anderen Input-Einheiten deaktiviert wurden (Aktivitätslevel = 0). Eine solche lokale Repräsentation (siehe Kapitel 4.3) diente der Vereinfachung und sollte unbeabsichtigte, oberflächliche Gemeinsamkeiten zwischen verschiedenen Items verhindern. Die Länge der präsentierten Liste variierte sowohl in der Trainings- als auch der Testphase (siehe Kapitel 1.6) zwischen eins und sechs (Simulation 2 und 4), bzw. eins und acht (Simulation 3a) oder eins und neun Items (Simulation 1 und 3b).

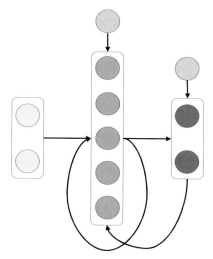

Abbildung 60: Schematische Darstellung des rekurrenten Netzes von Botvinick und Plaut (2006). Aus Gründen der Übersichtlichkeit werden sämtliche Verbindungen "gebündelt" dargestellt.

- **Hidden-Schicht:** Die Hidden-Schicht umfasste in allen Simulationen 200 Neuronen, die vollständig mit sämtlichen Input- und Output-Units verknüpft waren (siehe Abbildung 60). Außerdem war jede der 200 Units mit genau einer Bias-Unit (siehe Kapitel 1.5.5) verbunden, wobei diese konstant mit einem Aktivitätslevel von Eins feuerten. Innerhalb der Hidden-Schicht kamen sowohl direkte als auch seitliche Rückkopplungen (siehe Kapitel 3.4) zum Einsatz. Dadurch war jede Hidden-Unit mit sämtlichen Hidden-Units, einschließlich sich selbst, durch rekurrente Verbindungen verknüpft. In der vierten Simulation (siehe unten) wurde dem aktuellen Aktivitätslevel der einzelnen Hidden-Units noch ein kleiner Zufallsterm in der Testphase (siehe Kapitel 1.6) hinzugefügt.

- **Output-Schicht:** Wie die Input-Schicht beinhaltete die Output-Schicht zwischen 13 und 43 Units. Diese enthielten neben dem Input durch die vorangegangene Hidden-Schicht pro Einheit eine Eingabe von einer Bias-Unit mit festgesetztem Aktivitätslevel von Eins. Indirekte rekurrente Verbindungen dienten der Rückkopplung der Ausgabe an die Hidden-Schicht (siehe Kapitel 3.4), wobei auch diese eine vollständige Verknüpfung aufwiesen. Als Antwort des Netzes wurde von den Units der Ausgabeschicht pro Durchgang diejenige ausgewählt, die die größte Aktivität aufwies. Die Output-Schicht des Netzes folgte somit einer Art "the winner takes it all"-Prinzip (siehe Kapitel 2.7).

Das aufgeführte rekurrente Netz wurde in vier verschiedenen Simulationen verwendet:

- **Simulation 1:** Die erste Simulation befasste sich mit basalen Gedächtnisphänomenen wie beispielsweise dem Listenlängeneffekt sowie Primacy- und Recency-Effekten (siehe Kapitel 5.6.1). Der Listenlängeneffekt bezeichnet den Effekt, dass für umfangreichere Listen die prozentuale Erinnerungsleistung schlechter ausfällt, wobei dieser Abfall der Gedächtnisleistung einem sigmoiden Verlauf folgt. Die zu erlernenden Daten stammten aus einem Experiment von Henson aus dem Jahr 1996 (Henson, 1996; zitiert nach Henson, Norris, Page & Baddeley, 1996). In der Simulation kamen jeweils 27 Input- und Output-Units zum Einsatz, wobei 26 davon dazu dienten, einen spezifischen englischen Buchstaben des Alphabets zu repräsentieren. Die verbleibende Input-Unit fungierte als Hinweiszeichen für den Abruf, während eine Output-Einheit als Antwort das Ende der Liste markierte (diese beiden Units wurden auch bei den anderen drei Simulationen verwendet). Die Listenlänge betrug zwischen einem und neun Items, wobei die Listen zufällig zusammengestellt wurden. Bei der automatischen Erstellung wurde lediglich auf Buchstabenwiederholungen verzichtet. Das Training begann in dieser und allen weiteren Simulationen mit der Darbietung eines einzelnen Items und erhöhte sich dann sukzessive um jeweils ein Item, bis die maximale Anzahl an Items – in der ersten Simulation neun Items – erreicht wurde. Sodann wurde diese Liste ein weiteres Mal dargeboten und anschließend wieder Schritt für Schritt verkleinert, bis die Liste wieder nur aus einem Item bestand. Ein solcher Durchlauf wird nachfolgend als ein Zyklus bezeichnet. Die Trainingsphase wurde nach 114.444 Trainingszyklen abgebrochen, da zu diesem Zeitpunkt die zuvor festgelegte, gewünschte Treffergenauigkeit von 58% erreicht worden war, die auch in der empirischen Untersuchung von Henson (1996; zitiert nach Henson et al., 1996) auftrat.

- **Simulation 2:** Die zweite Simulation erfolgte ähnlich wie erste Simulation mit dem zentralen Unterschied, dass in dieser Ähnlichkeiten zwischen verschiedenen Items Berücksichtigung fanden. Hierzu kamen insgesamt zwei Gruppen von Input- bzw. Output-Units zum Einsatz. In der ersten Gruppe, die 36 Neuronen umfasste, wurde wie in der ersten Simulation ein spezifisches Item durch genau eine Einheit abgebildet. Im Gegensatz dazu bestand die zweite Gruppe aus lediglich sechs Units. Da jedes der 36 Items aus der ersten Gruppe auch eine Einheit der zweiten Gruppe aktivierte, wurden in dieser Gruppe jeweils sechs Items pro Unit zusammengefasst (36 geteilt durch 6). In der zweiten Gruppe teilte sich ein Item somit mit fünf anderen Items eine Einheit, womit die Ähnlichkeit dieser sechs Items abgebildet werden sollte. Durch die zweite Gruppe konnte folglich eine Unterscheidung zwischen eher verwechselbaren und nicht bzw. kaum verwechselbaren Items vorgenommen werden. Ein weiteres Unterscheidungsmerkmal zur ersten Simulation stellte die Anzahl der Items pro Liste dar. Diese umfasste lediglich ein bis sechs Items, wobei sich die Listen auch hier in zufälliger Weise, aber auf Verzicht von Wiederholungen derselben Items innerhalb einer Liste, aus einzelnen Items zusammensetzen. Die Trainingsphase wurde nach 316.666 Trainingszyklen beendet, da zu diesem Zeitpunkt die zuvor festgelegte, gewünschte Genauigkeit von 0.39 erreicht wurde, die der Untersuchung von Henson (1996; zitiert nach Henson et al., 1996) entnommen wurde. Ein zweiter Datensatz von Baddeley (1968) benötigte hingegen 202.000 Zyklen zur Erreichung der dort von den Probanden erzielten Genauigkeit von 0.34.

- **Simulation 3:** Die dritte Simulation war identisch mit ersten. Lediglich die Konstruktion der zu lernenden Listen erfolgte nicht zufällig, sondern auf Basis von Übergangswahrscheinlichkeiten der englischen Sprache. Während der erste Buchstabe der Liste auf Grundlage der Auftretenshäufigkeit der verschiedenen Buchstaben im Englischen ausgewählt wurde, fand die Ermittlung der weiteren Buchstaben mit Hilfe von Wahrscheinlichkeiten von einem Buchstaben zum nächsten statt. Diese Wahrscheinlichkeiten wurden auf Basis eines Textes aus dem "Wall Street Journal" (siehe Marcus, Santorini & Marcinkiewicz, 1993) ermittelt. In der Simulation 3A betrug die Listenlänge zwischen einem und acht Items, wobei auf einen Datensatz von Baddeley (1964) zurückgegriffen wurde, bei dem nach 187.500 Trainingszyklen die gleiche Genauigkeit (0.59) wie in der empirischen Studie erreicht wurde. Simulation 3B enthielt zwischen einem und neun Items, wobei der verwendete Datensatz von Kantowitz, Ornstein und Schwartz (1972) stammte. Die dort erzielte Trefferwahrscheinlichkeit der Probanden von 0.67 wurde vom neuronalen Netz nach 24.000 Trainingszyklen erreicht. Sowohl in der dritten als auch in der vierten Simulation sollten Phänomene untersucht werden, die eine Interaktion zwischen Kurz- und Langzeitgedächtnis beinhalteten (Botvinick & Plaut, 2006).

- **Simulation 4:** In der vierten Simulation wurden Input- und Output-Units jeweils in zwei Gruppen unterteilt. Je sechs Units sollten *ein* spezifisches Pseudowort repräsentieren, welches auch in einer Untersuchung von Botvinick (2005) zum Einsatz kam. Diese Pseudowörter wurden dem Netz *nicht* in zufälliger Reihenfolge dargeboten, sondern folgten einer bestimmten, zuvor festgelegten Grammatik. Weitere sechs Input- und sechs Output-Units dienten ebenfalls zur Abbildung eines spezifischen Pseudowortes, wobei die hier gebildeten Sequenzen zufällig angeordnet waren und somit unstrukturierte Listen bildeten. In der Trainingsphase wurden diese Listen und die "Grammatik-Listen" ab-

wechselnd dargeboten, so dass strukturierte und unstrukturierte Listen "gleichzeitig" erlernt wurden. Der Abbruch der Trainingsphase erfolgte bei Erreichen
einer Genauigkeit von 50% für die strukturierten Listen. Das Netz benötigte
hierzu insgesamt 83.333 Trainingszyklen.

In der Trainingsphase wurden die berechneten Output-Werte mit den Korrekten
verglichen (supervised learning, siehe Kapitel 1.6) und die Gewichte mit Hilfe einer
Variante der "Backpropagation-through-time" Lernregel (siehe Kapitel 3.4.1) angepasst (Botvinick & Plaut, 2006). Die Anpassung erfolgte nach jedem Reizmuster,
d.h. es wurde ein inkrementelles Training (bzw. online learning, siehe Kapitel 1.6)
eingesetzt. Die Startgewichte wurden zufällig im Bereich zwischen −1 und +1 initialisiert, während bei allen rekurrenten Verbindungen ein kleinerer Bereich zwischen
−0.5 und +0.5 gewählt wurde. Gewichte von Bias- zu Hidden-Units lagen anfänglich
einheitlich bei −1, um eine starke Aktivität der Hidden-Units zu Beginn der Trainingsphase zu vermeiden und den Lernprozess hierdurch nicht unnötig zu verlang-
samen. Der Lernparameter (siehe z.B. Kapitel 2.3) im verwendeten neuronalen Netz
betrug $\varepsilon = 0.001$. Für die Hidden-Units verwendete man die logistische Aktivitätsfunktion (siehe Kapitel 1.5.3), während bei den Output-Units auf eine sogenannte
Softmax-Funktion zurückgegriffen wurde:

$$a_i = \frac{e^{netinput_i}}{\sum\limits_{k} e^{netinput_k}}$$

Dabei gilt:

- a_i = Aktivitätslevel der Unit i
- $netinput_i$ = Netzinput der Unit i
- e $\approx$ 2.718 (Euler'sche Zahl)
- k   = Sämtliche Units in der Output-Schicht

Diese Softmax-Funktion stellte sicher, dass die gesamte Aktivität der Output-
Schicht sich zu Eins summierte.

5.6.3 Ergebnisse und Fazit

U.a. werden in den Simulationsstudien von Botvinick und Plaut (2006) folgende
Ergebnisse erzielt:

- Wie beim menschlichen Erinnerungsvermögen finden sich auch bei dem eingesetzten neuronalen Netz typische Phänomene wie beispielsweise dem Listenlängeneffekt sowie Primacy- und Recency-Effekte. Auf Basis der Simulations-
  befunde spekulieren die Autoren, dass Primacy- und Recency-Effekte "Ecken-
  Effekte" darstellen, da an den Rändern der Liste befindliche Items weniger benachbarte Buchstaben besitzen als solche im mittleren Listenbereich. Aufgrund

der geringeren Anzahl werden die am Anfang und Ende der Liste vorfindbaren Buchstaben seltener mit benachbarten Items verwechselt. Neben diesem Ansatz bieten Botvinick und Plaut (2006) noch eine weitere Erklärung für derartige gedächtnispsychologische Effekte an. Beim Erlernen des ersten Listenelements wird im neuronalen Netz zunächst nur dieses Element abgespeichert. Nachfolgende Items werden dann mit den vorherigen Items gemeinsam im Netz repräsentiert, wobei sich bei steigender Listenlänge die Speicherung folglich als immer schwieriger erweist, da das Netz eine immer größere Itemzahl enthalten muss. Dieser Ansatz könnte den Primacy-Effekt erklären. Der Recency-Effekt wird hingegen mit Hilfe des Gedächtnisabrufs begründet. Detailanalysen des neuronalen Netzes zeigen, dass bereits genannte Buchstaben einer Liste kaum mit dem aktuell abzurufenden Listenelement interferieren. Im Gegensatz dazu führen noch nicht genannte Items häufiger zu einer Verwechslung. Je mehr Buchstaben der Liste abgerufen werden, desto kleiner ist folglich die Wahrscheinlichkeit, dass ein Abruffehler begangen wird, da das Verhältnis zwischen bereits genannten und noch zu nennenden Items immer weiter ansteigt. Da dieser Recency-Effekt geringer ausfällt als der zuvor erläuterte Primacy-Effekt kommt es zu einer Asymmetrie der beiden Effekte, d.h. der Primacy-Effekt tritt in stärkerem Ausmaß in Erscheinung – ein häufig auftretender gedächtnispsychologischer Befund.

• Wie zu erwarten fällt auch beim verwendeten neuronalen Netz die Leistung für eher verwechselbare Items deutlich schlechter aus, als für nicht bzw. kaum verwechselbare Elemente. Genaugenommen tritt dieser Effekt in der Simulation noch stärker in Erscheinung als bei Gedächtnisexperimenten mit Menschen. Dies hängt laut der Autoren mit der tatsächlichen Diskriminationsmöglichkeit von eher verwechselbaren und nicht bzw. kaum verwechselbaren Items zusammen. In der Simulationsstudie unterscheiden sich diese beiden Itemgruppen laut Botvinick und Plaut (2006) deutlich stärker voneinander, als in herkömmlichen Gedächtnisexperimenten.

• Hinsichtlich der Übergangswahrscheinlichkeiten kann der zentrale Befund der empirischen Studie von Baddeley (1964) bestätigt werden. Die Erinnerungsleistung fällt besser aus, wenn die Ermittlung der weiteren Buchstaben mit Hilfe von Wahrscheinlichkeiten von einem Buchstaben zum nächsten stattfindet, als bei Itemauswahl auf Basis der Auftretenshäufigkeiten der einzelnen, englischen Buchstaben. Des Weiteren zeigt sich, dass häufig auftretende Buchstabenkombinationen (z.B. folgt im Deutschen auf den Buchstaben "Q" stets "U" und auf "V" zu 86.9% "E" oder "O") besser als seltene Wortfragmente (im Deutschen z.B. "HC" mit 0.2% im Vergleich zu "CH" mit 91.0%) erinnert werden. Dieser Leistungsunterschied tritt, wie in der Untersuchung von Kantowitz et al. (1972), auch in der Simulationsstudie bei später abzurufenden Items stärker auf.

• Pseudowörter, die einer zuvor festgelegten Grammatik zugrunde liegen, werden besser erinnert als zufällig angeordnete Pseudowörter. Außerdem treten Regularisierungsfehler auf. Hierbei handelt es sich um Fehler, die durch die zuvor indirekt erworbene Grammatik bei der Erinnerung von Itemlisten entstehen.

Zusammenfassend kann man die Simulationsstudien von Botvinick und Plaut (2006) als elaborierten Erklärungsansatz zum seriellen Lernen bewerten, der auch zahlreiche empirische Befunde integrieren kann, welche andere Modelle nicht bzw. nur mit weiteren Zusatzannahmen erklären können. Der Ansatz wird u.a. durch fMRT-Studien (= Studien mittels funktioneller Magnetresonanztomographie) sowie Verhaltensdaten gestützt und bietet außerdem die Möglichkeit, weitere Vorhersagen zu generieren, die in neuen Untersuchungen überprüft werden können. Somit ist auch die Falsifizierbarkeit (siehe Kapitel 4.4) des Modells gewährleistet. Die Autoren selbst nennen zudem zahlreiche empirische Befunde zum seriellen Lernen, wie beispielsweise den Einfluss der Stimulusmodalität (Crowder, 1972) oder Suffixeffekte (Baddeley & Hull, 1979), die bisher noch *nicht* zur Überprüfung ihres Modells herangezogen wurden.

Kritisch angemerkt wird von Botvinick und Plaut (2006) selbst, dass die verwendete Lernregel, eine Variante von "Backpropagation-through-time" (siehe Kapitel 3.4.1), biologisch unplausibel zu sein scheint (siehe Kapitel 4.4) und somit die unmittelbare Übertragung des eingesetzten neuronalen Netzes auf das menschliche Gehirn in Frage stellt.

5.7 Spielkarten sortieren

5.7.1 Ausgangssituation

Das neuronale Netz von Kaplan, Şengör, Gürvit, Genç und Güzeliş (2006) simuliert Ergebnisse zum Wisconsin Card Sorting Test (WCST), der als neuropsychologischer Test zur Überprüfung kognitiver Funktionen des präfrontalen Cortex (PFC) eingesetzt wird.

Der WCST existiert in unterschiedlichen Versionen, wobei der Originaltest von Milner (1963) nach wie vor am häufigsten zum Einsatz gelangt. In dieser Version finden zwei identische Kartenspiele mit je 64 Blättern sowie vier weitere Referenzkarten Verwendung. Die Karten unterscheiden sich hinsichtlich der Merkmale Farbe, Form und Anzahl an Elementen (siehe Abbildung 61), wobei jedes dieser Merkmale in vier verschiedenen Ausprägungen vorkommen kann. So liegen die Elemente auf den Karten in den Farben rot, gelb, grün und blau vor. Als Formen existieren Kreuz, Kreis, Dreieck und Stern; die Anzahl dieser Elemente variiert zwischen Eins und Vier. Folglich können 64 (4^3) verschiedene Bedingungskombinationen auftreten. Die Referenzkarten sind in Abbildung 61 dargestellt und unterscheiden sich untereinander in allen drei Merkmalen. Sie werden im Verlauf des gesamten Tests *nicht* variiert. Während der Testdurchführung liegen diese vier Karten horizontal ausgerichtet vor der Versuchsperson, die vom ersten Kartenspiel mit

64 Blatt Karte für Karte aufdecken und einer der vier Referenzkarten zuordnen soll. Nach Zuweisung jeder Karte gibt der Versuchsleiter dem Probanden ohne weiteren Kommentar lediglich die Rückmeldung, ob diese korrekt war oder nicht. Die Aufgabe der Versuchsperson besteht folglich darin, aus diesen Rückmeldungen die richtige Regel zur Sortierung zu erschließen. Dabei sind mehrere Zuweisungsregeln denkbar: So können die Karten nach Farbe, Form oder Anzahl an Elementen geordnet werden. Auch andere Zuweisungsregeln sind für den Probanden denkbar, wie beispielsweise eine Kombination aus den drei genannten Merkmalen. Der Versuchsleiter verwendet hingegen für seine Rückmeldungen zunächst durchgehend die Sortierung nach Farbe. Nach zehn korrekten Zuweisungen durch die Versuchsperson wechselt die Regel nach Form. Erfolgen zehn weitere richtige Zuordnungen, so gibt der Versuchsleiter das Feedback "richtig", wenn die Karten nach Anzahl an Elementen sortiert werden. Wurden diese drei Durchläufe mit je zehn korrekten Rückmeldungen vorgenommen, so erfolgen erneut drei Durchläufe (beginnend mit Farbe). Der neuropsychologische Test wird beendet, sobald die Versuchsperson entweder 60 korrekte Zuweisungen erzielt hat oder alle 128 Spielkarten aufgebraucht wurden.

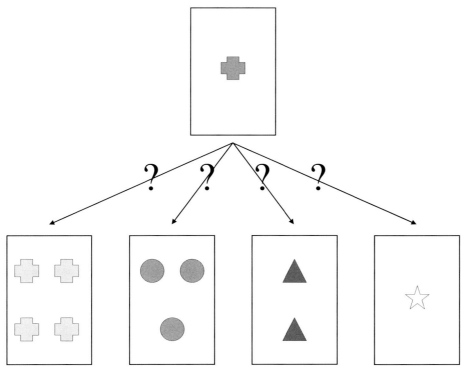

Abbildung 61: Schematische Darstellung des Wisconsin Card Sorting Tests. Die Versuchsperson soll die oben befindliche Spielkarte einer von vier Referenzkarten zuordnen, die sich untereinander hinsichtlich Farbe, Form und Anzahl an Elementen unterscheiden.

Der WCST dient zur Überprüfung sogenannter exekutiver Funktionen des PFC. Unter exekutiven Funktionen werden höhere kognitive Fähigkeiten wie Abstraktionsvermögen, Urteils- und Entscheidungsfähigkeit, logisches Schlussfolgern sowie Planungs- und Antizipationsvermögen verstanden.

Zur Untersuchung des PFC werden neben neuropsychologischen Tests wie dem WCST auch bildgebenden Verfahren eingesetzt. Diese beiden Untersuchungsmethoden können kombiniert Verwendung finden. So zeigt sich beispielsweise bei gesunden Probanden in bildgebenden Verfahren, dass die Durchblutung des PFC bei Beschäftigung mit dem WCST deutlich erhöht ist, während diese Steigerung bei Schizophreniepatienten weniger ausgeprägt ist (siehe z.B. Kandel et al., 1995).

Der PFC stellt die am höchsten vernetzte Region des Cortex dar und nimmt dort eine zentrale Position bei der Vorbereitung zielgerichteter Handlungen ein (Kaplan et al., 2006). Er beansprucht etwa 30% der cerebralen Hemisphären des menschlichen Gehirns und erhält u.a. von übergeordneten sensorischen Zentren Informationen, wobei er auch mit dem Arbeitsgedächtnis in Verbindung gebracht wird (Kandel et al., 1995).

Ziel der Arbeit von Kaplan et al. (2006) ist die Simulation des Verhaltens beim WCST. Neben den Leistungen von gesunden Probanden sollen auch jene von Patienten simuliert werden, die Läsionen im PFC aufweisen. Hierbei kommt ein neuronales Netz zum Einsatz.

5.7.2 Netzaufbau

Das neuronale Netz von Kaplan et al. (2006) bestand aus zwei verschiedenen Modulen, einem Selektionsmodul und einem Modul zur Bestimmung der verwendeten Zuordnungsregel. Dieses Modul ließ sich in zwei verschiedene Netztypen unterteilen, ein Hopfield Netzwerk und ein Hamming block Netz (siehe Abbildung 62 und Abbildung 63):

- **Selektionsmodul:** Nach Vorgabe einer neuen Karte entschied dieses Modul darüber, welcher der vier Ablagestapel (siehe Abbildung 61) die Karte zugeordnet wurde. Zudem wurde die getroffene Wahl an den Versuchsleiter weitergeleitet, der dem Proband eine Rückmeldung darüber gab, ob die Wahl richtig oder falsch war. Das Selektionsmodul bestand aus vier Neuronen, wobei sich der dazugehörige Eingabevektor aus drei Merkmalen (Farbe, Form und Anzahl siehe Kapitel 5.7.1) mit je vier Ausprägungen (z.B. Rot, Grün, Gelb und Blau) zusammensetzte.

- **Hopfield Netzwerk:** Das Hopfield Netzwerk stellte einen spezifischen rekurrenten Netztyp dar (siehe Kapitel 3.4). Dieses Netz erhielt Eingaben durch den Versuchsleiter und dem Hamming block Netz. Sofern der Versuchsleiter eine zustimmende Rückmeldung über die getroffene Kartenzuordnung lieferte, spielte die Eingabe des Hamming block Netzes keine Rolle für das Hopfield

Netzwerk. In diesem Fall wurde die aktuell verwendete Selektionsregel beibehalten und dem Selektionsmodul (sowie dem Hamming block Netz) hierüber eine Rückmeldung gegeben. Das Hopfield Netz bestand aus vier Neuronen und fungierte als eine Art Arbeitsgedächtnis im Netzwerk.

- **Hamming block Netz:** Beim Hamming block Netz handelte es sich um ein Feedforward-Netzwerk. Dabei übte das Netz einen hemmenden Einfluss auf das Hopfield Netzwerk aus, wobei dieser Einfluss nur dann von Bedeutung war, wenn das Feedback des Versuchsleiters negativ ausfiel. In diesem Fall schlug das Hamming block Netz dem Hopfield Netzwerk für die nachfolgende Karte eine neue Auswahlregel vor, die an das Selektionsmodul weitergeleitet wurde. Der Hamming block setzte sich aus 14 Neuronen zusammen, die 14 verschiedene Auswahlregeln enthielten. Neben den

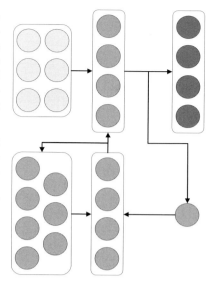

Abbildung 62: Schematische Darstellung des neuronalen Netzes von Kaplan et al. (2006). Zur Erläuterung siehe Text und Abbildung 63.

drei Zuordnungsmöglichkeiten Farbe, Form und Anzahl existierten auch komplexere Regeln (z.B. eine Kombination aus Farbe und Form), die dem Hopfield Netzwerk angeboten wurden. Das Hamming block Netz diente in diesem neuronalen Netz als Planer und Hypothesengenerator.

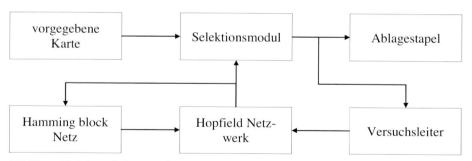

Abbildung 63: Schematische Darstellung des neuronalen Netzes von Kaplan et al. (2006).

Das neuronale Netz von Kaplan et al. (2006) wurde in MATLAB (siehe z.B. Kapitel 6.2) realisiert. Das Selektionsmodul verwendete dabei eine Lernregel, die ähnlich wie die kompetitive Lernregel (siehe Kapitel 2.7) nach dem "the winner takes it all"-Prinzip arbeitete. Im Modul zur Bestimmung der verwendeten Zuordnungsregel wurde eine a priori fixierte Verschaltung vorgenommen (siehe direkte Designme-thoden in Kapitel 1.6), so dass an dieser Stelle Lernen im Sinne des vorliegenden Lehrbuches (siehe Kapitel 1.4.1) *nicht* vorlag.

Die Simulation wurde entweder nach Vorgabe aller 128 Spielkarten oder nach kor-rekter Komplettierung der sechs verschiedenen Kategorien (je zweimal Farbe, Form und Anzahl) beendet. Pro Kategorie mussten jeweils zehn Karten richtig zugeordnet werden (siehe Kapitel 5.7.1).

5.7.3 Ergebnisse und Fazit

Die Simulationsergebnisse von Kaplan et al. (2006) wurden mit den Leistungen von 150 Probanden ohne kognitive Beeinträchtigungen sowie 73 Patienten mit Schädi-gungen des PFC verglichen, die der Studie von Heaton, Chelune, Talley, Kay und Curtiss (1993) entstammen:

- Durch Veränderung des a priori festgelegten Schwellenvektors des Hopfield Netzwerkes kommt es zu einem spezifischen Fehlverhalten bei Bearbeitung des WCST. Das Netz lernt die neue Zuordnungsregel zwar, aber es kann diese nicht über die zehn benötigten korrekten Durchgänge aufrechterhalten. Stattdessen wird zu früh eine neue Zuweisungsregel ausgewählt. Diese fehlende Beibehal-tung der erlernten Zuordnungsregel deckt sich mit Befunden zum Arbeitsge-dächtnis, welches das Hopfield Netzwerk repräsentieren soll. Ein intaktes Ar-beitsgedächtnis dient als Schutz gegenüber derartigen Störungen (der Aufmerk-samkeit).

- Beeinträchtigungen des Hamming block Netzes führen hingegen zu "Beharr-lichkeitsfehlern". Damit ist gemeint, dass die zuvor verwendete, mittlerweile aber falsche Zuweisungsregel beharrlich weiter genutzt wird, obwohl der Ver-suchsleiter die generierten Antworten als falsch kennzeichnet. Ein derartiges Fehlverhalten wird in der Literatur als Beeinträchtigung der Planungsfähigkeit und Generierung von (adäquaten) Hypothesen betrachtet. Genau diese Funktio-nen sollte der Hamming block in der Simulation übernehmen (siehe Kapitel 5.7.2).

- Insgesamt weisen die Befunde der Simulationsstudie darauf hin, dass Hand-lungsziele nur dann erreicht werden, wenn einerseits irrelevante Reize die Ziel-erreichung nicht verhindern, sondern stattdessen zeitweise ausgeblendet wer-den. Andererseits sind relevante Reize zu berücksichtigen und sollten zu einer flexiblen Modifikation der Handlung führen. Nur wenn diese beiden kognitiven

Leistungen erbracht werden, können neuropsychologische Tests, wie der WCST erfolgreich absolviert werden.

Das neuronale Netz von Kaplan et al. (2006) kann diverse Befunde des Verhaltens von Probanden mit und ohne Beeinträchtigungen des PFC replizieren, ohne auf supervised learning (siehe Kapitel 1.6) zurückgreifen zu müssen. Im Vergleich zu anderen Ansätzen, die ebenfalls Leistungen im WCST abbilden, handelt es sich um ein sehr sparsames Modell. Dennoch kann das neuronale Netz zahlreiche Befunde zum WCST integrieren, die in anderen Ansätzen keine Berücksichtigung finden.

Kritisch anzumerken ist, dass das neuronale Netz von den Autoren im Vorfeld der Simulation z.T. fest verdrahtet wurde. Folglich fand dort *kein* Lernen im Sinne des vorliegenden Lehrbuches (siehe Kapitel 1.4.1) statt. Hierdurch kann beispielsweise der Befund, dass gesunde Versuchsteilnehmer das zweite Set der Sequenz (Farbe, Form und Anzahl an Elementen, siehe Kapitel 5.7.1) mit einer geringeren Fehleranzahl durchlaufen, *nicht* abgebildet werden.

5.8 Zahlenrepräsentation

5.8.1 Ausgangssituation

Das nachfolgende Anwendungsbeispiel befasst sich mit der Frage, wie Zahlen kognitiv repräsentiert werden.

Zahlen und der Umgang mit diesen spielen in unserer heutigen Gesellschaft eine herausragende Bedeutung. Beim Einkaufen, Kochen, Telefonieren und Reisen, im Arbeitsleben, der Freizeitgestaltung und "unzähligen" weiteren Alltagssituationen begegnen uns Zahlen. Bereits der griechische Philosoph Pythagoras hat mit dem Ausspruch "Alles ist Zahl" die immense Bedeutung von Zahlen in unserer Welt hervorgehoben. Während Computer Zahlen als Binärfolgen, d.h. einer Reihe von Nullen und Einsen, speichern und verarbeiten, ist die Repräsentation und Transformation von Zahlen im menschlichen Gehirn noch nicht vollständig geklärt. In Untersuchungen hierzu sind u.a. zwei stabil auftretende Phänomene entdeckt worden, welche die Ausgangsbasis für Erklärungsansätze zur Repräsentation von Zahlen bilden: der Distanz- und der Größeneffekt.

Als Distanzeffekt bezeichnet man den empirischen Befund, dass die Reaktionszeiten für den Vergleich größerer Zahlendifferenzen kürzer ausfallen als für Kleinere. Beispielsweise wird der Größenvergleich der Zahlen Zwei und Sechs schneller vorgenommen als der Vergleich von Zwei und Drei. Zur Erklärung des Distanzeffektes wird typischerweise darauf verwiesen, dass Zahlen entlang eines mentalen Zahlenstrahls repräsentiert sind, wobei die einzelnen Elemente sich hinsichtlich ihrer Aktivität überlappen. Eng benachbarte Zahlen (z.B. Eins und Zwei) besitzen einen größeren Überschneidungsbereich als weit auseinander liegende Zahlen (z.B. Eins und Vier). Folglich kommt es zu der beschriebenen häufigeren Verwechslung.

Der Größeneffekt ist dadurch gekennzeichnet, dass der Vergleich zweier Zahlen bei gleicher Differenz schneller für kleinere Zahlen (z.B. Zwei und Vier) erfolgt als für Größere (z.B. Sieben und Neun). Um den Größeneffekt zu erklären, wird neben dem mentalen Zahlenstrahl eine von drei zusätzlichen Annahmen getroffen (siehe auch Abbildung 64):

- **Größencodierung:** Diese Annahme bezieht sich auf die Größe der mentalen Codierung, die analog zur Größe der repräsentierten Zahl ausfällt. Aktiviert eine Zahl beispielsweise eine bestimmte Gruppe von Einheiten auf dem mentalen Zahlenstrahl, so stellen die aktivierten Units eine Untergruppe der Einheiten dar, die durch eine größere Zahl aktiviert werden. Abbildung 64 (Oben) verdeutlicht diesen Sachverhalt graphisch, wobei die aktivierten Einheiten für die Zahlen Zwei und Fünf Untergruppen der größeren Zahl Acht darstellen.

- **Komprimierte Skalierung:** Hiermit ist gemeint, dass die Distanzen zwischen den einzelnen Zahlen auf dem mentalen Zahlenstrahl für größere Zahlen geringer ausfallen. Diese Zahlen werden folglich in verdichteter Form repräsentiert und erschweren hierdurch ihre Diskrimination. Abbildung 64 (Mitte) soll die komprimierte Skalierung illustrieren, wobei der Abstand der Zahlen Zwei und Fünf deutlich größer ist als der zwischen Fünf und Acht.

- **Erhöhte Variabilität:** Eine dritte Möglichkeit zur Erklärung des Größeneffektes ermöglicht die Annahme einer erhöhten Variabilität bei größeren Zahlen. Durch die höhere Variabilität kommt es bei der Aktivierung zu stärkeren Überlappungen benachbarter Zahlen, so dass größere Zahlen schwieriger voneinander zu unterscheiden sind. In Abbildung 64 (Unten) wird die größere Variabilität durch die größere Anzahl an aktivierten Units veranschaulicht, die dazu führt, dass der Überschneidungsbereich zwischen Fünf und Acht deutlich größer ausfällt als der zwischen Zwei und Fünf.

Größencodierung

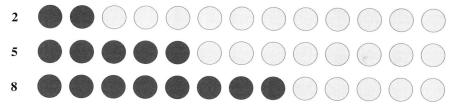

Komprimierte Skalierung

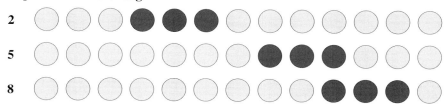

Erhöhte Variabilität

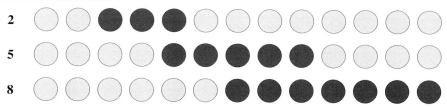

Abbildung 64: Schematische Darstellung der Größencodierung, komprimierten Skalierung und erhöhten Variabilität für die Zahlen Zwei, Fünf und Acht auf dem mentalen Zahlenstrahl.

Die drei skizzierten Annahmen zur Erklärung des Größeneffektes implizieren eine Asymmetrie zwischen kleinen und großen Zahlen. Eine solche Ungleichmäßigkeit wird nicht nur beim Größenvergleich von Zahlen postuliert, sondern auch bei allen anderen kognitiven Leistungen, bei denen der Zahlenstrahl zum Einsatz gelangt. Zwei empirische Befunde scheinen diese Vorhersage jedoch zu widerlegen:

1. In zahlreichen Priming Untersuchungen kann gezeigt werden, dass die aufgeführte Asymmetrie *nicht* vorliegt. Beispielsweise werden Reaktionszeiten bei der Benennung von Zahlen (z.B. Fünf) durch eine nur sehr kurzfristig dargebotene weitere Zahl – dem Prime – beeinflusst. Dabei ist es unerheblich, ob diese weitere Zahl x-Einheiten größer (z.B. Sieben) oder kleiner (z.B. Drei) als die zu benennende Zahl ist (Reynvoet & Brysbaert, 1999; 2004; Reynvoet, Brysbaert

& Fias, 2002). Der gleiche Befund ergibt sich bei der Beurteilung, ob es sich um eine gerade oder ungerade Zahl handelt. Auch hier werden die Reaktionszeiten für die Beurteilung durch größere und kleinere Zahlen, die als Priming-Reize dienen, in gleicher Stärke modifiziert (Reynvoet & Brysbaert, 1999; 2004; Reynvoet, Brysbaert et al., 2002). Eine Asymmetrie kann *nicht* festgestellt werden.

2. Empirische Untersuchungen zur Benennung von Zahlen (Butterworth, Zorzi, Girelli & Jonckheere, 2001; Reynvoet, Brysbaert et al., 2002) sowie zur Beurteilung, ob es sich um eine gerade oder ungerade Zahl handelt (Dehaene, Bossini & Giraux, 1993; Fias, Brysbaert, Geypens & d'Ydewalle, 1996; Reynvoet, Caessens & Brysbaert, 2002), zeigen wie in den Priming Untersuchungen *keinen* Größeneffekt.

Zur Integration dieser empirischen Befunde schlagen Verguts, Fias und Stevens (2005) ein neues Modell vor, welches den Distanz- und Größeneffekt bei dem Vergleich zweier Zahlen hinsichtlich ihrer Größe erklären soll. Zugleich soll das Modell ohne die oben aufgeführten Annahmen (Größencodierung, komprimierte Skalierung und erhöhte Variabilität) auskommen und folglich auch den ausbleibenden Größeneffekt bei der Benennung von Zahlen sowie der Beurteilung, ob es sich um eine gerade oder ungerade Zahl handelt, vorhersagen können.

5.8.2 Netzaufbau

Das von Verguts, Fias und Stevens (2005) verwendete neuronale Netz stellte ein Feedforward-Netz mit einer Input-, einer Hidden- und einer Output-Schicht dar (siehe Abbildung 65):

- **Input-Schicht:** Die Input-Schicht bestand aus 15 Units, wobei jede Einheit eine arabische Zahl repräsentierte. Die erste Unit bildete die Zahl 1 ab, die zweite Einheit die 2 usw. bis zur Zahl 15. Dass genau 15 Zahlen durch das Netz abgebildet werden sollten, wurde durch die Autoren vorab willkürlich festgelegt, wobei verschiedene empirische Studien (u.a. Butterworth et al., 2001) dafür sprachen, zwischen 10 und 20 Zahlen einzusetzen. Zur Präsentation einer bestimmten Zahl wurde die entsprechende Unit auf den Wert Eins gesetzt, während allen anderen Einheiten der Wert Null zugewiesen wurde. Sofern in einer Simulation zwei Zahlen hinsichtlich ihrer Größe

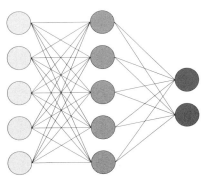

Abbildung 65: Schematische Darstellung des neuronalen Netzes von Verguts, Fias und Stevens (2005) für den Größenvergleich zweier Zahlen.

miteinander verglichen werden sollten, wurde die doppelte Anzahl an Input-Units eingesetzt. Die ersten 15 Neuronen wurden für die erste Zahl, die zweiten 15 Einheiten für die zweite Zahl reserviert.

- **Hidden-Schicht:** Die Hidden-Schicht umfasste wie die Input-Schicht 15 Neuronen, bei der jede Unit ebenfalls eine einzelne Zahl repräsentiert. Die Einheiten sind zur vorangegangen Schicht fest verknüpft, so dass jedes Input-Neuron die korrespondierende Hidden-Unit mit maximaler Stärke aktiviert (z.B. die Input-Unit "13" die Hidden-Unit "13"). Die umgebenden Einheiten werden in geringerer Stärke aktiviert und zwar umso schwächer, je weiter sie von der Einheit entfernt sind. Die hierbei verwendete Formel beschreibt einen exponentiellen Verlauf und zwar in beide "Richtungen" (größere und kleinere

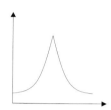

Abbildung 66: Eingesetzte "Nachbarschaftsfunktion" in der Hidden-Schicht.

Zahlen) der jeweils ausgewählten Zahl (z.B. 13). Abbildung 66 veranschaulicht den Sachverhalt graphisch, wobei sich auf der x-Achse die in eine Rangreihe gebrachten Zahlen befinden, während die y-Achse die Stärke der Aktivierung abbildet. Der Kurvenverlauf ähnelt den Nachbarschaftsfunktionen von Kohonennetzen, die im Kapitel 3.6.3 erörtert wurden. Insbesondere die Ähnlichkeit zur normalverteilten Nachbarschaftsfunktion sowie zur Mexican Hat Funktion ist unverkennbar. Die "Nachbarschaftsfunktionen" (siehe Abbildung 66) der einzelnen Units der Hidden-Schicht besaßen jeweils den gleichen Kurvenverlauf mit der gleichen "Breite". Die verwendete Aktivitätsfunktion der Hidden-Units beinhaltete eine fixierte Schwelle. Wie in der Input-Schicht kam auch in der Hidden-Schicht bei einem Vergleich zweier Zahlen hinsichtlich ihrer Größe die doppelte Anzahl an Hidden-Units, d.h. 30 Einheiten, zum Einsatz.

- **Output-Schicht:** Im Gegensatz zur Input- und Hidden-Schicht hing die verwendete Output-Schicht von der Art der Aufgabenstellung ab. Während zur Benennung von Zahlen 15 Output-Einheiten Verwendung fanden, wurden zur Beurteilung, ob es sich um eine gerade oder ungerade Zahl handelte sowie zum Vergleich zweier Zahlen hinsichtlich ihrer Größe jeweils zwei Output-Units eingesetzt.

In der Trainingsphase wurden die korrekten Output-Werte auf Basis der Beobachtungen von Dehaene und Mehler (1992) zur Auftretenswahrscheinlichkeit von Zahlen vorgegeben (supervised learning, siehe Kapitel 1.6). Folglich wurden dem Netz kleinere Zahlen häufiger als Größere dargeboten. Die Anpassung der variablen Gewichte erfolgte mit Hilfe der Delta-Regel (siehe Kapitel 2.4). Hierbei wurde eine Quadrierung der Fehlerwerte vorgenommen, wie sie auch bei der Methode der kleinsten Quadrate vorzufinden ist (siehe Kapitel 2.5.4). Da im Gegensatz zu den vorab fest fixierten Verbindungen zwischen der Input- und Hidden-Schicht nur die Verbindungen zwischen Hidden- und Output-Units in der Trainingsphase modifiziert wurden, konnte trotz Hidden-Units auf die Delta-Regel zurückgegriffen werden. Die Trainingsphase wurde nach 30000 Lerndurchgängen pro Simulation beendet, wobei für jede Aufgabe zehn Simulationen zum Einsatz kamen. Der Lernparameter (siehe z.B. Kapitel 2.3) betrug im verwendeten neuronalen Netz $\varepsilon = 0.02$.

5.8.3 Ergebnisse und Fazit

In der Simulationsstudie von Verguts, Fias und Stevens (2005) können u.a. folgende Ergebnisse erzielt werden:

- Die empirischen Befunde zur Benennung von Zahlen (siehe Kapitel 5.8.1) können durch die Simulation abgebildet werden. Zwar zeigt sich aufgrund der Überrepräsentation kleinerer Werte im Trainingsset nach den ersten 1000 Lerndurchgängen eine bessere Anpassung der korrekten Output-Werte für kleinere Zahlen. Dieser Unterschied zwischen kleineren und größeren Werten nivelliert sich jedoch erwartungsgemäß nach 30000 Durchgängen.

- Auch bezüglich der Beurteilung, ob es sich um eine gerade oder ungerade Zahl handelt, wird der korrekte Output zunächst für kleinere Zahlenwerte in stärkerem Maße erreicht. Dennoch erfolgt hier – ebenso wie für die Zahlenbenennung – nach 30000 Durchgängen in etwa die gleiche Anpassungsgüte für kleinere und größere Zahlen.

- Beim Größenvergleich zweier Zahlen kann auch noch nach 30000 Lerndurchgängen wie gewünscht ein Größeneffekt detektiert werden, d.h. der Vergleich unterscheidet sich für kleinere (z.B. Zwei und Vier) und größere Zahlen (z.B. Sieben und Neun) voneinander (siehe Kapitel 5.8.1). Dieser Effekt kommt in der Simulationsstudie lediglich durch häufigere Darbietung kleinerer Zahlen zu Beginn der Trainingsphase zustande. Weitere Annahmen wie die Größencodierung, komprimierte Skalierung oder erhöhte Variabilität (siehe Kapitel 5.8.1) werden hingegen *nicht* benötigt.

- Auch die Befunde aus Priming Studien können durch das neuronale Netz simuliert werden. Hierbei findet sich – in Übereinstimmung mit den empirischen Ergebnissen – sowohl bei der Benennung von Zahlen als auch bei der Beurteilung, ob es sich um eine gerade oder ungerade Zahl handelt, *kein* Größeneffekt. Kurzfristig dargebotene Zahlen besitzen zwar einen Einfluss auf den Zielreiz, der beispielsweise benannt werden soll. Dieser Einfluss ist aber unabhängig davon, ob der Prime größer oder kleiner als dieser Zielreiz ausfällt.

Das neuronale Netz von Verguts, Fias und Stevens (2005) kann im Vergleich zu konkurrierenden kognitiven Modellen zahlreiche Befunde zur Repräsentation von Zahlen integrieren. Dabei muss das sparsame Modell sich keiner weiterer Annahmen – beispielsweise zur Darstellung des Größeneffektes – bedienen, wie dies in bisherigen Ansätzen der Fall war. Positiv hervorzuheben ist auch die Generierung neuer Hypothesen, die zur Überprüfung des Modells herangezogen werden können und damit seiner Falsifizierbarkeit dienen (vgl. Kapitel 4.4). Beispielsweise wird von den

Autoren die Hypothese formuliert, dass der Größeneffekt bei Kindern im Gegensatz zu Erwachsenen auch für die Benennung von Zahlen und der Beurteilung, ob es sich um eine gerade oder ungerade Zahl handelt, auftritt. Begründet wird diese Prognose mit den Befunden der Simulationsstudie nach 1000 Lerndurchgängen. Zu diesem (frühen) Zeitpunkt während der Trainingsphase kommt es zu den aufgeführten Effekten (siehe oben). Folglich sollten sich ähnliche Effekte bei Kindern ergeben, deren Zahlenrepräsentation ebenfalls noch nicht vollständig ausgebildet sein dürfte. Eine genaue Angabe, in welchem Alter die Effekte bei Kindern detektierbar sein sollten, wird leider *nicht* vorgenommen.

Neben diesen Vorhersagen, die durch die Simulationsstudie entstanden sind, ergeben sich auch interessante weiterführende Fragestellungen. Beispielsweise können neben den Reaktionszeiten auch die Fehler gemessen werden, die die Probanden bei der Bearbeitung der Aufgaben begehen. Diese Werte ließen sich ebenfalls mittels neuronalem Netz simulieren. Eine weitere Modifikation betrifft das Inputformat. Statt symbolischer Eingaben in Form von Zahlen könnten diese auch nicht symbolisch vermittelt werden – beispielsweise durch Darbietung einer bestimmten Anzahl von Objekten (Verguts et al., 2005). Eine dritte weiterführende Fragestellung bezieht sich auf die Größe der verwendeten Zahlen, die zum Einsatz gelangen. Während in der vorliegenden Simulationsstudie lediglich Zahlen bis 15 Verwendung fanden, könnte in neuen Untersuchungen auch mit größeren Zahlen trainiert werden.

Die aufgeführten weiterführenden Fragen wurden ebenso wie die oben dargestellten, aus dem Modell abgeleiteten Hypothesen bisher noch *nicht* weiter überprüft. Neben diesem Kritikpunkt, der durch neue Studien entkräftet werden kann, ist vor allem die Delta-Regel (siehe Kapitel 2.4) zu nennen, die als supervised learning Lernregel biologisch unplausibel erscheint (siehe Kapitel 4.4) und somit die unmittelbare Übertragung des eingesetzten neuronalen Netzes auf den Menschen in Frage stellt. Gleichwohl ist hervorzuheben, dass die Autoren in anderen Arbeiten (Verguts & Fias, 2004) zur Repräsentation von Zahlen mittels neuronalem Netz auf eine *nicht* überwachte Lernregel (unsupervised learning, siehe Kapitel 1.6) zurückgreifen.

5.9 Übungsaufgaben

1. Beschreiben Sie das Phänomen der Farbkonstanz.

2. Welche Untersuchungsergebnisse kann das neuronale Netz von Stanikunas, Vaitkevicius und Kulikowski (2004) zum Phänomen der Farbkonstanz erzielen?

3. Beschreiben Sie kurz den Fall des farbenblinden Malers Jonathan I.!

4. Auf welche Modelle zur Erklärung von Routinetätigkeiten greift man gewöhnlich zurück?

5. Worin unterscheiden sich diese Modelle im Vergleich zum rekurrenten Netz von Botvinick und Plaut (2004)?

6. Wodurch zeichnen sich Autisten aus?

7. Wie intelligent sind Savants?

8. Welche außergewöhnlichen Fähigkeiten besitzt Stephen Wiltshire (Stichwort: "die lebende Kamera")?

9. Erläutern Sie den Begriff Primacy-Effekt.

10. Was kann an dem neuronalen Netz von Botvinick und Plaut (2006) zum seriellen Lernen kritisiert werden?

11. Wie funktioniert der Wisconsin Card Sorting Test (WCST)?

12. Für welche kognitiven Tätigkeiten ist der präfrontale Cortex (PFC) im menschlichen Gehirn verantwortlich?

13. Wie werden Zahlen kognitiv repräsentiert?

14. Was ist mit dem Größeneffekt gemeint und wie kann dieser Effekt erklärt werden?

6 Datenauswertung

6.1 Übersicht und Lernziele

Das sechste Kapitel soll den Einstieg in die Datenauswertung mittels neuronaler Netze erleichtern. Dabei werden zwei Computerprogramme ausführlich vorgestellt, mit denen die Datenanalyse vergleichsweise leicht erfolgen kann. Visual-XSel bietet sich vornehmlich an, wenn neuronale Netze als Alternative zu herkömmlichen Auswertungsverfahren (z.B. Regressions- bzw. Varianzanalysen) Anwendung finden sollen. MemBrain stellt hingegen einen neuronale Netze Simulator dar, mit dem vor allem erste Erfahrungen als Netzwerkarchitekt bei der Erstellung neuronaler Netze gesammelt werden können.

Folgende Lernziele sind Bestandteil dieses Kapitels:

- Wie ist ein Datensatz für die Auswertung mittels neuronaler Netze in Visual-XSel vorzubereiten und welche Modellparameter müssen für das Netz ausgewählt werden?
- Welche statistischen Kennwerte geben in Visual-XSel Auskunft über das neuronale Netz (z.B. über die Modellgüte)?
- Wie können die Ergebnisse der Datenauswertung in Visual-XSel graphisch veranschaulicht werden?
- Wie kann in MemBrain ein neuronales Netz mit Units und Verbindungen erstellt werden?
- Wie sind Datensätze in MemBrain einzufügen?
- Wie können Trainings- und Testphase in MemBrain realisiert werden?

6.2 Einleitung

Die Datenauswertung mittels neuronaler Netze ist im Gegensatz zur Anwendung traditioneller Auswertungsverfahren in der Psychologie bisher noch von untergeordneter Bedeutung. Dabei besitzen neuronale Netze im Vergleich zu diesen Verfahren diverse Vorteile. So kann häufig eine höhere Varianzaufklärung mittels neuronaler Netze erzielt werden, was u.a. an der besseren Erfassung nonlinearer Zusammenhänge liegt (siehe Kapitel 4.3). Zwar können derartige Zusammenhänge auch mit

Hilfe des Allgemeinen Linearen Modells (ALM) detektiert werden (z.B. Moosbrugger, 2002), jedoch ist dort die Vorgabe eines spezifischen Modellterms (z.B. x^2) notwendig (siehe Kapitel 4.3). Auch andere komplexe Zusammenhänge lassen sich mittels neuronaler Netze mitunter besser aufdecken als mit herkömmlichen statistischen Verfahren. Zu beachten ist dabei, dass sich diese traditionellen Verfahren auch als Spezialfälle neuronaler Netze darstellen lassen und es sich somit ebenfalls um neuronale Netze handelt (siehe Kapitel 2.5.4).

Den aufgeführten Vorteilen stehen derzeit aber auch diverse Nachteile gegenüber, die bei der Datenauswertung mit Hilfe neuronaler Netze auftreten (vgl. Kapitel 4.4). So ist beispielsweise die inferenzstatistische Absicherung der Vorhersagen mittels neuronaler Netze noch nicht bzw. nicht hinreichend ausgearbeitet. Neuere inferenzstatistische Verfahren wie Bootstrap könnten hier zur Anwendung gelangen. Ebenso ist die Interpretation (der Gewichte) des neuronalen Netzes häufig sehr schwierig. Zudem ist die Bestimmung der Gewichte zufallsabhängig, was zu unterschiedlichen Vorhersagen und Varianzaufklärungen führen kann (siehe Kapitel 6.3.6). Diverse weitere Probleme wurden u.a. bereits beim Gradientenabstiegsverfahren (siehe Kapitel 2.5) erörtert. Neben dem größeren Rechenaufwand ist vor allem auf die lediglich Kenntnis der lokalen Umgebung hinzuweisen. Die damit zusammenhängenden Probleme wurden bereits im Kapitel 2.5.3 ausführlich behandelt. Von zentraler Bedeutung bei der Datenauswertung (*nicht* nur mittels neuronaler Netze) ist das Problem des Overfittings, welches man auch als Capitalization on Chance oder Bias-Varianz-Dilemma bezeichnet (siehe Kapitel 4.4). Dieses Problem tritt auf, wenn zwar die vorliegenden Trainingsdaten durch das Modell sehr gut erklärt werden können, das Modell sich aber *nicht* für neue Trainingsdaten, d.h. neue Stichproben, bewährt. Eine Verallgemeinerung auf die Population (Grundgesamtheit) ist folglich nicht oder nur eingeschränkt möglich, da das Modell u.a. auch nicht replizierbare, zufällige Variationen der untersuchten Stichprobe erfasst.

Zur Datenauswertung mittels neuronaler Netze stehen mittlerweile zahlreiche Computerprogramme zur Verfügung. Beispielsweise gelangt häufig das Programm MATLAB zum Einsatz (siehe z.B. Kapitel 5.7), welches im Vergleich zu anderen Softwarelösungen eine sehr hohe Funktionsvielfalt bereitstellt. Eine weitere Möglichkeit zur Umsetzung neuronaler Netze am PC bietet das Tabellenkalkulationsprogramm Excel. Siegfried Macho (2002) hat hierzu eine hervorragende anwendungsorientierte Einführung verfasst, die auch für Personen geeignet ist, die mit Excel *nicht* oder nur wenig vertraut sind. Zudem stellt sein Buch die theoretischen Grundlagen zu neuronalen Netzen bereit und ist insofern für alle Personen sehr zu empfehlen, die sich noch eingehender mit der Thematik befassen möchten und zugleich die konkrete Umsetzung eines neuronalen Netzes am Computer anstreben.

Nachfolgend sollen zwei ausgewählte Computerprogramme vorgestellt werden, mit denen neuronale Netze (zur Datenauswertung) relativ leicht realisiert werden können. Sowohl Visual-XSel als auch MemBrain können dabei unter Windows eingesetzt werden.

6.3 Visual-XSel

Visual-XSel – derzeit in der Version 10.0 (Stand: Januar 2008) erhältlich – stammt von Dipl.-Ing. (FH) Curt Ronniger und kann als Demoversion ohne vorherige Registrierung unter www.crgraph.de/WebDownload.htm heruntergeladen werden. Studierende erhalten gegen Vorlage einer aktuellen Immatrikulationsbescheinigung (postalisch an das Unternehmen zu senden) einen Freigabeschlüssel per E-Mail, mit dem die Vollversion des Programms für ein Jahr frei geschaltet werden kann. Auch Mitarbeiter an Universitäten und Fachhochschulen können die Software auf schriftliche Nachfrage für wissenschaftliche Lehrzwecke in der Vollversion kostenfrei beziehen.

Mit Hilfe der Statistiksoftware Visual-XSel lassen sich u.a. eigene Datensätze mittels neuronaler Netze und anderen statistischen Verfahren (z.B. Regressionsanalyse/ANOVA, Partial-Least-Square, Logistische Regression) auswerten. Das benutzerfreundliche Programm bietet darüber hinaus eine komfortable Erstellung von Datenvisualisierungen an, wobei die Funktionsvielfalt etwa von MATLAB nicht ganz erreicht wird. Da nur relativ wenige Parameter für die Datenanalyse mittels neuronaler Netze eingestellt werden können, bietet sich das Programm insbesondere für Personen an, die bisher keine Erfahrung mit dem Einsatz dieses Auswertungsverfahrens gesammelt haben. Um primär mit neuronalen Netzen zu experimentieren, ist hingegen eher MATLAB oder MemBrain (siehe Kapitel 6.4) zu empfehlen.

In den nachfolgenden Unterkapiteln werden die einzelnen Schritte bei der Datenauswertung mittels neuronaler Netze detailliert besprochen. Die Unterkapitel 6.3.5 sowie 6.3.7 bis 6.3.11 sind dabei *nicht* zwingend erforderlich und können beim ersten Durcharbeiten des Beispiels übersprungen werden.

6.3.1 Datensatz einfügen

Im ersten Schritt ist ein Datensatz in Visual-XSel einzufügen. Nach dem Programmstart klicken Sie zunächst mit der linken Maustaste auf den Menüpunkt "Tabelle" im mittleren Bildschirmbereich. Hier stehen Ihnen mehrere Möglichkeiten zur Verfügung, um den gewünschten Datensatz in Visual-XSel zu übertragen. Beispielsweise können Sie mit Hilfe des Menüpunkts "Excel-Daten öffnen…" einen im Excel-Format (.xls) abgespeicherten Datensatz öffnen. Achten Sie beim Öffnen der Datei darauf, dass diese *nicht* durch Excel oder ein anderes Programm zeitgleich verwendet wird, da sonst die Fehlermeldung "Fehler beim Lesen der Datei" in Visual-XSel erscheint. Des Weiteren sollte der zu öffnende Datensatz in der ersten Zeile die Bezeichnungen der einzelnen Variablen enthalten, wobei in den darauffolgenden Zeilen die einzelnen Messwerte abgespeichert sein sollten. Enthält die geöffnete Datei die Variablennamen nicht, so sind diese nachträglich in Visual-XSel in der ersten Zeile per Hand oder durch kopieren und einfügen einzutragen. Nachdem Sie alle Schritte ausgeführt haben, sollte Ihr Tabellenblatt in Visual-XSel in etwa so aussehen, wie in Abbildung 67 dargestellt.

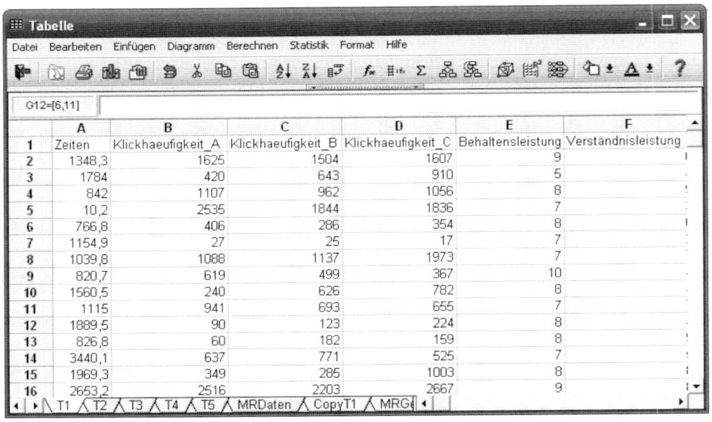

	A	B	C	D	E	F
1	Zeiten	Klickhaeufigkeit_A	Klickhaeufigkeit_B	Klickhaeufigkeit_C	Behaltensleistung	Verständnisleistung
2	1348,3	1625	1504	1607	9	
3	1784	420	643	910	5	
4	842	1107	962	1056	8	
5	10,2	2535	1844	1836	7	
6	766,8	406	286	354	8	
7	1154,9	27	25	17	7	
8	1039,8	1088	1137	1973	7	
9	820,7	619	499	367	10	
10	1560,5	240	626	782	8	
11	1115	941	693	655	7	
12	1889,5	90	123	224	8	
13	826,8	60	182	159	8	
14	3440,1	637	771	525	7	
15	1969,3	349	285	1003	8	
16	2653,2	2516	2203	2667	9	

Abbildung 67: Tabellenblatt mit Datensatz in Visual-XSel.

Sollten Sie die Daten durch kopieren und einfügen in Visual-XSel übertragen, so ist zu beachten, dass als Dezimaltrennzeichen ein Komma und *kein* Punkt (wie z.B. bei MATLAB) verwendet wird. Möchten Sie beispielsweise aus Excel heraus durch markieren, kopieren und einfügen Daten in Visual-XSel übertragen, so können Sie ggf. im Menüpunkt Extras/Optionen/International sicherstellen, dass die Dezimalzahlen als Komma und nicht als Punkt codiert werden. Deaktivieren Sie hierzu das Kontrollkästchen "Trennzeichen vom Betriebssystem übernehmen" und tragen Sie dann unter "Dezimaltrennzeichnen" ein Komma statt eines Punktes ein.

Um größere Datensätze (z.B. mit mehr als 256 Spalten) zu übertragen, die ein Excel-Tabellenblatt übersteigen, stellt Visual-XSel eine Import-Funktion bereit. Diese finden Sie in der Startauswahl nach Anklicken des Menüpunktes "Tabelle" unter dem Unterpunkt "Text-/Messdatei öffnen…". Die erscheinende Dialogbox bietet u.a. die Möglichkeit einer Vorschauoption sowie eine Filterfunktion, mit der Daten ausgewählt oder vorab aggregiert (z.B. Bildung der Mittelwerte) werden können. Genauere Angaben sind der sehr ausführlichen Hilfefunktion zu entnehmen.

6.3.2 Neuronale Netze Dialogbox auswählen

Im zweiten Schritt gilt es, die
Dialogbox zur Datenauswertung
mittels neuronaler Netze auszuwählen. Hierzu klicken Sie im
Menüpunkt "Statistik" auf den
Unterpunkt "Neuronale Netze...".
Sofern Ihre Variablennamen in der
ersten Zeile zwölf Stellen übersteigen, erscheint die Fehlermeldung "Zu lange Bezeichner. Weiter mit Kopie der Tabelle und
gekürzten Bezeichnern?". Durch
Betätigen des OK-Buttons werden
die zu langen Variablennamen
automatisch auf zwölf Stellen
gekürzt.

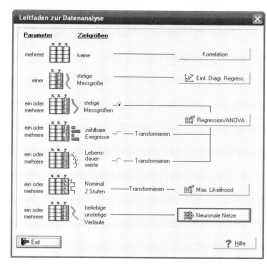

Abbildung 68: Analyseleitfaden in Visual-XSel.

Eine weitere Möglichkeit, um in
die neuronale Netze Dialogbox zu
gelangen, besteht in der Verwendung des Analyseleitfadens, den
Sie ebenfalls im Menüpunkt "Statistik" finden ("Analyse Leitfaden..."). Der Leitfaden bietet eine Orientierung, welches Auswertungsverfahren (z.B. Regressi-
on/ANOVA oder neuronale Netze) für einen bestimmten Datensatz heranzuziehen
ist (siehe Abbildung 68).

6.3.3 Variablen auswählen

Im dritten Schritt werden die Variablen ausgewählt, die bei der Datenauswertung
Berücksichtigung finden sollen. In der Dialogbox können Sie im Feld "Datenspalten" die entsprechenden Variablen auswählen und mit Hilfe der in der Mitte befindlichen Pfeile ("<" und ">") als Zielgröße oder unabhängigen Parameter deklarieren
(siehe Abbildung 69).

Zielgrößen stellen abhängige Variablen bzw. Kriteriumswerte dar, während als unabhängige Parameter die Prädiktoren bzw. unabhängigen Variablen[10] in die Modellgleichung eingefügt werden.

Sofern Sie auf Variablen aus anderen Tabellenblättern zurückgreifen möchten, können Sie sich durch Auswahl der entsprechenden Tabellenseite (im oberen, linken Bereich der Dialogbox zu finden) diese anzeigen lassen. Rechts daneben bieten zwei Buttons die Möglichkeit der automatischen Zuweisung sämtlicher Variablen mit einem Mausklick. Dies kann insbesondere bei zahlreichen Variablen und vielen verschiedenen durchzuführenden Datenanalysen eine erhebliche Arbeitserleichterung darstellen. Der linke Button nimmt die erste Variable im Feld "Datenspalte" als Zielgröße, d.h. als Kriterium an, während sämtliche verbleibenden Variablen als unabhängige Parameter (Prädiktoren) betrachtet werden. Der rechte Button sieht hingegen die letzte im Feld "Datenspalte" befindliche Variable als Zielgröße vor.

Im oberen, rechten Bereich können ferner, getrennt für jede einzelne Zielgröße und jeden unabhängigen Parameter, verschiedene Transformationen (z.B. Quadrierung der Werte) durchgeführt werden. Sofern keine spezifischen Informationen über die Variablen vorliegen, die eine solche Transformation erforderlich machen, sollte von dieser Möglichkeit zunächst *nicht* Gebrauch gemacht werden.

Im mittleren Bereich der Dialogbox stehen zwei als "Einheit" beschriftete Textfelder zur Verfügung. Hier können Sie, getrennt für die einzelnen Faktoren und Zielgrößen,

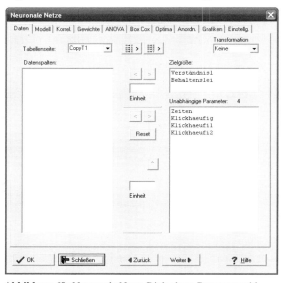

Abbildung 69: Neuronale Netze Dialogbox: Datenauswahl.

Maßeinheiten (z.B. Kilogramm bei der Variable Gewicht) angeben, die bei der späteren graphischen Visualisierung der Datenauswertung (siehe Kapitel 6.3.11) angezeigt werden sollen.

---

[10] Unabhängige Variablen und Prädiktorvariablen sowie abhängige Variablen und Kriteriumsvariablen werden im vorliegenden Lehrbuch synonym verwendet, da sie bei der Datenauswertung mathematisch identisch sind. Bei der Datenerhebung werden die Begriffe unabhängige und abhängige Variable hingegen zumeist im Kontext von Experimenten verwendet, so dass durch dieses Begriffspaar häufig eine engere, gerichtete Kausalbeziehung zum Ausdruck gebracht wird (vgl. Bortz, 2005).

Auch die Reihenfolge der unabhängigen Parameter ist lediglich für die spätere graphische Darstellung von Bedeutung. Ein ausgewählter Faktor kann durch die "^"-Taste, die sich unterhalb des Reset-Buttons befindet, an die erste Stelle platziert werden. Sofern alle Einstellungen vorgenommen worden sind, kann mit Hilfe der Weiter-Taste die nächste Rubrik "Modell" in der neuronale Netze Dialogbox geöffnet werden.

Zu beachten ist bei der Auswahl der Variablen, dass sowohl für die unabhängigen als auch für die abhängigen Variablen mindestens Intervallskalenniveau vorausgesetzt wird. Sollten einzelne Variablen diese Voraussetzung *nicht* erfüllen, so können aus nominal- oder ordinalskalierten Variablen mittels sogenannter Indikatorcodierung künstlich erzeugte, intervallskalierte Variablen generiert werden (näheres hierzu siehe z.B. Bortz, 2005; Moosbrugger, 2002). Beispielsweise kann man die nominalskalierte Variable "Geschlecht" mit den beiden Ausprägungen "männlich" und "weiblich" in eine intervallskalierte Variable transformieren, indem man auf die Dummycodierung – eine bestimmte Art der Indikatorcodierung – zurückgreift. Bei dieser Codierungsvariante würde man allen Männern z.B. eine Null, sämtlichen Frauen hingegen eine Eins zuweisen. Hierdurch erhielte die künstlich erzeugte, zweiwertige Variable nur ein einziges Intervall (von Null bis Eins). Dieses Intervall ist zwangsläufig zu sich selbst äquidistant, d.h. gleichabständig (z.B. ist die Temperaturdifferenz zwischen 20 C° und 30 C° genauso groß ist wie die zwischen 10 C° und 20 C°), so dass die Voraussetzung für das Intervallskalenniveau sichergestellt ist (vgl. z.B. Moosbrugger, 2002). Mit Hilfe dieses "mathematischen Tricks" können auch nominal- und ordinalskalierte Variablen mit mehr als zwei Ausprägungen in intervallskalierte Variablen überführt werden. Beispielsweise kann eine vierfachgestufte, nominalskalierte Variable mit Hilfe der Dummycodierung in drei, künstlich erzeugte, intervallskalierte Variablen transformiert werden (siehe Tabelle 3).

Tabelle 3: Beispielhafte Darstellung einer Dummycodierung.

		intervallskalierte Variable		
		Variable 1	Variable 2	Variable 3
	Faktorstufe 1	1	0	0
Nominal-skalierte Variable	Faktorstufe 2	0	1	0
	Faktorstufe 3	0	0	1
	Faktorstufe 4	0	0	0

Die Umkodierung der nominal- und ordinalskalierten Variablen könnte grundsätzlich per Hand (z.B. mit Excel) vorgenommen werden. Einfacher ist es jedoch, auf die von Visual-XSel bereitgestellte automatische Transformation zurückzugreifen. Über die Funktion "Daten umstellen" (Menüpunkt Bearbeiten) erfolgt die Umkodierung (siehe Abbildung 70), wobei in dem vorliegenden Beispiel eine Hilfsspalte (Spalte B, siehe Abbildung 70) notwendig ist, die vollständig mit Einsern aufgefüllt werden sollte. Zur Anwendung der Funktion ist der Tabellenbereich zu markieren. Nach der Umformung in einer separaten Tabelle können die Spalten A und E durch manuelle Nachbearbeitung gelöscht werden (siehe Abbildung 70).

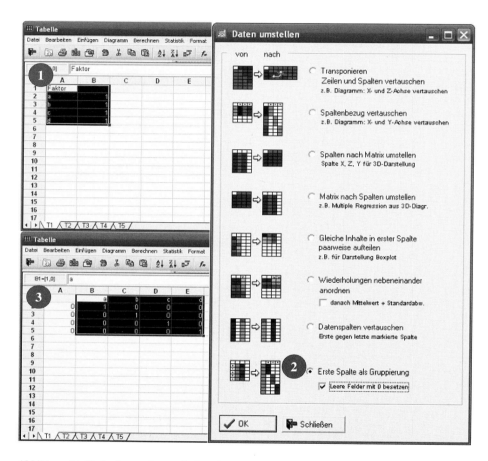

Abbildung 70: Umkodierung der nominal- und ordinalskalierten Variablen mittels Visual-XSel.

6.3.4 Modellparameter festlegen

Der vierte Schritt dient zur Festlegung der gewünschten Modellparameter. Im links befindlichen Feld finden Sie noch einmal die zuvor ausgewählten unabhängigen Variablen bzw. Prädiktoren des Modells, die im neuronalen Netz als Input-Units fungieren. Bei vier Variablen besitzt das Netz entsprechend vier Input-Neuronen.

Die Anzahl an Hidden-Units können Sie im oberen Bereich der rechten Seite unter "Anzahl an Neuronen" selbst festlegen. Wie viele Neuronen, d.h. Hidden-Einheiten gewählt werden sollten, kann pauschal *nicht* angegeben werden, sondern hängt von zahlreichen Faktoren ab. Grundsätzlich gilt, dass bei zu wenigen Hidden-Units die Daten durch das Modell nicht mehr hinreichend angepasst, d.h. die gesuchten Muster in den Zahlen nicht mehr erfasst werden können. In diesem Zusammenhang spricht man auch vom Underfitting-Problem. Zum Overfitting der Daten kann es hingegen kommen, wenn zu viele Hidden- (und Input-)Units im

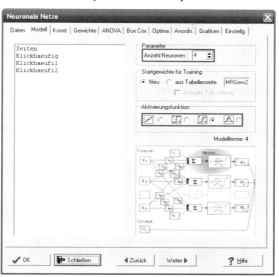

Abbildung 71: Neuronale Netze Dialogbox: Modellparameter festlegen.

Modell Berücksichtigung finden (siehe Kapitel 4.4). In diesem Fall erfolgt zwar eine sehr gute Anpassung der Daten durch das Modell, jedoch beruhen die in den Daten gefundenen Zahlenmuster auf zufälligen Variationen in der untersuchten Stichprobe, die sich in neuen Stichproben *nicht* replizieren lassen. Eine Verallgemeinerung auf die Population (Grundgesamtheit) ist folglich *nicht* statthaft.

Auch bei der Wahl der Aktivierungsfunktion (im Lehrbuch zumeist als Aktivitäts-funktion bezeichnet, siehe Kapitel 1.5.3) kann *nicht* pauschal angegeben werden, welche Funktion im konkreten Fall verwendet werden sollte. Während die lineare Aktivitätsfunktion sich lediglich bei der Erfassung linearer Zusammenhänge anbie-tet, können die drei anderen Funktionen auch nonlineare Zusammenhänge erfassen. Unserer Erfahrung nach kann man *nicht* unabhängig vom Datensatz sagen, welche Aktivitätsfunktion die beste Varianzaufklärung erzielt. Die binäre Aktivitätsfunktion ist hier ebenfalls wählbar, da es sich zwar um ein neuronales Netz mit Hidden-Units handelt, aber statt des Gradientenabstiegsverfahrens (siehe Kapitel 2.5), welches eine differenzierbare Aktivitätsfunktion voraussetzt (siehe Kapitel 1.5.3), eine rein iterative Vorgehensweise zum Einsatz gelangt.

Insgesamt ist – sofern kein Vorwissen über eine geeignete Netzstruktur vorliegt – sowohl bei der Festlegung der Anzahl an Hidden-Units als auch bei der Auswahl einer Aktivitätsfunktion simples Ausprobieren vonnöten. Eine Unterstützung durch Evolutionäre Algorithmen (siehe Exkurs im Kapitel 3.2) sieht Visual-XSel in der Version 10 noch *nicht* vor.

Im Feld "Startgewichte für Training" können Sie noch mit Hilfe von Radio-Buttons entscheiden, ob die Gewichte neu berechnet werden sollen oder auf bereits trainierte Startgewichte zurückgegriffen werden soll. Bei der Neuberechnung – auf die bei der ersten Bestimmung der Gewichte zwangsläufig zurückgegriffen werden muss – werden automatisch mehrere, zufällige Startgewichte generiert (siehe Multi-Start-Verfahren, Kapitel 2.5.4), von denen ausgehend der Optimierungsalgorithmus beginnt. Liegen bereits trainierte Gewichte vor, so können durch Angabe der Tabellenseite, auf der sich die Angaben zu den Gewichten befinden, diese als Startpunkt herangezogen werden. Sofern man auf bereits trainierte Gewichte zurück-

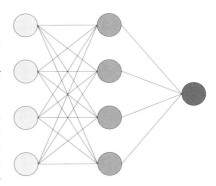

Abbildung 72: Schematische Darstellung eines neuronalen Netzes mit vier Prädiktoren (unabhängigen Variablen), vier Hidden-Units und einem Kriterium (abhängige Variable).

greifen möchte, die *nicht* weiter modifiziert werden sollen, kann dies durch Anklicken des Kontrollkästchens "fix (vor. Tab. Werte)" erreicht werden. Dies bietet sich beispielsweise an, wenn ein bereits trainiertes Netz mit einem neuen Datensatz gefüttert wird, um festzustellen, wie gut die Varianzaufklärung des Netzes für diese neue Stichprobe ausfällt. Die Fixierung der Gewichte bestimmt folglich auch, ob sich das neuronale Netz in der Trainings- (ohne Fixierung) oder Testphase (mit Fixierung) befindet (siehe Kapitel 1.6). Unmittelbar unterhalb der auswählbaren normalverteilten Aktivitätsfunktion werden die Modellterme des Netzes angegeben. Die Anzahl entspricht der Anzahl an Input-Units, d.h. an Prädiktoren bzw. unabhängigen Variablen, die auf der linken Seite aufgeführt werden.

Bei der rechts unten befindlichen Visualisierung in Abbildung 71 handelt es sich um ein – von den gewählten Parametern unabhängiges – Bild, welches eine allgemeine Visualisierung eines neuronalen Netzes darstellt und *nicht* weiter bedeutsam ist. Eine spezifische Darstellung eines neuronalen Netzes mit vier Prädiktoren (Input-Units), vier gewählten Neuronen (hier: Hidden-Units) und einer Zielgröße (Output-Unit) ist in Abbildung 72 dargestellt. Durch Betätigen der Weiter-Taste gelangen Sie wie gewohnt in die nächste Rubrik.

6.3.5 Korrelationen der Datenanalyse überprüfen

Im fünften Schritt der Datenauswertung mittels neuronaler
Netze sind die Korrelationen –
berechnet nach der Bravais-
Pearson-Methode (bzw. auch
Produkt-Moment-Korrelation
genannt) – zwischen den ausgewählten Variablen zu überprüfen. Hierbei können bei
neuronalen Netzen drei Gruppen voneinander unterschieden
werden, die durch die entsprechenden Radio-Buttons an-
wählbar sind (siehe die drei
"Kreise" in Abbildung 73):

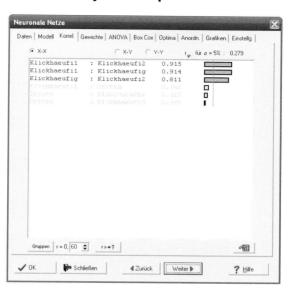

- **X-X:** Hier werden sämtliche Korrelationen zwischen den einzelnen Prädiktoren untereinander
  aufgelistet.

Abbildung 73: Neuronale Netze Dialogbox: Korrelationen der
Datenanalyse überprüfen.

- **X-Y:** Unter X-Y finden
  Sie die Korrelationen zwischen den ausgewählten Prädiktoren und den Kriterien, d.h. den abhängigen Variablen.

- **Y-Y:** Dort sind die Korrelationen zwischen sämtlichen abhängigen Variablen
  aufgelistet. Sofern Sie nur ein Kriterium verwenden, entfallen hier die entsprechenden Angaben. Da bei der Datenauswertung mittels neuronaler Netze die
  abhängigen Variablen getrennt voneinander analysiert werden, fehlen die Kor-
  relationswerte hier ebenfalls.

Neben der Angabe der einzelnen Korrelationen, gerundet auf drei Nachkommastellen, finden Sie für die Bedingung X-X am rechten Rand des mittleren Feldes auch
Balkengrafiken, die die Stärke des jeweiligen Zusammenhanges visualisieren. Je
größer die Korrelation, desto größer der jeweilige Balken. Rote Balken repräsentieren statistisch signifikante Korrelationen auf dem 5%-Niveau. Um dieses Niveau zu
erreichen, muss die Korrelation mindestens den Wert erreichen, der im rechten oberen Bereich auf drei Nachkommastellen genau unter der Bezeichnung "r_{gr} für α =
5%:" dargestellt ist. Dieser Wert wird in der Balkengrafik als graue Linie dargestellt.
Sofern ein festzulegender Wert überschritten wird (Standardeinstellung r = 0.6),
erscheint zusätzlich mit Aufrufen der Rubrik "Korrel." der Hinweis "Mindestens
zwei Parameter korrelieren miteinander. Jeweils einer sollte aus dem Modell entfernt
werden". In diesem Fall ist nach Betätigen der OK-Taste, um den Warnhinweis

auszublenden ggf. auf die unten angezeigte Taste "r>>➔?" zu drücken. Hierdurch eröffnen sich bei der Datenauswertung mittels neuronaler Netze drei Optionen (siehe Abbildung 74, die Auswertung mittels Partial Least Square betrifft lediglich die multiple Korrelation):

- **Weiter ohne Aktion:** Durch Auswahl dieser Option werden keine Prädiktoren aus dem Modell herausgenommen. Eine solche Wahl kann zu dem Problem führen, dass unnötig viele (redundante, da korrelierte) Parameter in dem neuronale Netz Modell Verwendung finden und somit zufällige Variationen in der untersuchten Stichprobe mit angepasst werden, die in einer neuen Stichprobe *nicht* mehr in

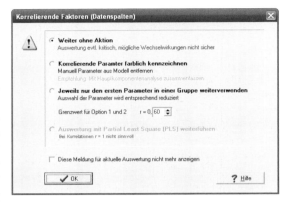

Abbildung 74: Dialogbox: Korrelierende Faktoren (Datenspalten).

Erscheinung treten (Stichwort: Overfitting der Daten, siehe Kapitel 4.4).

- **Korrelierende Parameter farblich kennzeichnen:** Durch die farbliche Markierung kann der Benutzer die gewünschten Variablen (u.a. auch nach inhaltlichen Gesichtspunkten) leichter manuell entfernen. Es besteht auch die Möglichkeit, korrelierende Variablen mit Hilfe der Hauptkomponentenanalyse (bzw. eigenhändig, z.B. mit Hilfe kompetitiver Netze, siehe Kapitel 3.5) zusammenzufassen. Durch die Zusammenfassung kann es allerdings zu Interpretationsproblemen der entstehenden Variablen kommen.

- **Jeweils nur den ersten Parameter in einer Gruppe weiterverwenden:** Hierdurch wird automatisch der erste Parameter in einem korrelierten Variablenpaar für die weitere Analyse der Daten ausgewählt. Visual-XSel springt von selbst zur Rubrik "Daten" zurück, damit der Benutzer prüfen kann, welche Prädiktoren aus dem Modell entfernt wurden. Auch hier können Sie die Auswahl beeinflussen, indem Sie den Grenzwert – standardmäßig auf $r = .60$ eingestellt – entsprechend modifizieren. Je größer dieser Wert gewählt wird, desto weniger Variablen werden aus dem Modell entfernt. Der Standardwert in Visual-XSel von $r = .60$, der auch bereits in der Rubrik "Korrel." modifiziert werden konnte, wurde aufgrund von Erfahrungswerten festgelegt.

Ob man als Benutzer Variablen entfernen sollte, kann *nicht* pauschal angegeben werden. Unspezifisch formuliert gilt (vgl. Kapitel 6.3.4), so viele Variablen wie möglich zu eliminieren bzw. zusammenzufassen, um mit Hilfe eines möglichst sparsamen Modells dennoch so viel Varianz wie möglich aufzuklären.

Bezüglich der Korrelationen zwischen einzelnen Prädiktoren ist ferner zu beachten, dass ein Prädiktor, der hoch mit einem anderen Prädiktor korreliert, jedoch nur niedrig mit dem Kriterium, *nicht* zwangsläufig aus dem Modell entfernt werden sollte. In seltenen Fällen kann es sich nämlich um eine Suppressorvariable handeln (Moosbrugger, 2002). Diese kann in Kombination mit einem weiteren Prädiktor, mit dem sie hoch korreliert, eine zusätzliche, substantielle Varianzaufklärung erbringen, indem sie Störvarianz unterdrückt (= supprimiert) und somit zur Informationspräzisierung beiträgt.

Mit dem links unten befindlichen Button "Gruppen" können unabhängig korrelierende Gruppen gebildet werden. Der unten rechts zu findende Button, der sich unmittelbar oberhalb des Hilfe-Buttons befindet, bietet die Möglichkeit, die gebildeten Einzelkorrelationen in ein Tabellenblatt namens "MRKorrel" zu kopieren.

6.3.6 Modellgewichte berechnen lassen

Von zentraler Bedeutung bei der Datenauswertung mittels neuronaler Netze ist die Berechnung der Modellgewichte. Im Gegensatz zur Ermittlung der Beta-Koeffizienten bei der multiplen Korrelation, die ebenfalls mit Visual-XSel durchgeführt werden kann, werden die Modellgewichte *nicht* mittels der Methode der kleinsten Quadrate (siehe Kapitel 2.5.4) im Bruchteil einer Sekunde berechnet. Stattdessen gelangt das rechenintensive Gradientenabstiegsverfahren (siehe Kapitel 2.5) zum Einsatz, welches auch bei neueren Heim-PCs – in Abhängigkeit der Komplexität des neuronalen Netzes – mitunter einige Minuten in Anspruch nehmen kann. Im Vergleich zur multiplen Korrelation können nonlineare Zusammenhänge hier jedoch oftmals deutlich besser[11] erfasst und dadurch häufig eine substantiell höhere Varianzaufklärung erzielt werden.

Während die Methode der kleinsten Quadrate bei der multiplen Korrelation bei Neuberechnung mit denselben Daten immer zu denselben Beta-Koeffizienten gelangt, ist dies beim Gradientenabstiegsverfahren *nicht* der Fall. Hier kann das Netz – in Abhängigkeit der zufällig gewählten Startgewichte – in verschiedene lokale Minima wandern (siehe Kapitel 2.5), was unterschiedliche Modellgewichte und Varianzaufklärungen nach sich zieht. Der Button mit der Aufschrift "Calc" im rechten unteren Bereich (siehe Abbildung 75) bietet die Möglichkeit, eine Neuberechnung durchzuführen und dadurch evtl. neue Modellgewichte mit einer veränderten Varianzaufklärung (R^2) zu erhalten. Der Zurück-Button unmittelbar darunter stellt die zuvor berechneten Werte mit der entsprechenden Varianzaufklärung wieder her.

---

[11] Auch mit Hilfe der multiplen Korrelation im Kontext des Allgemeinen Linearen Modells können nonlineare Zusammenhänge erfasst werden (z.B. Moosbrugger, 2002), jedoch muss im Gegensatz zu neuronalen Netzen a priori festgelegt werden, welche nonlinearen Zusammenhänge durch das Modell abgebildet werden sollen (siehe auch Kapitel 4.3).

Aufgrund der Wartezeit bei der Berechnung neuer Modellgewichte ist zu empfehlen, die resultierenden Gewichte abzuspeichern, um auf diese zu einem späteren Zeitpunkt für weitere Analysen wieder zurückgreifen zu können. Die Gewichte werden in einem eigenen Tabellenblatt ("MRGew1") abgelegt, so dass auf diese Werte in der Vollversion leicht zurückgegriffen werden kann. Da in der Demoversion die Speicherfunktion sowie das Kopieren aus Tabellenblättern *nicht* zur Verfügung steht, können die Werte hier nur per Screenshot ("Druck"-Taste drücken und anschließend in einem Bildverarbeitungsprogramm das Bild einfügen bzw. später bei

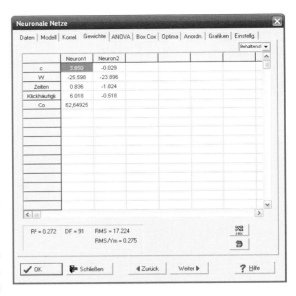

Abbildung 75: Neuronale Netze Dialogbox: Modellgewichte berechnen lassen.

der Darstellung der Ergebnisse, siehe Kapitel 6.3.11) oder durch eigenhändige Abschrift festgehalten werden.

Nachdem Sie die Berechnung für eine Zielgröße durchgeführt haben, sind für die weiteren abhängigen Variablen ebenfalls die Modellgewichte zu berechnen, indem Sie im Auswahlmenü (oben rechts) die entsprechende Variable anwählen.

Zu jeder Zielgröße werden – für jede Hidden-Unit (Neuron1, Neuron2, usw.) – verschiedene Zahlenwerte angegeben (siehe Abbildung 75). Die erste Zeile mit der Aufschrift "c" gibt Auskunft über die Konstanten der einzelnen Hidden-Units, die als eine Art Bias-Unit (siehe Kapitel 1.5.5) implementiert wurden. Die zweite Zeile mit der Bezeichnung "W" stellt die Gewichte zwischen der jeweiligen Hidden-Einheit und der Output-Unit dar, welche die Zielgröße repräsentiert. Die weiteren Zahlenwerte beziehen sich auf die Gewichte zwischen den Input- und Hidden-Units. In der letzten Zeile findet sich eine weitere Konstante mit der Bezeichnung "Co", die als "Bias-Unit" für die Output-Einheit fungiert. Abbildung 76 stellt den Netzaufbau schematisch für vier Input-, zwei Hidden- und eine Output-Unit dar, wobei drei weitere "Bias-Units" im Modell Berücksichtigung finden.

Im linken, unteren Bereich der Abbildung 75 werden – getrennt für jede Zielgröße – verschiedene statistische Kennwerte berichtet:

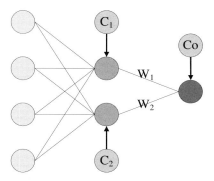

Abbildung 76: Schematische Darstellung eines neuronalen Netzes mit vier Prädiktoren, zwei Hidden-Units und einer abhängigen Variable. Das Modell enthält zudem drei "Bias-Units".

- **Determinationskoeffizient R^2:** Der Determinationskoeffizient – auch als Bestimmtheitsmaß bezeichnet – variiert zwischen Null und Eins und gibt die Varianzaufklärung der Zielgröße durch das neuronale Netz an. Grundsätzlich gilt: Je größer dieser Wert ausfällt, desto besser ist das verwendete Modell. Nachteilig an diesem Kennwert ist, dass mit Hinzunahme weiterer Prädiktoren die Varianzaufklärung immer weiter zunimmt (bzw. im schlechtesten Fall unverändert bleibt) ohne erkennen zu können, ob ein Overfitting der Daten (vgl. Kapitel 6.3.4) vorliegt.

- **Freiheitsgrade df:** Die Freiheitsgrade df (degrees of freedom) geben die Anzahl der frei variierbaren Elemente des neuronalen Netzes an. Die Berechnung der Freiheitsgrade erfolgt nach der Formel:

$$df = N - (z + 2) \cdot k - 1$$

Dabei gilt:

N = Gesamtzahl der Messungen

z = Anzahl der unabhängigen Variablen

k = Anzahl der Hidden-Units

- **Standardabweichung für das Gesamtmodell RMS:** Der sogenannte RMS-Error (Root Mean Squared Error, auch als RMSE abgekürzt) repräsentiert die Standardabweichung des Gesamtmodells. Er dient als statistischer Kennwert zur Abschätzung der Modellgüte und berücksichtigt dabei auch die Sparsamkeit des Modells. Die Berechnung erfolgt nach folgender Formel:

$$RMS = \sqrt{\frac{SS_{Res}}{N - z - 1}}$$

Dabei gilt:

$$SS_{Res} = \sum_{i=1}^{n} (Y_i - \hat{Y}_i)^2$$

Y_i = tatsächlich gemessener Wert der Person i

$\hat{Y}_i$ = durch das Modell vorhergesagter Wert der Person i

N   = Anzahl der Versuche

z   = Anzahl der unabhängigen Variablen und Hidden-Units

- **Relative Standardabweichung bezogen auf den mittleren Datenbereich RMS/Y_m:** Dieser Indikator bildet sich mit Hilfe der Standardabweichung des Gesamtmodells geteilt durch Y_m (= Mittelwert der zu untersuchenden Zielgröße bzw. abhängigen Variable) und stellt ein wichtiges Gütekriterium für das verwendete neuronale Netz dar.

6.3.7 Kennwerte der Datenauswertung interpretieren

Im siebten Schritt der Datenauswertung liefert Visual-XSel eine Überblickstabelle mit wichtigen statistischen Kennwerten, die häufig bei der Datenauswertung mittels Varianzanalyse berichtet werden (siehe Abbildung 77). Zu beachten ist, dass der Benutzer mit Hilfe des Auswahlmenüs (oben links) festlegen kann, für welche Zielgröße (abhängige Variable) die Werte dargestellt werden sollen und diese dann auf Wunsch in das Tabellenblatt "MRANOVA" kopieren kann (Button unten rechts).

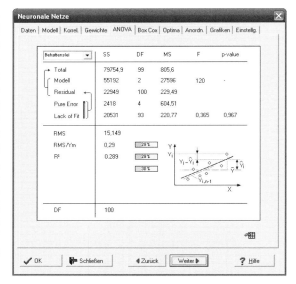

Abbildung 77: Neuronale Netze Dialogbox: Kennwerte der Datenauswertung interpretieren.

Spaltenweise werden folgende Kennwerte dargeboten:

- **SS:** In dieser Spalte finden Sie die Summe der Abweichungsquadrate (sum of squares). Für die Zeile "Total" werden beispielsweise sämtliche Werte der abhängigen Variable abzüglich ihres Mittelwertes quadriert und anschließend aufsummiert.

- **DF:** Unter DF verbergen sich die Freiheitsgrade (degrees of freedom), z.B. für das verwendete Modell (siehe Abbildung 77).

- **MS:** Als "mean square(d)" wird der Quotient zwischen der Summe der Abweichungsquadrate und den dazugehörigen Freiheitsgraden betrachtet (SS/DF).

- **F:** Der F-Wert bildet die Grundlage für die inferenzstatistische Entscheidung.

- **p-Value:** Der p-Wert stellt einen weiteren inferenzstatistischen Indikator dar, der die Wahrscheinlichkeit angibt, mit der der dazugehörige F-Wert der zentralen Verteilung zugeordnet werden kann.

In den Zeilen werden neben den bereits besprochenen Kennwerten RMS, RMS/Y_m und R^2 (siehe Kapitel 6.3.6) noch folgende Kennzahlen aufgeführt:

- **Total:** Total bezieht sich auf sämtliche "normierte" (von jedem Messwert wird der Gesamtmittelwert subtrahiert) Werte der abhängigen Variablen ($y - \bar{y}$).

- **Modell:** Hierunter fallen alle vom Modell vorhergesagten Werte der abhängigen Variablen abzüglich ihres Mittelwertes ($\hat{y} - \bar{y}$).

- **Residual:** Unter "Residual" versteht man die "Fehlerwerte", die sich durch Subtraktion der vorhergesagten Werte von den gemessenen Werten ergeben ($y - \hat{y}$).

- **Pure error:** Als "pure error" wird der reine Fehler bezeichnet, der sich aufgrund von Messwiederholungen ergibt. Messwiederholung bedeutet, dass jede Versuchsperson unter mehreren Stufen eines experimentellen Faktors hinsichtlich der Ausprägung der abhängigen Variablen untersucht wird (z.B. Moosbrugger, 2002).

- **Lack of fit:** Diese Zeile bezieht sich auf die Modellschwäche des neuronalen Netzes und wird mit Hilfe der Residualwerte gebildet, von denen der reine Fehler abgezogen wird. Aus der Modellschwäche lässt sich ein empirischer F-Wert bilden, der mit einem kritischen F-Wert (meist wird als Signifikanzniveau das 5%-Niveau verwendet) verglichen werden kann. Der p-Wert lässt ggf. erkennen, dass zu wenige Modellterme enthalten sind. Da man einen "lack of fit" vermeiden möchte, sollte der p-Wert möglichst groß ausfallen, d.h. deutlich über dem 5%-Signifikanzniveau liegen ($p > 0.05$).

- **DF:** In der untersten Zeile ist nochmals der Gesamtfreiheitsgrad angegeben, der mit der Gesamtzahl aller Messungen übereinstimmen sollte.

Abbildung 78 stellt noch einmal dar, wie die Gesamtvarianz der abhängigen Variablen auf die einzelnen Komponenten aufgeschlüsselt wird.

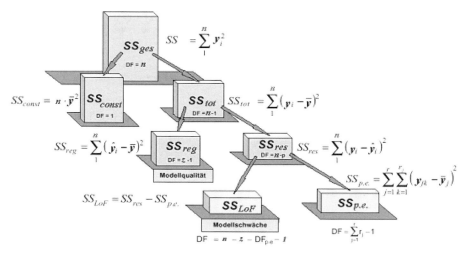

Abbildung 78: Aufschlüsselung der Gesamtvarianz (aus der Hilfefunktion von Visual-XSel entnommen).

6.3.8 Zielgrößentransformation überprüfen

In der Rubrik "Box Cox" wird geprüft, ob sich ggf. eine Transformation der abhängigen Variablen anbietet (siehe Abbildung 79). Getrennt für jede Zielgröße (oben links) werden Ihnen die Residuen, d.h. die Abweichungen vom Modell angegeben, die sich bei Transformation der unten angezeigten Funktion ergeben. Der kleinste Wert, also der unterste Wert im Liniendiagramm, gibt die Transformation an, die zu den geringsten Abweichungen vom Modell führt. Diese – oder eine beliebige andere – kann vom Benutzer in der Rubrik "Daten" (siehe Kapitel 6.3.3) in dem Menü "Transformation" (oben rechts zu finden) ausgewählt

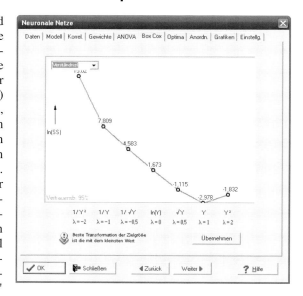

Abbildung 79: Neuronale Netze Dialogbox: Zielgrößentransformation überprüfen.

werden. Durch den Button "Übernehmen" (unten rechts) wird hingegen immer die-jenige Transformation ausgewählt, bei der die beste Box Cox Anpassung resultiert.

6.3.9 Zielgrößen optimieren

Im neunten Schritt können in der Rubrik "Optima" bei Bedarf eine oder mehrere abhängige Variablen und das dazugehörige Modell einer Optimierung unterzogen werden (z.B. soll der Kraftstoffverbrauch ein Minimum erreichen).

Die Zielgrößen (abhängigen Variablen) können getrennt voneinander minimiert, maximiert und auf einen spezifischen Wert ("Vorgabewert") gesetzt werden. Bei Minimierung kann ein oberer Grenzwert definiert werden, bei Maximierung ein unterer, die nicht über- bzw. unterschritten werden dürfen. Diese Grenzlinien werden durch Anklicken des Kontrollkästchens "Grenzlinien in Kurvendiagramm" zu einem späteren Zeitpunkt visualisiert. Durch einen Gewichtungsfaktor kann ferner festgelegt werden, ob einer oder mehreren Zielgrößen eine größere Bedeutung bei der Optimierung beigemessen werden soll. Hierdurch wird das gemeinsame Optimum näher an dem Einzeloptimum der höher gewichteten abhängigen Variablen liegen.

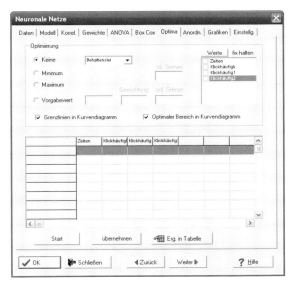

Abbildung 80: Neuronale Netze Dialogbox: Zielgrößen opti-mieren.

Durch Betätigen des Start-Buttons wird ein gemeinsames Optimum als Kompromiss aller Zielgrößen mit den zuvor festgesetzten Restriktionen (Minimum, Maximum, Vorgabewert usw.) berechnet. Danach wird durch die Taste "Übernehmen" die Einstellung für das später auszuwählende Kurvendiagramm (siehe Kapitel 6.3.11) verwendet. Dort werden die Einzeloptima als kleine rote Dreiecke optional zur Abschätzung, wie weit die Einstellungen der Prädiktoren von jeweiligen Einzeloptima entfernt sind, angezeigt. Die gefundenen Optima können mit Hilfe der Taste "Erg. in Tabelle" in das Tabellenblatt "MROptima" übertragen werden.

Um einzelne Prädiktoren bei der Optimierung auszuklammern, sind im oberen rechten Bereich die gewünschten Variablen auszuwählen, die *nicht* mit variiert werden sollen. Der gewünschte Wert des fixierten Prädiktors kann durch Drücken der Taste "Werte" in der sodann erscheinenden Rubrik "Grafiken" (siehe auch Kapitel 6.3.11) eingestellt werden.

6.3.10 Zusammenhänge der unabhängigen Parameter visualisieren

In der Rubrik "Anordnung" ("Anordn.") können jeweils drei Prädiktoren in einem dreidimensionalen Schaubild visualisiert werden (siehe Abbildung 81). Hierdurch lässt sich überprüfen, in welcher Art und Weise die unabhängigen Variablen miteinander korrelieren.

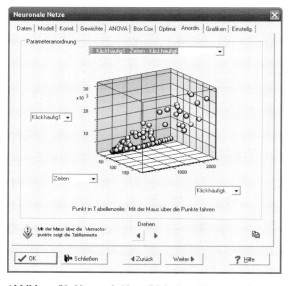

Die dreidimensionale Darstellung erscheint nur dann, wenn mindestens drei Prädiktoren für das neuronale Netz verwendet wurden. Sollte dies nicht der Fall sein, so erfolgt lediglich die Fehlermeldung "Anordnung erst ab 3 Parameter möglich".

Bei mehr als drei Prädiktoren können Sie im oberen Aus-

Abbildung 81: Neuronale Netze Dialogbox: Zusammenhänge der unabhängigen Parameter visualisieren.

wahlmenü aus allen möglichen Kombinationen mit drei unabhängigen Variablen eine Spezifische selektieren. Alternativ besteht auch die Möglichkeit, in den drei, an den Achsen befindlichen Auswahllisten die Prädiktoren festzulegen.

Fährt man mit dem Mauszeiger über die einzelnen Punkte, so wird unterhalb der Visualisierung angezeigt, welchen Versuchszeilen der ausgewählte Punkt im Tabellenblatt zugeordnet ist. Ein einzelner Punkt kann folglich auch mehrere Messwerte repräsentieren.

Die dreidimensionale Darstellung kann auf Wunsch mit Hilfe der Buttons "<" und ">" gedreht werden. Rechts neben diesen Tasten befindet sich noch ein weiterer Button, der zum Kopieren der Abbildung in die Zwischenablage dient.

6.3.11 Ergebnisse der Datenauswertung graphisch darstellen

Visual-XSel stellt neben der Datenauswertung mittels neuronaler Netze auch umfangreiche Möglichkeiten der Visualisierung der Ergebnisse bereit (siehe Abbildung 82). In der Rubrik "Grafiken" können Sie im Auswahlmenü oben rechts zunächst die gewünschte abhängige Variable auswählen.

Die Hauptüberschrift für alle Ergebnisse kann im Textfeld oben links eingetragen werden. Unmittelbar darunter ist der gewünschte Diagrammtyp auszuwählen:

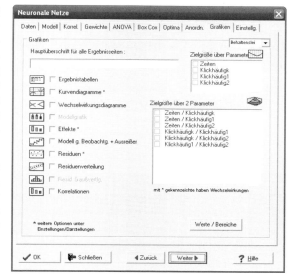

Abbildung 82: Neuronale Netze Dialogbox: Ergebnisse der Datenauswertung graphisch darstellen.

- **Ergebnistabellen:** Durch Anklicken dieser Option wird *kein* Diagramm ausgegeben, sondern es werden die in der Rubrik "Gewichte" (siehe Kapitel 6.3.6) bereits dargestellten Gewichte des neuronalen Netzens mitsamt einigen zentralen statistischen Kennwerten in einer Tabelle pro abhängiger Variablen ausgegeben.

- **Kurvendiagramme:** Im Kurvendiagramm wird eine abhängige Variable (y-Achse) in Abhängigkeit eines einzelnen Prädiktors (x-Achse) abgetragen. Durch Anklicken dieser Option erhalten Sie die Kurvenverläufe für sämtliche Parameter-Zielgrößen-Kombinationen in einem einzelnen Schaubild. Durch Auswahl der Zielgröße und Anklicken des gewünschten Parameters oben rechts ("Zielgröße über Parameter") können die Kurvenverläufe auch separat angezeigt werden.

- **Wechselwirkungsdiagramme:** Mit Hilfe dieses Diagramms können Sie sich die Wechselwirkungen zwischen den Prädiktoren – bezogen auf die abhängige Variable – anzeigen lassen. Wie beim Kurvendiagramm werden die Wechselwirkungen für sämtliche Parameter-Zielgrößen-Kombinationen in einem einzelnen Schaubild zusammengefasst. Nicht signifikante und aus dem Modell herausgenommene Wechselwirkungen werden *nicht* visualisiert.

- **Effekte:** Durch Anklicken dieser Option erhalten Sie ein Säulendiagramm, welches die Effekte darstellt, die sich aus dem obersten und untersten Punkt der Kurven des jeweiligen Kurvendiagramms (siehe oben) ergeben. Hierdurch wird der maximale Einfluss visualisiert, den eine unabhängige Variable auf die abhängige Variable ausübt, wenn man die unabhängige Variable verändert.

- **Modell gegen Beobachtungen + Ausreißer:** In dieser Darstellung werden die vom Modell vorhergesagten Werte gegen die tatsächlich beobachteten Messwerte abgetragen. Die einzelnen Messwerte werden in blau, sofern es sich um Ausreißerwerte handelt hingegen in rot eingezeichnet. Wie bei einem herkömmlichen Streudiagramm kann die Modellgüte anhand des Punkteschwarms abgelesen werden. Im optimalen Fall ($R^2 = 1$) liegen sämtliche Messwerte auf der 45°-Linie. Je weiter die Messwerte von dieser Linie streuen, d.h. je größer die Residuen ausfallen, desto schlechter ist die Varianzaufklärung.

- **Residuen:** Die Residuen können auch in einem Residuenplot visualisiert werden, wobei bei diesem Diagrammtyp auf der x-Achse die Versuchsnummer abgetragen wird. Ggf. lassen sich dadurch Trends – beispielsweise durch zeitliche Einflüsse in der Untersuchung – erkennen, sofern die Versuchsnummer (entspricht der Zeile im Tabellenblatt) mit der tatsächlichen Versuchs(personen)nummer in der Untersuchung übereinstimmt.

- **Residuenverteilung:** Auch diese Darstellung dient der Analyse der auftretenden Residuen, wobei diese hier auf der Abszisse (x-Achse) abgetragen werden.

- **Korrelationen:** Durch Anklicken der Option "Korrelationen" erhalten Sie ein Säulendiagramm, welches die Beträge sämtlicher Korrelationen zwischen den einzelnen Prädiktoren graphisch darstellt.

Durch Betätigen des "Werte/Bereiche"-Buttons (unten rechts) gelangt man in ein Untermenü, in dem u.a. die Minimal- und Maximalwerte der Achsen in den Diagrammen manuell festgelegt werden können (vgl. Kapitel 6.3.9).

Neben der Auswahl der Diagrammtypen besteht des Weiteren die Möglichkeit, die abhängige Variable über zwei unabhängige Variablen hinweg abzutragen, um Wechselwirkungen zwischen einzelnen Prädiktoren darzustellen. Hierzu sind die gewünschten Prädiktoren im rechten mittleren Bereich mit der Überschrift "Zielgröße über 2 Parameter" auszuwählen (siehe Abbildung 82). Das sich sodann öffnende Untermenü bietet die Möglichkeit verschiedener Visualisierungstechniken an (siehe Abbildung 83).

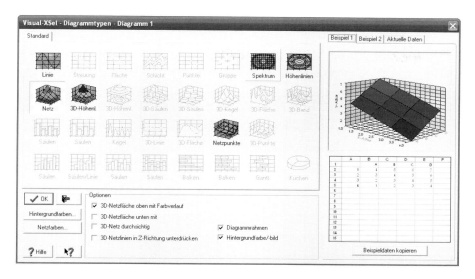

Abbildung 83: Neuronale Netze Dialogbox: Diagrammtyp zur graphischen Darstellung auswählen.

Abbildung 84 stellt beispielhaft eine dreidimensionale Visualisierung mit zwei unabhängigen und einer abhängigen Variable dar. Visual-XSel bietet diverse Optionen zur Anpassung der Abbildungen nach eigenen Wünschen an. Darüber hinaus werden die Werte der dreidimensionalen Darstellungen in den Tabellenblättern "MR3D1", MR3D2" usw. abgespeichert, so dass Sie auch leicht in andere Programme wie Excel und MATLAB übertragen werden können, um dort die Visualisierungen anzupassen. Dies kann sich beispielsweise anbieten, wenn bereits mehrere Abbildungen mit diesen Softwarepaketen durchgeführt wurden und der Benutzer zukünftige Visualisierungen im selben Stil vornehmen will.

Neben diesem "Exkurs" zur Datenanalyse mittels Visual-XSel, welches lediglich als eine erste Einführung in die Thematik gedacht ist, stellt die umfangreiche Hilfefunktion im Programm Antworten auf zahlreiche weiterführende Fragen bereit.

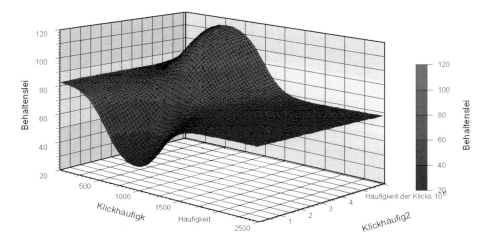

Abbildung 84: Beispielhafte, dreidimensionale Visualisierung mit Hilfe von Visual-XSel.

6.4 MemBrain

MemBrain – derzeit in der Version 3.1 (Stand: Januar 2008) erhältlich – ist ein graphischer neuronale Netze Editor und Simulator für Microsoft Windows von Dipl. Ing. Thomas Jetter. Auf seiner Homepage (www.membrain-nn.de) bietet dieser den Simulator für den privaten und nichtkommerziellen Einsatz (z.B. an Universitäten im Rahmen der Lehre) kostenlos zum Download an. Die Software ist mit einer umfangreichen Hilfefunktion ausgestattet. Des Weiteren steht Herr Jetter freundlicherweise bei Fragen, Anregungen und Kritik via E-Mail zur Verfügung.

Während Visual-XSel (siehe Kapitel 6.3) auf die Datenauswertung mittels neuronaler Netze als Alternative zu anderen statistischen Verfahren (z.B. Regressionsanalyse/ANOVA) ausgerichtet ist, kann mit MemBrain – neben der Auswertung von Datensätzen – besonders gut mit neuronalen Netzen experimentiert und Erfahrung als Netzwerkarchitekt gesammelt werden. Zwar wird der Funktionsumfang des neuronale Netze Simulators in MATLAB beispielsweise bei der Anzahl der verwendbaren Lernregeln (vgl. Kapitel 2) nicht ganz erreicht, dafür ist das Programm kostenfrei zu beziehen und ermöglicht Anfängern einen relativ leichten Einstieg in die komplexe Thematik.

In den nachfolgenden Unterkapiteln werden die Schritte zur Erstellung eines neuronalen Netzes sowie dessen Training und Überprüfung des Lernfortschrittes in der Testphase (vgl. Kapitel 1.6) am Beispiel des XOR-Problems (siehe Kapitel 2.6.1) eingehend erörtert. Die Unterkapitel 6.4.1, 6.4.5, 6.4.6 und 6.4.8 sind optional und können beim ersten Durcharbeiten des Kapitels übersprungen werden.

6.4.1 Voreinstellungen anpassen

Nach dem Programmstart von MemBrain sind zunächst einmalig einige Voreinstellungen vorzunehmen, um eine optimale Darstellung für das vorgestellte Beispiel zu gewährleisten:

- **Menüpunkt "View"**
  - **Einschalten**
    - "Show Links"
    - "Use Display Cache"
    - "Show Grid"
    - "Snap to Grid"
  - **Ausschalten**
    - "Show Fire Indicators"
    - "Black Background"

6.4.2 Units einfügen

Nach Anpassung der Voreinstellungen kann im zweiten Schritt damit begonnen werden, ein neuronales Netz zu konstruieren. Dabei sind zunächst Neuronen auf dem Bildschirm zu platzieren. Um auf der weißen Oberfläche eine Unit aufzustellen, können Sie entweder in der Werkzeugleiste das kreisförmige Symbol anklicken, welches sich unmittelbar rechts neben dem gerade ausgewählten Pfeilsymbol befindet oder den Menüpunkt "Insert" und dann "New Neurons" auswählen. Positionieren Sie nun Ihre erste Unit in etwa in die obere linke Ecke auf der weißen Oberfläche und drücken dann die linke Maustaste, so dass das Neuron mit der Aufschrift "1" auf der Fläche verbleibt. Verfahren Sie analog mit drei weiteren Units und zwar so, dass sich insgesamt vier Einheiten – ähnlich der Abbildung 85 (die exakte Einhaltung des Abstands in der Abbildung ist nicht vonnöten) – auf dem Bildschirm befinden.

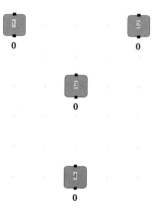

Abbildung 85: Positionierung von vier Units für das XOR-Problem.

Durch Betätigen der "Esc"-Taste auf der Tastatur oder durch Anklicken des Pfeilsymbols unmittelbar links neben dem aktuell ausgewählten Unit-Symbol der Werkzeugleiste verwandelt sich der Mauscursor wieder in einen herkömmlichen Pfeil.

In MemBrain werden neue Neurone mit den Eigenschaften erzeugt, die im Menüpunkt "Edit/Default Properties..." eingestellt sind. Wenn hier nichts verändert wurde, dann werden grundsätzlich Hidden-Units (vgl. Kapitel 1.3.1) als neue Neurone generiert. Diese Hidden-Units sind anhand zweier kleiner schwarzer, oben und unten an der Unit befindlicher Punkte erkennbar, die den Eingang bzw. Ausgang der Unit markieren (siehe Abbildung 85). Will man diese Units in Input- oder Output-Units transformieren, so ist die gewünschte Einheit per Doppelklick oder mit der rechten Maustaste und anschließender Auswahl des Unterpunktes "Properties" (der vierte Unterpunkt von unten) anzuwählen. Im erscheinenden Eigenschaftsmenü der Unit

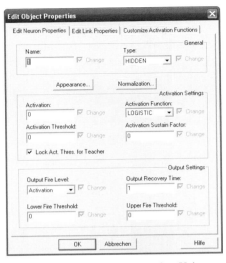

Abbildung 86: Eigenschaftsmenü einer Unit.

(siehe Abbildung 86) kann neben dem Namen auch der Typ der Einheit verändert werden, indem im rechts oben befindlichen Auswahlmenü die gewünschte Unitart (Input, Hidden oder Output) ausgesucht wird.

Darunter finden Sie weitere Objekteigenschaften der ausgewählten Einheit, die modifiziert werden können. So kann unter "Appearance" die Darstellungsgröße der Unit in Bildschirmpunkten bestimmt ("Width") sowie festgelegt werden, ob der Name ("Display Name") und die Ausgabe – in MemBrain identisch mit dem Aktivitätslevel (siehe Kapitel 1.5.3 und 1.5.4), sofern das "Output Fire Level" nicht auf Eins fixiert wird (siehe unten), daher als "Display Activation" bezeichnet – der Unit angezeigt werden soll. Durch Aktivieren der Option "Is Pixel" werden die Ecken der Unit nicht abgerundet, sondern als scharfe Kanten dargestellt. Zudem verändert sich in Abhängigkeit ihrer Aktivierung die Farbe der Einheit, wobei eine nicht aktive Unit (Aktivitätslevel = Null) die Farbe Schwarz annimmt. Mit

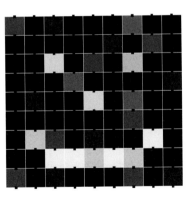

Abbildung 87: 81 (9 x 9) nah beieinander platzierte Units in MemBrain.

steigendem Aktivitätslevel verblasst die Einheit, wobei maximale Aktivierung (Aktivitätslevel = Eins) durch die Farbe Weiß repräsentiert wird. Dies kann nützlich sein, wenn man viele Neuronen auf dem Bildschirm eng beieinander platziert, da in diesem Fall ein monochromes Bildmuster erscheint (siehe Abbildung 87).

Durch Betätigen des "Normalization-Buttons" gelangt man in ein entsprechendes Untermenü, in dem man mit Hilfe des Kontrollkästchens "Use Normalization" festlegen kann, ob die Werte der Unit normiert werden sollen. Sofern eine Normierung stattfinden soll, kann die untere ("Lower Limit") und obere ("Upper Limit") Grenze der Input- bzw. Output-Werte bestimmt werden, die anschließend auf den internen Wertebereich der verwendeten Aktivitätsfunktion normiert werden. Eine Normierung kann nur für Input- und Output-Neuronen, *nicht* aber für Hidden-Neuronen erfolgen.

In dem Kasten mit der Aufschrift "Activation Settings" können Einstellungen zum Aktivitätslevel und zur Aktivitätsfunktion (siehe Kapitel 1.5.3) der ausgewählten Unit vorgenommen werden:

- **"Activation"**: Hier kann ins linke obere Zahlenfeld die aktuelle Aktivierung der Unit – standardmäßig auf Null eingestellt – eingetragen werden.

- **"Activation Function"**: Auf der rechten Seite ist die gewünschte Aktivitätsfunktion festzulegen, wobei sechs verschiedene Funktionen zur Auswahl stehen.

- **"Activation Threshold"**: Das mit der Aufschrift "Activation Threshold" versehene Feld, welches nur bei Hidden- und Output-Units modifiziert werden kann, legt fest, ob die ausgewählte Aktivitätsfunktion mit einer Schwelle versehen sein soll (siehe Kapitel 1.5.3). Dies gilt jedoch nur, wenn Sie auch das darunter befindliche Kontrollkästchen "Lock Act. Thres. For Teacher" aktiviert haben. In diesem Fall bleibt die festgelegte Schwelle während der Trainingsphase bestehen. Sofern diese Option deaktiviert wird, handelt es sich um eine Schwelle, die im Verlauf des Trainings angepasst werden kann. Die variable Schwelle ist in MemBrain zwar innerhalb der Aktivitätsfunktion implementiert, jedoch könnte man diese auch mit Hilfe einer Bias-Unit realisieren (siehe Kapitel 1.5.5).

- **"Activation Sustain Factor"**: In diesem Zahlenfeld kann bestimmt werden, wie groß der Anteil des vorherigen Aktivitätslevels für den neuen Aktivitätslevel sein soll. Dieser Anteil wird mit dem Aktivitätslevel der Unit addiert, welcher sich – wie in Kapitel 1.5.3 erläutert – aus dem Netzinput und der verwendeten Aktivitätsfunktion bildet. Man kann diese Möglichkeit mit direkten, rekurrenten Verbindungen (siehe Kapitel 3.4) vergleichen, wenngleich beide Konzepte *nicht* gleichzusetzen sind. Bei den direkten, rekurrenten Verbindungen wird der Aktivitätslevel der Unit als Input wieder zugeführt, während bei MemBrain der gebildete Aktivitätslevel *unmittelbar*, d.h. ohne Umweg über die Aktivitätsfunktion, bei der Bildung des nächsten Aktivitätslevels zu einem festgelegten Anteil Berücksichtigung findet.

Im unteren Bereich finden Sie den Kasten mit der Aufschrift "Output Settings":

- **"Output Fire Level":** Als Benutzer haben Sie die Wahl, ob der Aktivitätslevel mit der Ausgabe der Unit gleichgesetzt (siehe Kapitel 1.5.4) oder ob die Ausgabe auf Eins fixiert werden soll.

- **"Output Recovery Time":** In diesem Feld kann angegeben werden, ob das Neuron – wie gewohnt – nach jedem Schritt eine Ausgabe anhand seiner Eingaben berechnen und weiterleiten soll (Output Recovery Time = Eins) oder ob die Unit nur im n-ten Schritt (Output Recovery Time = n) aktiv ist. In den dazwischenlegenden Durchläufen aktualisiert die Einheit zwar ihren Aktivitätslevel, leitet aber keinerlei Ausgabe (bzw. immer die Ausgabe "Null") an mit ihr verbundene Units weiter.

- **"Lower Fire Threshold":** Ist das ermittelte Aktivitätslevel der Einheit kleiner oder gleich der angegebenen unteren Schwelle, so beträgt die Ausgabe der Unit stets Null.

- **"Upper Fire Threshold":** Liegt das berechnete Aktivitätslevel des Neurons auf oder über dieser Schwelle, so leitet die Unit ihre Ausgabe wie gewohnt an mit ihr verbundene Units weiter (z.B. das Aktivitätslevel als Ausgabe oder als Ausgabe Eins, siehe oben). Ist die Aktivität hingegen kleiner oder gleich, so "feuert" die Einheit mit einer Wahrscheinlichkeit zwischen Null und Eins, die der ermittelten Aktivierung entspricht: Für Aktivitätswerte in der Nähe der "Upper Fire Threshold" geht die Wahrscheinlichkeit gegen Eins, für Werte nahe der "Lower Fire Threshold" geht sie gegen Null. Ein Aktivitätswert in der Mitte der beiden Schwellen verursacht eine Wahrscheinlichkeit von 0.5. Hierdurch wird folglich ein Zufallseinfluss in die Unit implementiert. Sofern dieser *nicht* gewünscht wird, sollten die untere und obere Schwelle beide auf einen Wert kleiner oder gleich der minimalen möglichen Aktivität gesetzt werden. Wenn Neuronen neu erzeugt werden, oder wenn ihr Typ (Input, Output bzw. Hidden) oder auch ihre Aktivitätsfunktion geändert werden, dann werden automatisch passende Schwellwerte gewählt, so dass *kein* Zufallseinfluss zustande kommt.

Sämtliche auf der Seite befindlichen Kontrollkästchen mit der Bezeichnung "Change" sind nur relevant, wenn mehr als eine Unit gleichzeitig editiert wird. Ist die entsprechende Einstellung für alle Einheiten identisch oder wurde nur eine einzige Unit ausgewählt, so ist das Kontrollkästchen ausgegraut und kann nicht verändert werden. Unterscheiden sich die markierten Units hinsichtlich der entsprechenden Eigenschaft, so ist das Kästchen weiß und nicht abgehakt. In diesem Fall ist die Eigenschaft selbst ausgegraut. Wird in einem solchen Fall in das Kontrollkästchen ein Häkchen gesetzt, so kann die Eigenschaft (z.B. die Unitart) editiert werden, wobei der neue Wert auf sämtliche markierten Units angewandt wird.

Die Rubrik "Edit Link Properties" ist bei Anwahl von Units ausgegraut und besitzt nur für die Kanten (siehe Kapitel 1.4) zwischen den einzelnen Neuronen Bedeutung.

Auf diesen Aspekt wird im nächsten Unterkapitel (siehe Kapitel 6.4.3) näher eingegangen.

Die dritte Rubrik ("Customize Activation Functions") dient zur Visualisierung und
näheren Spezifizierung der im Reiter "Edit Neuron Properties" ausgewählten Aktivitätsfunktion (siehe oben). Es kann mit Hilfe der entsprechenden Radio-Buttons zwischen zwei sigmoiden ("Logistic" und "Tan Hyp"), zwei linearen ("Identical" und
"Identical 0 to 1") und einer binären ("Binary") Aktivitätsfunktion gewählt werden
sowie einer weiteren Aktivitätsfunktion, die die minimale euklidische Distanz heranzieht (siehe unten). Zu beachten ist, dass der visualisierte Graph eine Aktivitäts-
schwelle von Null voraussetzt und die Wahl der dargestellten Funktion *nicht* die
Wahl in der Rubrik "Edit Neuron Properties" beeinflusst.

Die beiden sigmoiden Aktivitätsfunktionen, d.h. die logistische und die Tangens
Hyperbolicus Aktivitätsfunktion, können durch Modifikation der Werte im unteren
Kasten mit der Aufschrift "Activation Function Parameters" noch in ihrem Verlauf
verändert werden (vgl. Kapitel 1.5.3).

Die minimale euklidische Distanz als Aktivitätsfunktion unterscheidet sich funda-
mental von allen anderen auswählbaren Funktionen. Während letztere auf den Netzinput zur Bestimmung des Aktivitätslevels zurückgreifen (siehe Kapitel 1.5.2 und
1.5.3), wird dort die euklidische Distanz zwischen dem Inputvektor und dem dazugehörigen Gewichtsvektor bestimmt. Diese Distanz wird auf die Länge zwischen
Null und Zwei normiert, wobei eine Distanz von Null bedeutet, dass die beiden
Vektoren identisch sind. In diesem Fall beträgt der Aktivitätslevel der Unit Eins. Ist
die normierte Distanz gleich Zwei, so verläuft der eine Vektor in exakt der entge-
gengesetzten Richtung zu dem anderen Vektor. Der resultierende Aktivitätslevel
wird auf −1 gesetzt. Euklidische Distanzwerte größer als Null und kleiner als Zwei
werden entsprechend Aktivitätslevel zwischen +1 und −1 zugeordnet. Die Aktivitätsfunktion "minimale euklidische Distanz"
kommt in MemBrain bei Output-Units von Kohonennetzen (siehe Kapitel 3.6) zum Einsatz.

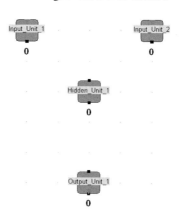

Bitte verlassen Sie nun die Rubrik "Customize
Activation Functions" und benennen Sie anschließend die vier Units nacheinander. Weisen Sie zudem den beiden oberen den Typ "Input" und der
unteren vierten den Typ "Output" zu, so dass Sie
eine Darstellung wie in Abbildung 88 illustriert
erhalten. Alle weiteren Objekteigenschaften der
Units (z.B. sämtliche "Activation und Output Settings") sollten beibehalten werden. Input-Units
werden in MemBrain durch einen nach unten gerichteten Pfeil oberhalb des Unit-Namens symbolisiert, während bei den Output-Einheiten sich dieser
Pfeil unterhalb der Beschriftung befindet (vgl.

Abbildung 88: Vier benannte Units
für das XOR-Problem.

Abbildung 88). Hidden-Neuronen fehlt ein solcher Pfeil; sie besitzen lediglich zwei "Verbindungsquadrate", die sich am oberen und unteren Ende befinden.

6.4.3 Verbindungen erstellen

Um eine Verbindung zwischen zwei Units herzustellen, müssen Sie den Mauspfeil auf das kleine schwarze, am unteren Rand der Einheit befindliche Quadrat der sendenden Unit bewegen. Das schwarze Quadrat verwandelt sich sodann in ein etwas größeres dunkelblaues Quadrat. Durch Betätigen der linken Maustaste wird eine Verbindung generiert. Diese kann nun mit der gewünschten empfangenden Einheit verankert werden, indem der Mauscursor auf das obere schwarze Quadrat der entsprechenden Einheit gezogen und die linke Maustaste erneut gedrückt wird. Als Bestätigungshinweis wird die zuvor in grün dargestellte Verbindung als dunkelrote Linie angezeigt. Durch Anwählen einer Verbindung mit der linken Maustaste und drücken der Entfernen-Taste ("Entf" bzw. "Del") kann die Kante wieder gelöscht werden.

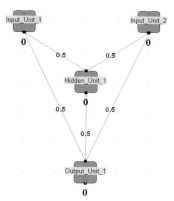

Abbildung 89: Vier miteinander verbundene Units in MemBrain.

Nachdem Sie die vier Units entsprechend der Abbildung 89 miteinander verbunden haben, können Sie durch Doppelklick mit der linken Maustaste auf eine Kante unter der Rubrik "Edit Link Properties" die Eigenschaften der Verbindung festlegen:

- **"Weight"**: Dort kann in das obere, linke Zahlenfeld mit der Aufschrift "Weight", die Verbindungsstärke eingetragen werden, wobei diese standardmäßig 0.5 beträgt, sofern nicht unter "Edit/Default Properties..." Abweichendes eingestellt wurde.

- **"Display Weight"**: Das rechts daneben befindliche Kontrollkästchen mit der Aufschrift "Display Weight" legt fest, ob das Gewicht – wie in Abbildung 89 – ebenfalls angezeigt werden soll.

- **"Lock Weight for Teacher"**: Durch Anklicken dieses Kästchens wird das Verbindungsgewicht fixiert. Dies kann z.B. dann sinnvoll sein, wenn ein bereits trainiertes Netz als Teilnetz in einem größeren Gesamtnetz zum Einsatz kommen soll, wobei während des Trainings des Gesamtnetzes das Teilnetz *nicht* mehr verändert werden darf.

- **"Length"**: Mit Hilfe der logischen Länge einer Verbindung kann eine Verzögerung der Informationsverarbeitung simuliert werden. Beträgt die Länge Eins (minimale und voreingestellte logische Länge), so ist keinerlei Verzögerung vorhanden, d.h. das Signal wird unmittelbar weitergeleitet und kann direkt von nachfolgenden Einheiten verarbeitet werden. Ist die logische Länge größer Eins, so wird zur Propagierung des Signals eine entsprechende Anzahl an Schritten benötigt. Dadurch ist – wie bei rekurrenten Netzen im Kapitel 3.4 eingehend erörtert – die Informationsausbreitung zeitabhängig und kann folglich auch derartiges Verhalten simulieren.

Bei neuronalen Netzen mit zahlreichen Einheiten ist eine manuelle Verbindung der einzelnen Units mühselig und zeitaufwendig. MemBrain stellt aus diesem Grund eine automatische Verknüpfung von Neuronen bereit. Hierzu sind die gewünschten Einheiten zu markieren, von *oder* zu denen Verbindungen generiert werden sollen. Die Units werden als "Extra Selection" markiert, indem man im Menüpunkt "Edit" den gleichnamigen Unterpunkt auswählt. Alternativ können die markierten Neuronen auch mit der Tastenkombination "Strg+E" oder mit Hilfe des Buttons in der Werkzeugleiste, der einen Kreis und ein grünes Ausrufezeichen enthält, als "Extra Selection" gekennzeichnet werden. Die grün markierten Units werden nun mit anderen Einheiten vollständig verknüpft, indem man diese zunächst auswählt (sie erscheinen in roter Umrandung). Sollen *von* den grün markierten Units Verbindungen zu den rot markierten Einheiten ausgehen, so ist im Menüpunkt "Edit" der Unterpunkt "Connect FROM Extra Selection" oder das entsprechende Symbol in der Werkzeugleiste auszuwählen. Sollen die Verknüpfungen hingegen *zu* den grün markierten Neuronen erfolgen, so lautet der Unterpunkt folglich "Connect TO Extra Selection". Somit können in kurzer Zeit komplexe neuronale Netze erstellt werden (siehe Abbildung 90).

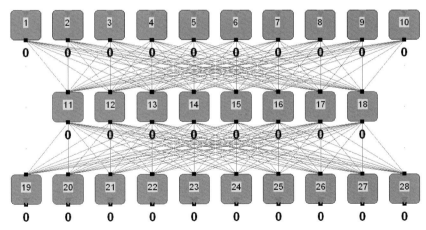

Abbildung 90: Beispielhaftes komplexes, neuronales Netz mit insgesamt 28 Units.

Neben der Möglichkeit der vollständigen Verknüpfung kann auch eine zufällige Verknotung zwischen einzelnen Neuronengruppen vorgenommen werden. Hierzu sind statt der Unterpunkte "Connect FROM/TO Extra Selection" die Optionen "Random Connect FROM/TO Extra Selection" zu verwenden.

Insbesondere bei komplexeren neuronalen Netzen bieten sich die verschiedenen Zoomfunktionen in MemBrain an, die unter dem Menüpunkt "View" oder in der Werkzeugliste (dargestellt als blaue Lupen) aktiviert werden können:

- **"Zoom in"**: Mit dieser Funktion wird der mittlere Bildschirmbereich vergrößert dargestellt. Diese Funktion kann auch mit der "+"-Taste abgerufen werden.

- **"Zoom out"**: Durch Herauszoomen kann beispielsweise ein komplexes neuronales Netz in verkleinerter Form vollständig angezeigt werden. Das Drücken der "−"-Taste führt ebenfalls zu einem Herauszoomen.

- **"Zoom Rect"**: Soll ein bestimmter, rechteckiger Bildschirmbereich in "optimaler" Größe visualisiert werden, so ist auf diese Funktion zurückzugreifen. Durch Gedrückthalten der linken Maustaste und Markieren des gewünschten Bereiches wird dieser festgelegt.

- **"Zoom Fit"**: Die "Zoom Fit" Funktion dient dazu, das gesamte konstruierte neuronale Netz in "optimaler" Größe auf dem Bildschirm darstellen zu lassen. Sehr zu empfehlen ist auch die Möglichkeit, sich mit der Maus "durch das Netz zu hangeln": Drücken und halten Sie die Shift-Taste. Der Mauszeiger verwandelt sich in einen zweifachen Doppelpfeil. Jetzt kann durch Drücken und Halten der linken Maustaste und gleichzeitiges Bewegen der Maus der sichtbare Bildschirmausschnitt bewegt werden, ohne die Größe der Objekte zu verändern.

6.4.4 Datensatz erstellen oder einfügen

Nachdem Sie das neuronale Netz erstellt haben, ist ein Datensatz zu generieren bzw. ein zur Verfügung stehender einzufügen. Hierzu wählen Sie bitte im Menüpunkt "Teach" den Unterpunkt "Lesson Editor" aus. Alternativ gelangen Sie auch durch Anklicken des fünften Symbols von rechts in der Werkzeugleiste in diesen Editionsmodus (siehe Abbildung 91).

MemBrain stellt wie Visual-XSel (siehe Kapitel 6.3) eine Import-Funktion bereit, um das neuronale Netz mit einem externen Datensatz (z.B. aus Excel) zu "füttern". Die gewünschte Datei, die im .csv Format vorliegen muss, kann im Menüpunkt "File" durch Anwahl des Unterpunktes "Import Current Lesson (Raw CSV)…" aufgerufen werden. Somit können auch in MemBrain statistische Datenauswertungen komfortabel mittels neuronaler Netze durchgeführt werden. An dieser Stelle soll auf diese Anwendungsmöglichkeit jedoch *nicht* ausführlicher eingegangen werden. Stattdessen wird näher erörtert, wie man über den Lesson Editor manuell einen eigenen Datensatz erzeugt. Dabei soll das XOR-Problem (siehe Kapitel 2.6.1) als Beispiel fungieren.

Beim ausschließenden Oder (XOR) darf nur genau ein Ereignis vorliegen, damit das "Ergebnis" in Kraft tritt. Beispiel: Entweder ich lade meine Freundin ins Kino ein (Ereignis A = 1) oder meine Freundin lädt mich ins Kino ein (Ereignis B = 1), nicht aber beides. Wenn keiner den anderen einlädt, gehen wir nicht ins Kino (Ereignis C = 0; siehe Tabelle 4).

Tabelle 4: Wahrheitstabelle für das XOR-Gatter.

Ereignis A	Ereignis B	Ereignis C
0	0	0
0	1	1
1	0	1
1	1	0

Tabelle 4 fasst die vier Möglichkeiten in Form einer Wahrheitstabelle zusammen. Der Kinogang (Ereignis C) ist hier nur dann gewährleistet, d.h. wahr (1), wenn *genau eines* der beiden Ereignisse A oder B wahr (1) ist. Sind hingegen beide Ereignisse falsch (0) oder beide wahr (1), so ist das Ereignis C nicht wahr, d.h. nimmt den Wert Null an.

Für das neuronale Netz werden die Ereignisse A und B mit Hilfe zweier Input-Units abgebildet, während der Wert der Output-Unit das Ereignis C repräsentiert. Da es sich um ein linear *nicht* separierbares Problem handelt, wurde bei der Konstruktion des Netzes in MemBrain (siehe z.B. Abbildung 89) eine Hidden-Unit eingefügt (vgl. jedoch Kapitel 2.6.1).

Wie in Tabelle 4 erkennbar, müssen dem Netz vier verschiedene Reizmuster mitsamt der gewünschten Ausgabe (= supervised learning, siehe Kapitel 1.6) dargeboten werden. Da bisher lediglich ein Reizmuster ("Pattern No: 1 of 1" im mittleren Bildbereich der Abbildung 91) im Lesson Editor vorhanden ist, sind drei weitere "Pattern" zu generieren. Dies erfolgt durch Anklicken des Buttons "New Pattern" am rechten Bildschirmrand. Soll ein oder alle Reizmuster gelöscht werden, so kann dies mit den darunter befindlichen Buttons ("Delete Pattern" und "Delete All Patterns") vorgenommen werden, wobei zu beachten ist, dass die Löschung *nicht* rückgängig gemacht werden kann. Die kreierten Patterns werden – wie beim Vokabellernen – als Lektion ("Lesson") zusammengefasst, wobei durch das Textfeld mit der Aufschrift "Name of Lesson" dieser Lektion ein Name zugewiesen werden kann. Die Taste "Comment" unten rechts bietet die Möglichkeit der Kommentierung einer solchen Lektion.

Betätigen Sie dreimal hintereinander den "New Pattern"-Button, so dass im mittleren Bereich des "Lesson Editors" nun "Pattern No: 4 of 4" steht. Mit Hilfe der Pfeil-Buttons (oben und unten) am rechten Bildschirmrand können die einzelnen Reizmuster ausgewählt werden. Die darüber befindlichen Pfeiltasten dienen zur Festlegung der Lektionenanzahl ("Number of Lessons") und Auswahl der aktuell zu editierenden Lektion ("Currently Edited Lesson"). Da im vorliegenden Beispiel lediglich eine Lektion zum Einsatz kommen soll, spielen sie an dieser Stelle keine weitere Rolle.

Wählen Sie nun mit Hilfe der Pfeilbuttons Pattern "No. 1 of 4" aus und tragen für die beiden Input-Units ebenso wie für die Output-Unit eine Null ein (vgl. Tabelle 4). Da sich diese Zahlen schon im ersten Pattern befinden sollten (siehe Abbildung 91) kann alternativ auch direkt mit der Modifikation des zweiten Patterns begonnen werden. Dort ist die erste Input-Unit auf Eins zu setzen ebenso wie die Output-Unit. Für Pattern No. 3 wird der zweiten Input-Unit eine Eins zugeordnet ebenso wie der Output-Unit. Für das letzte verbleibende vierte Pattern gilt es, beide

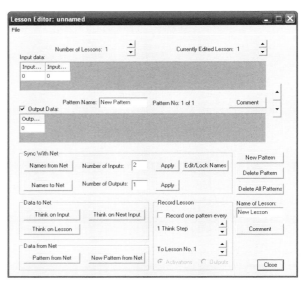

Abbildung 91: Lesson Editor in MemBrain.

Input-Units auf Eins und die Output-Unit auf Null zu setzen (siehe Tabelle 4). Neben dem Eintragen der spezifischen Zahlenwerte für die einzelnen Pattern können diese auf Wunsch im Textfeld mit der Aufschrift "Pattern Name" mit einem Namen versehen und (durch den rechts befindlichen Button "Comment") kommentiert werden. Des Weiteren kann mit Hilfe des Kontrollkästchens "Output Data" festgelegt werden, ob der gewünschte Output-Wert dem Netz vorgegeben werden soll (supervised learning) oder nicht (unsupervised learning, siehe Kapitel 1.6).

Im Kasten "Sync With Net", der sich im mittleren Bildschirmbereich befindet, können Lesson Editor und konstruiertes neuronales Netz miteinander synchronisiert werden. Genauer gesagt werden Anzahl und Namen der Input- und Output-Units miteinander abgeglichen. Durch den Button "Names from Net" werden die Anzahl sowie die Namen der Input- und Output-Units des Netzes in den Lesson Editor übertragen. Der darunter befindliche Button "Names to Net" leistet hingegen umgekehrtes, wobei hier die Anzahl der Ein- und Ausgänge der Lesson und des Netzes bereits übereinstimmen müssen, es werden folglich *nicht* automatisch Neuronen im Netz erzeugt oder gelöscht. Die beiden Textfelder mit der Aufschrift "Number of Inputs" und "Number of Outputs" legen die Anzahl an Input- und Output-Units im Lesson Editor fest, wobei der jeweilige "Apply"-Button zu betätigen ist, um die Modifikationen anzunehmen. Mit Hilfe der Taste "Edit/Lock Names" können die Namensbezeichnungen der Input- und Output-Neuronen im Lesson Editor zur manuellen Beschriftung entriegelt werden.

Der Bereich "Data to Net" im Lesson Editor wird an späterer Stelle erörtert (siehe Kapitel 6.4.8). Unter "Data from Net" wird mit Hilfe der Taste "Patterns from Net" das momentan ausgewählte Pattern (z.B. Pattern No. 1 of 4) durch die aktuellen Ausgabewerte der Input- und Output-Units im Netz überschrieben. Sollen die Werte des Patterns hingegen nicht gelöscht werden, so können die Ausgabewerte mit "New Pattern from Net" in ein neu angelegtes Pattern übertragen werden. Diese Funktionen sind insbesondere in Verbindung mit der Möglichkeit sinnvoll, Neuronen im Netz durch einfachen Tastendruck Aktivitätslevel zuzuweisen: Wird eine Gruppe von Neuronen angewählt und die Taste "1" betätigt, so wird allen diesen Neuronen sofort die Aktivität Eins zugewiesen. Entsprechendes gilt für die Taste "0". Danach kann ein so "in das Netz getipptes" Pattern im Lesson Editor direkt vom Netz eingelesen werden.

Durch die Felder innerhalb des "Record Lesson"-Bereiches kann das Aufzeichnen der Aktivitäts- oder Ausgabewerte der Input- und Output-Units im Netz automatisiert werden. Auch dies soll erst im Kapitel 6.4.8 erläutert werden.

Sollen die eingegebenen Daten für spätere Zwecke gesichert werden, so kann dies im Menü "File" des Lesson Editors mit Hilfe des Unterpunktes "Save Current Lesson" erfolgen. Das Abrufen der so gespeicherten Lektion wird über "Load Current Lesson…" vorgenommen.

6.4.5 Lernregel auswählen

Nachdem Sie den Lesson Editor wieder geschlossen haben, kann unter dem Menüpunkt "Teach" der "Teacher Manager" aufgerufen werden. Das Auswahlmenü bietet zunächst lediglich eine Lernregel namens "BP" (für Backpropagation) an. Sie haben jedoch die Möglichkeit, diese Lernregel zu editieren oder eine neue zu erstellen. Wenn Sie beispielsweise den "Edit"-Button zum Editieren betätigen, so erscheint das Auswahl-Menü "Edit Teacher" wie in Abbildung 92 dargestellt.

Im Edit Teacher Dialog kann – neben einer Namensänderung der verwendeten Lernregel – auch die Art der Lernregel ("Type") selbst verändert werden. In der aktuellen Version von MemBrain stehen acht verschiedene Lernregeln zur Auswahl. Bei den fünf auswählbaren Varianten von Backpropagation (siehe Kapitel 2.6) kann entschieden werden, ob eventuell vorhandene rekurrente Verbindungen (siehe Kapitel 3.4) ebenfalls trainiert werden sollen ("Full loopback support") oder nicht ("No loopback support"). Des Weiteren kann man danach differenzieren, ob das im Kontext von Backpropagation eingesetzte Gradientenabstiegsverfahren (siehe Kapitel 2.5) mit einem Momentum-Term ("…with Momentum") versehen sein soll. Außerdem wird der Algorithmus RPROP (Resilient Backpropagation) zur Verfügung gestellt. Dieser kann in vielen Fällen das Training neuronaler Netze gegenüber dem gewöhnli-

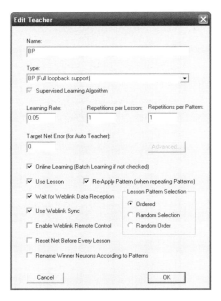

Abbildung 92: Editiermenü der verwendeten Lernregel in MemBrain.

chen Backpropagation Verfahren ganz erheblich beschleunigen. Zudem ist dieser Algorithmus eher unkritisch bezüglich der Wahl seiner Parameter.

Neben den Backpropagation-Varianten wird mit der kompetitiven Lernregel (siehe Kapitel 2.7) auch eine *nicht* überwachte Lernregel (siehe Kapitel 1.6) bereitgestellt. "Cascade Correlation" ist die neueste, von Thomas Jetter in MemBrain implementierte Lernregel. Bei diesem Ansatz wird Lernen nicht nur mit Hilfe von Gewichts- und Schwellenveränderungen vorgenommen (siehe Kapitel 1.4.1), sondern auch durch Hinzufügen neuer Einheiten mitsamt ihren Verbindungen realisiert (vgl. Kapitel 2.2). Diese Lernregel, die Berührungspunkte mit Genetischen bzw. Evolutionären Algorithmen (siehe Kapitel 3.2) besitzt, soll an dieser Stelle nicht näher erörtert werden. Auch auf das zu dieser Lernregel gehörige Untermenü, welches Sie mit dem Button "Advanced…" aufrufen können, soll nicht näher eingegangen werden. Sie finden in der MemBrain Hilfe genauere Angaben zu den veränderbaren Parametern dieses Untermenüs.

Im mittleren Bereich des Edit Teacher Dialogs finden sich vier verschiedene Textfelder:

- **"Learning Rate":** Die Lernrate bzw. der Lernparameter (siehe z.B. Kapitel 2.3) stellt einen zentralen Parameter (siehe Kapitel 4.3) beim Lernen neuronaler Netze dar. Sofern auf eine Lernregel zurückgegriffen wird, bei der im Verlauf des Lernprozesses der Lernparameter angepasst wird (z.B. bei Kohonennetzen in Kapitel 3.6.3 näher dargestellt), stellt die eingegebene Größe den Startpunkt dar.

- **"Repetitions per Lesson"**: Dieser Parameter gibt an, wie häufig die gesamte Lektion innerhalb eines einzelnen "Lehrschrittes" ("Teach Step") vorgegeben wird.

- **"Repetitions per Pattern"**: In diesem Zahlenfeld kann die Anzahl an Wiederholungen eines einzelnen Musters angegeben werden, bis der Lernalgorithmus das nächste Reizmuster der Lektion heranzieht.

- **"Target Net Error (for Auto Teacher)"**: Dieses Feld ist nur bei supervised learning Lernregeln anwählbar. Es gibt an, wie minimal der Netzfehler (siehe Kapitel 6.4.7) werden muss, damit MemBrain den Lernprozess abbricht.

Des Weiteren enthält das Dialogmenü diverse Kontrollkästchen und Radio-Buttons:

- **"Online Learning (Batch Learning if not checked)"**: Mit Hilfe dieses Kontrollkästchens kann bestimmt werden, ob die Gewichtsveränderungen nach Darbietung jedes einzelnen Inputreizes (inkrementelles Training bzw. online learning) oder nach Präsentation sämtlicher Inputreize (batch training bzw. offline learning) erfolgen sollen (siehe Kapitel 1.6).

- **"Use Lesson"**: Ist diese Option *nicht* markiert, so ignoriert MemBrain den Datensatz, der sich im Lesson Editor befindet. Dies kann sinnvoll sein, wenn externe Neuronen zum Einsatz gelangen, die durch andere MemBrain-Instanzen (z.B. auf anderen Computern) oder andere Computerprogramme kontrolliert werden.

- **"Re-Apply Pattern (when repeating Patterns)**: Durch "Re-Apply Pattern" kann bestimmt werden, ob Reizmuster einmalig oder mehrfach den Input-Units dargeboten werden. Das Aktivieren dieser Option hat nur dann einen Einfluss auf den Lernprozess, wenn "Repetitions per Pattern" (siehe oben) größer Eins ist und der "Activation Sustain Factor" der Input-Neuronen einen Wert kleiner Eins aufweist. In diesem Falle wird ein gewähltes Reizmuster nur einmal an das Input-Neuron angelegt. Während aller weiteren Lernschritte dieses Musters (bis zur Anwahl des nächsten Musters) fällt die Aktivität der Eingangsneuronen exponentiell ab, so dass auf ein abklingendes Muster trainiert wird. Somit kann aus einem einzigen Muster während des Trainings virtuell eine ganze Serie von Mustern gewonnen werden. Wenn der "Activation Sustain Factor" dagegen Eins beträgt (der standardmäßig eingestellte Wert), dann bleibt ein einmal angelegter Aktivitätslevel an einem Input-Neuron ohnehin solange bestehen, bis es durch Anlegen eines anderen Levels überschrieben wird. In diesem Fall ist die erwähnte Einstellung folglich ohne Wirkung.

- **"Wait for Weblink Data Reception"**: Hier kann festgelegt werden, ob die verwendete Lernregel auf angeforderte Daten von einem Weblink wartet, bevor der nächste Lernschritt durchgeführt wird.

- **"Use Weblink Sync"**: Ist dieses Kontrollkästchen aktiviert, so wartet die Lernregel auf sämtliche mit anderen verbundenen MemBrain Instanzen, um den laufenden Lernschritt zu vollenden, bevor es den eigenen Lernschritt durchführt. Hierdurch wird die Synchronisation zwischen verschiedenen MemBrain Instanzen auf Basis eines einzelnen Lernschrittes gewährleistet.

- **"Enable Weblink Remote Control"**: Mit Hilfe dieser Option kann bestimmt werden, ob der Lernprozess dieser MemBrain Instanz von anderen Instanzen ferngesteuert gestartet und gestoppt werden kann.

- **"Reset Net Before Every Lesson"**: Durch dieses Kontrollkästchen wird das neuronale Netz vor jeder Lektion während des Lernprozesses automatisch zurückgesetzt. Das heißt, dass sämtliche Neuronenaktivitäten und "Aktivitätsspitzen", die sich in längeren (siehe Kapitel 6.4.3) Verbindungen zwischen einzelnen Units befinden, auf Null zurückgesetzt werden. Alle Gewichte und Aktivitätsschwellen werden hingegen *nicht* verändert. Bei herkömmlichen Feedforward-Netzen (siehe Kapitel 3.4) mit logischen Verbindungslängen von Eins hat diese Option keine Auswirkungen. Lediglich bei rekurrenten Netzen (siehe Kapitel 3.4) und bei Netzen, deren logische Verbindungslängen nicht alle Eins sind, wird der Lernprozess beeinflusst, da das Training durch Aktivieren dieser Option für jede Lektion immer mit demselben internen Netzzustand beginnt.

- **"Rename Winner Neurons According to Patterns"**: Diese Option kann bei Verwendung einer unsupervised Lernregel von Nutzen sein. Sofern alle Reizmuster einer Lektion mit aussagekräftigen Namen versehen sind, kann der Lernfortschritt in Echtzeit beobachtet werden. Bei jedem neuen dargebotenen Reizmuster wird der Gewinner-Output-Unit der Name des jeweiligen Reizes zugewiesen. So kann besser nachvollzogen werden, welche Reizmuster welchen Output-Units zugeordnet werden.

- **"Lesson Pattern Selection"**
  - **"Ordered"**: Die Reizmuster werden in jeder Epoche (siehe Kapitel 1.6) immer in derselben Reihenfolge vorgenommen, beginnend mit dem ersten Reizmuster der aktiven Lektion und endend mit dem letzten.

  - **"Random Selection"**: Die dargebotenen Reizmuster werden in der Lernphase zufällig präsentiert. Dies kann dazu führen, dass innerhalb einer Epoche einzelne Reizmuster mehr als einmal dargeboten werden, während andere kein einziges Mal als Trainingsmuster Verwendung finden ("Ziehen mit Zurücklegen").

  - **"Random Order"**: Auch hier werden die Reizmuster in zufälliger Reihenfolge vorgegeben, wobei im Unterschied zur "Random Selection" darauf geachtet wird, dass jeder Reiz innerhalb einer Epoche nur ein einziges Mal präsentiert wird ("Ziehen ohne Zurücklegen").

6.4.6 Gewichte initialisieren

Nachdem Sie den Teacher Manager wieder geschlossen haben, sind vor Beginn der Trainingsphase die Startgewichte (vgl. Kapitel 2.5.4) sowie die Schwellwerte der Aktivitätsfunktion der Hidden- und Output-Units zu bestimmen (siehe Kapitel 6.4.2). Diese könnte man prinzipiell manuell festlegen. Einfacher ist es jedoch, ihnen zufällige Zahlenwerte zuzuweisen. Dazu ist im Menüpunkt "Net" der Unterpunkt "Randomize Net" anzuwählen, durch den die zufällige Initialisierung vorgenommen werden kann.

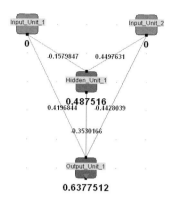

Durch die Initialisierung nehmen nicht nur die beschrifteten Verbindungen neue Werte an, die um Null herum streuen (siehe Abbildung 93), sondern auch die Farbe der Verbindungen variiert. Dunkelblaue Linien repräsentieren Verbindungen mit deut-

Abbildung 93: Neuronales Netz nach zufälliger Initialisierung.

lich negativem Gewicht, graue Kanten werden angezeigt, wenn der Wert nahe bei Null liegt und rote Verbindungslinien werden benutzt, wenn ein deutlich positives Gewicht vorliegt.

6.4.7 Gewichte trainieren

Nach Initialisierung der Gewichte und Schwellenwerte kann das Netz mit der eigentlichen Trainingsphase beginnen. Zuvor sollte jedoch der "Net Error Viewer" aufgerufen werden, um sich während des Trainings über den Lernfortschritt informieren zu lassen. Der Netzfehler stellt die Summe aller quadrierten Abweichungen, aufsummiert über alle Ausgangsneuronen und alle Pattern der Lesson, dar. Den "Net Error Viewer" finden Sie im Menü "Teach" oder als Button in der Werkzeugleiste, der sich unmittelbar rechts vom "Lesson Editor" befindet.

Beginnen Sie nach Aufruf des "Net Error Viewer" mit dem Training des neuronalen Netzes, indem Sie im Menü "Teach" den Unterpunkt "Start Teacher (Auto)" oder in der Werkzeugleiste die mittlere "Glühbirne" (siebter Button von rechts) anklicken. Ihre Fehlerkurve könnte nach 1600 Durchläufen der Abbildung 94 ähneln. Ein Durchlauf stellt dabei die vollständige Präsentation aller Inputmuster (siehe Kapitel 6.4.4), d.h. einer Epoche, dar, wobei die Gewichtsmodifikation in MemBrain sowohl nach Darbietung aller Reize (batch training) als auch nach jedem einzelnen Inputreiz (inkrementelles Training bzw. online learning, siehe Kapitel 1.6) vorgenommen werden kann.

Deutlich erkennbar ist in der Abbildung 94, dass sich der Fehlerterm des Netzes im Verlaufe des Trainings verringert, d.h. Lernen stattgefunden hat. Da der Fehlerterm nur noch relativ klein ausfällt und sich im weiteren Verlauf der Null asymptotisch annähern wird, kann man schlussfolgern, dass das neuronale Netz das XOR-Problem lösen konnte.

In der Abbildung 94 ist ersichtlich, dass der Netzfehler *nicht* kontinuierlich abnimmt, sondern sich zeitweise kaum reduziert (z.B. in den ersten 600 Durchläufen der Abbildung 94), während er in anderen Phasen (z.B. zwischen Durchlauf 600 bis 1000) "rapide" abfällt. Dies hängt mit der logistischen Aktivitätsfunktion zusammen, die bei dem XOR-Problem

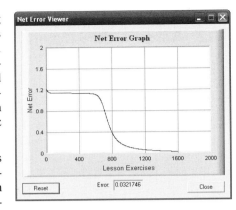

Abbildung 94: Fehlerkurve des neuronalen Netzes für die ersten ca. 1600 Durchläufe bei Verwendung logistischer Aktivitätsfunktionen.

zum Einsatz kam. Diese Aktivitätsfunktion ist im "mittleren" Bereich, genauer gesagt zwischen Null und Eins (siehe Kapitel 1.5.3) besonders "lernsensitiv", da dort bereits kleine Modifikationen des Netzinputs zu großen Änderungen des Aktivitätslevels führen. In den Bereichen, in denen der Netzinput einer Unit kleiner Null oder größer als Eins ist, resultieren aufgrund des Kurvenverlaufs der logistischen Funktion Änderungen des Netzinputs nur in geringen Änderungen des Aktivitätslevels.

Die Verwendung der logistischen Aktivitätsfunktion ist auch der Grund für den verbleibenden Fehler, der im "Net Error Viewer" unterhalb des Graphen angezeigt wird (siehe Abbildung 94). Bei Benutzung einer binären Schwellenfunktion würde sich der Aktivitätslevel nicht asymptotisch der Null oder Eins annähern, sondern der Lernprozess würde "abrupter" verlaufen (siehe Abbildung 94). Ein Vorteil bei Verwendung einer binären Aktivitätsfunktion kann darin liegen, dass der Netzfehler sich *nicht* asymptotisch Null annähert, sondern diesen Wert relativ zügig vollständig erreichen kann (siehe Abbildung 95). Zu beachten ist allerdings, dass einer binären Aktivitätsfunktion keineswegs immer der Vorzug eingeräumt werden sollte, da dies nicht bei allen Problemen der Fall ist (vgl. Kapitel 1.5.3). Dass die binäre Ak-

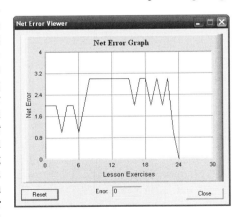

Abbildung 95: Fehlerkurve des neuronalen Netzes für die ersten 24 Durchläufe bei Verwendung binärer Aktivitätsfunktionen.

tivitätsfunktion unter Verwendung der Backpropagation Lernregel (siehe Kapitel 2.6) überhaupt zum Einsatz kommen kann, liegt daran, dass in MemBrain bei dieser Aktivitätsfunktion eine konstante Steigung von Eins angenommen wird (vgl. im Gegensatz dazu Visual-XSel, Kapitel 6.3). Aufgrund dieser sehr starken Vereinfachung kann die binäre Aktivitätsfunktion verwendet werden.

Stoppen Sie nun die Trainingsphase des neuronalen Netzes, indem Sie im Menüpunkt "Teach" den Unterpunkt "Stop Teacher (Auto)" auswählen. Auch mit Hilfe der Werkzeugleiste kann die Trainingsphase durch Anklicken der rechten "Glühbirne" (sechster Button von rechts) beendet werden.

6.4.8 Trainiertes Netz überprüfen

Im nun folgenden Schritt soll überprüft werden, ob das neuronale Netz das XOR-Problem lösen kann (siehe Kapitel 2.6.1). Um zu überprüfen, ob das Netz tatsächlich den richtigen Output für die vier verschiedenen Input-Muster produziert, ist der "Lesson Editor" (siehe Kapitel 6.4.4) erneut zu öffnen. Hier kann unten links im Kasten "Data to Net" dem neuronalen Netz ein beliebiges Reizmuster ("Pattern") präsentiert werden. Wählen Sie mit Hilfe der Pfeil-Buttons am rechten Rand ein gewünschtes Reizmuster aus und klicken anschließend auf "Think on Input". Im Hauptbildschirm sollte nun unter Ihrer Output-Unit eine Zahl erscheinen. Haben Sie ein Reizmuster gewählt, bei dem genau eine Input-Unit aktiv ist, dann müsste die Zahl unter der Output-Unit – sofern der Lernvorgang erfolgreich war – nahe Eins liegen. Handelt es sich hingegen um das Pattern No. 1 (beide Input-Units sind inaktiv), so sollte der Aktivitätslevel der Output-Unit nur geringfügig größer als Null sein. Überprüfen Sie nun alle vier Reizmuster. Alternativ zum Button "Think on Input" können Sie dazu auch den Button "Think on Next Input" wählen. Dieser präsentiert dem Netz automatisch das jeweils nächste Pattern, so dass Sie nicht manuell mit den Pfeiltasten weiterschalten müssen. Durch Betätigen der Buttons "Think on Input", "Think on Next Input" und "Think on Lesson" wird die Testphase (siehe Kapitel 1.6) simuliert, da Gewichte und Schwellenwerte hierdurch *nicht* weiter modifiziert werden. Sollten sich jedoch nicht die gewünschten Ausgabewerte wie in Tabelle 4 ergeben, können Sie das Netz weiter trainieren lassen, indem Sie im Menüpunkt "Teach" "Start Teacher (Auto)" aktivieren (siehe Kapitel 6.4.7) und somit in die Trainingsphase zurückspringen.

Im Bereich "Record Lesson" kann das Aufzeichnen der Aktivitäts- oder Ausgabewerte der Input- und Output-Units im Netz automatisiert vorgenommen werden. Durch Anwahl des Kontrollkästchens "Record one pattern every…" und Auswahl der "Schrittweite" mit den Pfeiltasten werden nach jedem x-ten dargebotenen Pattern die Aktivitäts- oder Ausgabewerte (mit Hilfe der unten befindlichen Radio-Buttons auszuwählen, siehe Abbildung 96) der Input- und Output-Einheiten als neuer Pattern abgespeichert. Ein einzelnes Reizmuster kann dem Netz wie gewohnt mit Hilfe der Buttons "Think on Input" bzw. "Think on Next Input" präsentiert werden.

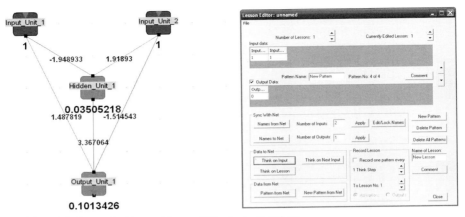

Abbildung 96: Neuronales Netz und Lesson Editor in der Testphase.

MemBrain bietet neben den hier vorgestellten Funktionen noch diverse weitere Möglichkeiten. So kann beispielsweise auf eine DLL-Version zurückgegriffen werden, um trainierte Netze in eigene Software einzubinden und/oder von dort aus weiterzutrainieren. Außerdem wird eine Skriptsprache bereitgestellt, um Befehlsketten zu automatisieren. Auch das Öffnen von Dateien aufgrund aktivierter Units wird ermöglicht. Des Weiteren steht ein TCP/IP Interface zum Verbinden mehrerer MemBrain Instanzen und zum Anbinden anderer Hard- und Software zur Verfügung. Als Unterstützung zur Verwendung dieser mannigfaltigen Möglichkeiten steht Ihnen neben einer umfangreichen Hilfefunktion in MemBrain auch der Entwickler Thomas Jetter selbst zur Seite, der Fragen, Kritik und Anmerkungen zu MemBrain gerne beantwortet bzw. entgegennimmt.

6.5 Übungsaufgaben

1. Wie können nominalskalierte Variablen in Visual-XSel dummycodiert werden?

2. Wie viele Hidden-Units sollten in Visual-XSel für die Auswertung eines Datensatz zum Einsatz gelangen?

3. Welche Aktivitäts- bzw. Aktivierungsfunktion sollte man in Visual-XSel für die Datenauswertung einsetzen?

4. Wie leistet eine Suppressorvariable einen Beitrag zur Varianzaufklärung des Gesamtmodells?

5. Welchen Nachteil besitzt der Determinationskoeffizient R^2 als alleiniger Gütekennwert des verwendeten Modells?

6. Welcher statistische Kennwert zur Modellgüte, der in Visual-XSel angegeben wird, berücksichtigt auch die Sparsamkeit des Modells?

7. Was ist in Visual-XSel mit dem Begriff lack of fit gemeint?

8. Lösen Sie in MemBrain das logische UND (siehe Kapitel 2.6.1).

9. Lösen Sie in MemBrain das logische ODER (siehe Kapitel 2.6.1).

10. Wie kann in MemBrain eine Bias-Unit simuliert werden?

11. Skizzieren Sie die in MemBrain auswählbare Aktivitätsfunktion "minimale euklidische Distanz".

12. Was ist mit dem Begriff Cascade Correlation gemeint?

13. Warum nimmt der Netzfehler in Abbildung 94 *nicht* kontinuierlich, sondern in bestimmten "Lernphasen" in unterschiedlicher Intensität ab?

14. Warum wird das trainierte Netz im Unterkapitel 6.4.8 einer Überprüfung unterzogen und wann ist es sinnvoll, dem Netz neue Reize anstelle der in der Trainingsphase verwendeten Reizmuster zur Verfügung zu stellen (vgl. Kapitel 1.6)?

Literaturverzeichnis

Anderson, J. R. & Lebiere, C. (1998). *The atomic components of thought*. Hillsdale, NJ: Erlbaum.

Angéniol, B., De La Croix Vaubois, G. & Le Texier, J.-Y. (1988). Self-organizing feature maps and the traveling salesman problem. *Neural Networks, 1*, 289-293.

Asperger, H. (1944). Die "autistischen Psychopathen" im Kindesalter. *Nervenkrankheiten, 117*, 76-136.

Backhaus, K., Erichson, B., Plinke, W. & Weiber, R. (2006). *Multivariate Analysemethoden. Eine anwendungsorientierte Einführung* (11. Auflage). Berlin: Springer.

Baddeley, A. D. (1964). Immediate memory and the "perception" of letter sequences. *Quarterly Journal of Experimental Psychology, 16*, 364-367.

Baddeley, A. D. (1968). How does acustic similarity influence short-term memory? *Quarterly Journal of Experimental Psychology, 20*, 249-264.

Baddeley, A. D. & Hull, A. (1979). Prefix and suffix effects: do they have a common bias? *Journal of Verbal Learning and Verbal Behavior, 18*, 129-140.

Bortz, J. (2005). *Statistik für Human- und Sozialwissenschaftler* (6. Auflage). Berlin: Springer.

Botvinick, M. M. (2005). Effects of domain-specific knowledge on memory for serial order. *Cognition, 97*, 135-151.

Botvinick, M. M. & Bylsma, L. M. (2005). Distraction and action slips in an everyday task: evidence for a dynamic representation of task context. *Psychonomic Bulletin & Review, 12*, 1011-1017.

Botvinick, M. M. & Plaut, D. C. (2004). Doing without schema hierarchies: a recurrent connectionist approach to normal and impaired routine sequential action. *Psychological Review, 111*, 395-429.

Botvinick, M. M. & Plaut, D. C. (2006). Short-term memory for serial order: a recurrent neural network model. *Psychological Review, 113*, 201-233.

Braun, H. (1997). *Neuronale Netze: Optimierung durch Lernen und Evolution*. Berlin: Springer.

Butterworth, B., Zorzi, M., Girelli, L. & Jonckheere, A. R. (2001). Storage and retrieval of addition facts: the role of number comparison. *Quarterly Journal of Experimental Psychology, 54A*, 1005-1029.

Chapman, D. & Agre, P. E. (1987). Abstract reasoning as emergent from concrete activity. In M. P. Georgeff & A. L. Lansky (Hrsg.), *Reasoning about actions and plans: Proceedings of the 1986 workshop* (S. 411-424). Los Altos, CA: Kaufmann.

Cooper, R. & Shallice, T. (2000). Contention scheduling and the control of routine activities. *Cognitive Neuropsychology, 17*, 297-338.

Crowder, R. G. (1972). Visual and auditory memory. In J. F. Kavanagh & I. G. Mattingly (Hrsg.), *Language by ear and by eye; the relationships between speech and reading* (S. 251-276). Cambridge, MA: MIT Press.

Davison, G. C., Neale, J. M. & Hautzinger, M. (2007). *Klinische Psychologie* (7. Auflage). Weinheim: Beltz PVU.

Dehaene, S., Bossini, S. & Giraux, P. (1993). The mental representation of parity and number magnitude. *Journal of Experimental Psychology: General, 122*, 371-396.

Dehaene, S. & Mehler, J. (1992). Cross-linguistic regularities in the frequency of number words. *Cognition, 43*, 1-29.

Delk, J. L. & Fillenbaum, S. (1965). Differences in perceived color as a function of characteristic color. *The American Journal of Psychology, 78*, 290-293.

DeValois, R. L. & Jacobs, G. H. (1968). Primate color vision. *Science, 162*, 533-540.

Dominey, P. F. (1998). A shared system for learning serial and temporal structure of sensori-motor sequences? Evidence from simulation and human experiments. *Cognitive Brain Research, 6*, 163-172.

Dominey, P. F. & Ramus, F. (2000). Neural network processing of natural language: I. sensitivity to serial, temporal, and abstract structure of language in the infant. *Language and Cognitive Processes, 15*, 87-127.

Ebbinghaus, H. (1885/1992). *Über das Gedächtnis: Untersuchungen zur experimentellen Psychologie.* Darmstadt: Wissenschaftliche Buchgesellschaft.

Elman, J. L. (1990). Finding structure in time. *Cognitive Science, 14*, 179-211.

Estes, W. K. (1972). An associative basis for coding and organization in memory. In A. W. Melton & E. Martin (Hrsg.), *Coding processes in human memory* (S. 161-190). New York: Halsted Press.

Feyerabend, P. K. (1976). *Wider den Methodenzwang: Skizze einer anarchistischen Erkenntnistheorie.* Frankfurt am Main: Suhrkamp.

Fias, W., Brysbaert, M., Geypens, F. & d'Ydewalle, G. (1996). The importance of magnitude information in numerical processing: evidence from the SNARC effect. *Mathematical Cognition, 2*, 95-110.

Frith, U. (1989). *Autism: Explaining the enigma.* Oxford: Basil Blackwell.

Goldstein, E. B. (2007). *Wahrnehmungspsychologie. Der Grundkurs* (7. Auflage). Heidelberg: Spektrum Akademischer Verlag.

Grossberg, S. (1972). Neural expectation: cerebellar and retinal analogs of cells fired by learnable or unlearned pattern classes. *Kybernetik, 10*, 49-57.

Gustafsson, L. & Papliński, A. P. (2004). Self-organization of an artificial neural network subjected to attention shift impairments and familiarity preference, characteristics studied in autism. *Journal of Autism and Developmental Disorders, 34*, 189-198.

Hacker, W. (1999). Regulation und Struktur von Arbeitstätigkeiten. In C. G. Hoyos & D. Frey (Hrsg.), *Arbeits- und Organisationspsychologie* (S. 385-397). Weinheim: Beltz PVU.

Heaton, R. K., Chelune, G. J., Talley, J. L., Kay, G. G. & Curtiss, G. (1993). *Wisconsin Card Sorting Test*. Odessa, FL: Psychological Assessment Resources.

Henson, R. N. A. (1996). *Short-term memory for serial order*. Unveröffentlichte Doktorarbeit. MRC Applied Psychology Unit, University of Cambridge, England.

Henson, R. N. A., Norris, D. G., Page, M. P. A. & Baddeley, A. D. (1996). Unchained memory: error patterns rule out chaining models of immediate serial recall. *Quarterly Journal of Experimental Psychology: Human Experimental Psychology, 49A*, 80-115.

Hornik, K., Stinchcombe, M. & White, H. (1989). Multilayer feedforward networks are universal approximators. *Neural Networks, 2*, 359-366.

Hubel, D. H. & Wiesel, T. N. (1962). Receptive fields, binocular interaction, and functional architecture in the cat's visual cortex. *Journal of Physiology (London), 160*, 106-154.

Jordan, M. I. (1986). Attractor dynamics and parallelism in a connectionist sequential machine, *Proceedings of the Eighth Annual Conference of the Cognitive Science Society* (S. 531-546). Englewood Cliffs, NJ: Erlbaum.

Kandel, E. R., Schwartz, J. H. & Jessell, T. M. (Hrsg.). (1995). *Neurowissenschaften. Eine Einführung*. Heidelberg: Spektrum Akademischer Verlag.

Kanner, L. (1943). Autistic disturbances of affective contact. *Nervous Child, 2*, 217-250.

Kantowitz, B. H., Ornstein, P. A. & Schwartz, M. (1972). Encoding and immediate serial recall of consonant strings. *Journal of Experimental Psychology, 93*, 105-110.

Kaplan, G. B., Şengör, N. S., Gürvit, H., Genç, İ. & Güzeliş, C. (2006). A composite neural network model for perseveration and distractibility in the Wisconsin card sorting test. *Neural Networks, 19*, 375-387.

Kohonen, T. (1982). Self-organized formation of topologically correct feature maps. *Biological Cybernetics, 43*, 59-69.

Kohonen, T. (2007). *Self-Organizing Maps* (3. Auflage). Berlin: Springer.

Kriesel, D. (2007). *Ein kleiner Überblick über Neuronale Netze*. [Internet/WWW]. Verfügbar unter: http://www.dkriesel.com/fileadmin/downloads/neuronalenetze-de-gamma2-dkrieselcom.pdf [2. Februar 2008].

Kuhn, T. S. (1967). *Die Struktur wissenschaftlicher Revolutionen*. Frankfurt am Main: Suhrkamp.

Kulikowski, J. J. & Vaitkevicius, H. (1997). Color constancy as a function of hue. *Acta Psychologica, 97*, 25-35.

Lakatos, I. (1976). *Proofs and refutations: the logic of mathematical discovery*. Cambridge: University Press.

Macho, S. (2002). *Kognitive Modellierung mit Neuronalen Netzen. Eine anwendungsorientierte Einführung*. Bern: Huber.

Marcus, M. P., Santorini, B. & Marcinkiewicz, M. A. (1993). Building a large annotated corpus of English: The Penn Treebank. *Computational Linguistics, 19*, 313-330.

Marshuetz, C. (2005). Order information in working memory: An integrative review of evidence from brain and behavior. *Psychological Bulletin, 131*, 323-339.

McClelland, J. L. & Rumelhart, D. E. (1988). *Explorations in parallel distributed processing: A handbook of models, programs, and exercises*. Cambridge, MA: MIT Press.

McCulloch, W. S. & Pitts, W. (1943). A logical calculus of the ideas immanent in nervous activity. *Bulletin of Mathematical Biophysics, 5*, 115-133.

McLeod, P., Plunkett, K. & Rolls, E. T. (1998). *Introduction to connectionist modelling of cognitive processes*. Oxford: University Press.

Milner, B. (1963). Effects of different brain lesions on card sorting. *Archives of Neurology, 9*, 90-100.

Moosbrugger, H. (2002). *Lineare Modelle: Regressions- und Varianzanalysen* (3. Auflage, unter Mitarbeit von Ulrike Rabl). Bern: Huber.

Morgan, J. L. & Demuth, K. (Hrsg.). (1996). *Signal to syntax: bootstrapping from speech to grammar in early acquisition*. Mahwah, NJ: Erlbaum.

Neath, I. (1998). *Human memory: An introduction to research, data, and theory*. Pacific Grove, CA: Brooks/Cole.

Nipher, F. E. (1876). On the distribution of numbers written from memory. *Transactions of the Academy of St. Louis, 3*, 79-80.

Patterson, D. W. (1996). *Artificial neural networks: theory and applications*. Singapore: Prentice Hall.

Piaget, J. (1937/1975). *Der Aufbau der Wirklichkeit beim Kinde*. Stuttgart: Klett.

Piaget, J. (2003). *Meine Theorie der geistigen Entwicklung*. Weinheim u. Basel: Beltz.

Poddig, T. & Sidorovitch, I. (2001). Künstliche Neuronale Netze: Überblick, Einsatzmöglichkeiten und Anwendungsprobleme. In H. Hippner, U. Küsters, M. Meyer & K. Wilde (Hrsg.), *Handbuch Data Mining im Marketing: Knowledge Discovery in Marketing Databases* (S. 363-402). Braunschweig: Vieweg.

Popper, K. R. (1996). *Alles Leben ist Problemlösen: über Erkenntnis, Geschichte und Politik.* München: Piper.

Pospeschill, M. (2004). *Konnektionismus und Kognition. Eine Einführung.* Stuttgart: Kohlhammer.

Reynvoet, B. & Brysbaert, M. (1999). Single-digit and two-digit arabic numerals address the same semantic number line. *Cognition, 72,* 191-201.

Reynvoet, B. & Brysbaert, M. (2004). Cross-notation number priming investigated at different stimulus onset asynchronies in parity and naming tasks. *Experimental Psychology, 51,* 81-90.

Reynvoet, B., Brysbaert, M. & Fias, W. (2002). Semantic priming in number naming. *Quarterly Journal of Experimental Psychology, 55A,* 1127-1139.

Reynvoet, B., Caessens, B. & Brysbaert, M. (2002). Automatic stimulus-response associations may be semantically mediated. *Psychonomic Bulletin & Review, 9,* 107-112.

Rojas, R. (1996). *Neural Networks. A systematic introduction.* Berlin: Springer.

Rumelhart, D. E., Hinton, G. E. & Williams, R. J. (1986). Learning internal representations by error propagation. In D. E. Rumelhart & J. L. McClelland (Hrsg.), *Parallel Distributed Processing: explorations in the microstructure of cognition* (Bd. 2). Cambridge, MA: MIT Press.

Rumelhart, D. E. & Norman, D. A. (1982). Simulating a skilled typist: A study of skilled cognitive-motor performance. *Cognitive Science, 6,* 1-36.

Rumelhart, D. E. & Zipser, D. (1985). Feature discovery by competitive learning. *Cognitive Science, 9,* 75-112.

Sacks, O. (1997). *Eine Anthropologin auf dem Mars. Sieben paradoxe Geschichten.* Hamburg: Rowohlt.

Schwartz, M. F., Montgomery, M. W., Buxbaum, L. J., Lee, S. S., Carew, T. G., Coslett, H. B., Ferraro, M., Fitzpatrick-DeSalme, E., Hart, T. & Mayer, N. (1998). Naturalistic action impairment in closed head injury. *Neuropsychology, 12,* 13-28.

Stanikunas, R., Vaitkevicius, H. & Kulikowski, J. J. (2004). Investigation of color constancy with a neural network. *Neural Networks, 17,* 327-337.

Swann, L. (2007). *Glennkill. Ein Schafskrimi.* München: Goldmann.

Treisman, A. (1988). Features and objects: The Fourteenth Bartlett Memorial Lecture. *The Quarterly Journal of Experimental Psychology, 40A,* 201-237.

Tsuboshita, Y. & Okamoto, H. (2007). Context-dependent retrieval of information by neural-network dynamics with continuous attractors. *Neural Networks, 20,* 705-713.

Valle-Lisboa, J. C., Reali, F., Anastasía, H. & Mizraji, E. (2005). Elman topology with sigma-pi units: An application to the modeling of verbal hallucinations in schizophrenia. *Neural Networks, 18,* 863-877.

Verguts, T. & Fias, W. (2004). Representation of number in animals and humans: A neural model. *Journal of Cognitive Neuroscience, 16,* 1493-1504.

Verguts, T., Fias, W. & Stevens, M. (2005). A model of exact small-number representation. *Psychonomic Bulletin & Review, 12,* 66-80.

Von der Malsburg, C. (1973). Self-organization of orientation sensitive cells in the striate cortex. *Kybernetik, 14,* 85-100.

Weber, R. (2001). Datenanalyse mittels Neuronaler Netze am Beispiel des Publikumserfolgs von Spielfilmen. *Zeitschrift für Medienpsychologie, 13,* 164-176.

Werbos, P. J. (1974). *Beyond regression: new tools for prediction and analysis in the behavioral sciences.* Cambridge, MA: Harvard University.

Zeki, S. (1993). *A vision of the brain.* Oxford: Blackwell.

Zell, A. (1994). *Simulation neuronaler Netze.* Bonn: Addison-Wesley.

Zimbardo, P. G. & Gerrig, R. J. (2004). *Psychologie. Eine Einführung* (16. Auflage). München: Pearson Studium.

Sachverzeichnis